跨文化研究

TRANSCULTURAL STUDIES

总第6辑

（2019年第1辑）

王柯平　胡继华

主编

社会科学文献出版社
SOCIAL SCIENCES ACADEMIC PRESS (CHINA)

《跨文化研究》（Transcultural Studies）
编辑委员会

目　录

·学术焦点·莎士比亚导读·

莎士比亚的政治
…………………… 约翰·阿尔维斯（John E. Alvis）/文　莫亚萍/译 / 1
莎士比亚诗文的政治蕴涵及其对政治的超越
………………… 约翰·阿尔维斯（John E. Alvis）/文　陈淑仪/译 / 41
李尔王：智慧与权力的悲剧性分裂
………………… 保罗·坎托（Paul A. Cantor）/文　黄兰花/译 / 62
《亨利五世》与政制的合法性
…………… 蒂姆·施皮克曼（Tim Spiekerman）/文　黄兰花/译 / 79
《理查二世》、布雷克顿与政治神学的终结
… 安塞尔姆·哈弗坎普（Anselm Haverkamp）/文　林振华/译 / 107

·经典解释·莎士比亚绎读·

“当疯子引领盲人”（4.1.49）
——《李尔王》中埃德加的疯狂 ………………………… 娄　林 / 120
“心”和“展开”：论《哈姆雷特》开场的两个词语 …… 姚云帆 / 134
莎士比亚笔下的爱欲
——析《奥赛罗》中的伊阿古 ………………………… 胡　镓 / 149

·涵化之道·天文人文·

立表测影与太极阴阳 ………………………………………… 吴小锋 / 159
文化和旅游融合的哲学阐释 ………………………………… 刘东梅 / 166

· 哲思寻踪 · 尼采的脉络 ·

赫尔德，原始主义与诗的时代
…………………… 欧根 · 里德（Eugen Reed）/文　胡继华/译 / 173
永恒轮回与其身份建构
………… 亚历山大 · 库克（Alexander Cooke）/文　李露艳/译 / 192
对强力意志的批判
………………… 亨利 · 斯塔恩（Henry Staten）/文　徐艺宁/译 / 211

· 新著评析 ·

终结与再生
——读布鲁门伯格的《神话研究》 …………… 吴明波　潘　帅 / 231
《柏拉图的灵魂学》中译者序 ……………………………… 黄薇薇 / 238
比较视域下中德跨文化交流研究之硕果
——评高利克《从歌德、尼采到里尔克》 …… 袁　喆　刘　燕 / 244

Abstract ……………………………………………………………… / 257

《跨文化研究》稿约（Call for Papers） ……………………………… / 264

莎士比亚的政治

约翰·阿尔维斯（John E. Alvis）/文
莫亚萍/译

摘　要：政治是否存在本质？莎士比亚是否看到了政治的本质？政治实践是否存在普遍性，而莎士比亚是否向我们展示了其中奥义？在当时的政治问题上，莎士比亚持有怎样的立场？我们能否通过研究他的戏剧来重现他的视野？这些问题的答案远远超越了纯粹的历史价值，甚至可以指涉当代的现实问题。本文通过深入剖析莎士比亚戏剧化的政治，尝试通过分析其作品中政治—历史关系，探究如何阅读莎士比亚，如何在他的作品里探索政治合法性，以及如何在历史图谱上辨析莎士比亚和马基雅维里面对类似议题的应对之策。

关键词：莎士比亚；政治的本质；马基雅维里；合法性

戏剧化的政治

尽管对永恒真理和永恒人性的怀疑如今已备受推崇，但被公认书写这些内容的莎士比亚仍然广受欢迎。无论是在课堂上，还是在剧院里，或在各地最引人注目的影像演播厅中，这位在四百年前书写人类经验的诗人仍是一位无可争议的热门人物。“×一代”① 成群结队地去电影院观看《罗密欧与朱丽叶》——一部显然关于青涩之恋的作品。近年来，电影观众也青睐于莎翁的戏剧，从中体验失衡的家族关系（《哈姆雷特》）、种族主义（《奥赛罗》）、军事勇气（《亨利五世》）、友谊中的背叛（《我私人的爱达

① ［译按］指20世纪60年代中期至80年代初期出生的美国人。

荷》，主人公是哈尔和福斯塔夫）以及暴虐的政治野心（《理查三世》）。①

莎士比亚是公认的爱欲诗人，广而论之，他被列为人类灵魂学最敏锐的观察者之一。然而，作为政治思想家或关注政治的作家，他却并不声名显赫。有评论家指出，“政治”这个词甚至从未在莎士比亚作品中出现过。而“政治”一词，至少可以从表面体现一个作家对政治诉求的基本关注。②事实上，直到20世纪初，“正统观念”仍认为莎士比亚对政治事务兴致寡淡。③ 历史学家波拉德（A. F. Pollard）曾断言：“在英国文学史上，没有任何时期比英语语言臻至顶峰的时期更不关心政治，而对政治史唯一关心的问题而言，没有哪一位英国作家的态度比莎士比亚更模棱两可，更无足轻重。”④

---

① 与莎士比亚“世界意识”相关的流行观点受到一些挑战和批评，主要来自当代颇有名气的学者。霍华德（Howard）和奥康纳（O'Connor）认为：

> 莎士比亚作为放之四海而皆准的真理之传播者的诸多主张，若在确保社会理解真理的主流意识形态之外被不合理地解读，那这些主张就会起到抑制作用。正如女权主义者和第三世界批评家等指出的那样，当文本被认为是为人类说话，这个“人类”的范围就会急剧缩小至传统特权阶层。本卷旨在质疑莎士比亚的世界意识，并揭示历史上的特定因素如何决定“莎士比亚”在批评界、课堂里和舞台上的表现。（Jean E. Howard and Marion F. O'Connor, *Shakespeare Reproduced: The Text in History and Ideology*, New York: Methuen, 1987, p. 4）

坎普斯（Ivo Kamps）认为，正是右翼势力延续了莎士比亚的普遍意识，而一些左翼人士则以揭露和质疑这种观点为己任：

> 右翼流行的观点是，莎士比亚超越了他的历史时代——他不属于一个时代，而属于永恒——因为他的天赋让他捕捉到人性中最真实、最普遍、最持久的一面。然而，最近一波反批评浪潮将注意力集中在剧作家以剧本参与、颠覆或反思文艺复兴时期旨在压迫和控制人民的制度实践和意识形态的各种形式……许多马克思主义者、文化唯物主义者和女权主义批评家认为，除了更强的自我意识，这还是他们的重要使命。他们不仅要重新解读莎士比亚，还要重新解读保守的思想体系，正是这些思想体系悄然塑造了莎士比亚戏剧的传统研究方式。（Ivo Kamps, “Introduction: Ideology and Its Discontents,” in *Shakespeare Left and Right*, New York: Routledge, 1991, p. 1）

② L. C. Knights, *Further Explorations*, London: Chatto and Windus, 1946, pp. 12 – 13.

③ Harold Jenkins, “Shakespeare's History Plays: 1900 – 1951,” in *Shakespeare Survey VI*, Cambridge, 1953, p. 3.

④ A. F. Pollard, *History of England from the Ascension of Edward VI to the Death of Elizabeth*, London, 1910, p. 440. 转引自 Howard B. White, *Antiquity Forgot: Essays on Shakespeare, Bacon, and Rembrandt*, The Hague: Martinus Nijhoff, 1978, p. 44。怀特（White）认为，对波拉德而言，“政治史唯一关心的问题”就是宪法问题，而“波拉德无疑提到了一个众所周知的事实，即莎士比亚在《约翰王》中并没有提到英国《大宪章》”。

但20世纪的批评家们，比如奈茨（L. C. Knights），则并不认为莎士比亚对政治漠不关心，“我们可以恰如其分地描述莎士比亚的政治哲学”，因为“在他的整个职业生涯中，他不仅关心私密的个人关系，也关注人们公共的正式关系，所及之处包括权力和臣属关系、社会内部架构，以及公开行动的目的和手段……”。[①] 克南（Alvin Kernan）或许对莎剧政治本质的认识更深：

> 在西方文学传统的著名作家中，没有谁能像莎士比亚那样一贯而又深刻地分析政治事务。他广泛描述宫廷和贵族生活，国家、法律、王权和王位继承都是他戏剧作品的主要题材。甚至其喜剧《皆大欢喜》和《暴风雨》也不例外，剧中人物的个体经历构成了戏剧的主题，而这些经历都发生在政治环境的框架内，既包括篡权，也包括复辟。在莎士比亚的历史剧和悲剧中，这一点就更显著了：政治问题是其本质所在，国家的重要事务得到了极其精确而又深入的探讨。[②]

布鲁姆（Allan Bloom）认为，莎士比亚是一位“杰出的政治作家”，他的历史剧尤其具有“政治复仇色彩”。[③]

但除了《麦克白》这一显而易见的特例之外，人们耳熟能详的莎翁戏剧似乎都无关政治。如果简单描述《哈姆雷特》、《李尔王》或《罗密欧与朱丽叶》的主题，政治这个词可能并不会出现在第一段，更不用说出现在第一句了。可令人意外的是，哈姆雷特的确是一个回应政治行动的政治角色。在《李尔王》中，家族为继承遗产进行的争斗无疑饱含政治意味，因为他们讨论的遗产正是一个王国。如果不了解意大利的政治状况，就根本无法理解《罗密欧与朱丽叶》，因为在意大利，权贵家族填补了无能的政体留下的权力虚空。罗密欧和朱丽叶欲爱不能、孽缘无尽，正是由于他们各自的家族在政治上相互倾轧，彼此憎恨：爱情成了政治的牺牲品。在《暴风雨》和《皆大欢喜》等剧中，情节也围绕着政治权力的盗用和滥用展开，但权力最终都回到了正当行使权力的人手里。

---

① L. C. Knights, *Further Explorations*, p. 13.

② Alvin B. Kernan, “Shakespeare and the Rhetoric of Politics,” in *Politics*, *Power*, *and Shakespeare*, Frances McNeely Leonard (ed.), Arlington: University of Texas at Arlington, 1981, p. 47.

③ Allan Bloom, *Shakespeare's Politics*, Chicago: University of Chicago Press, 1964, p. 4. ［译按］中译文参见〔美〕阿兰·布鲁姆、哈瑞·雅法《莎士比亚的政治》，潘望译，南京：江苏人民出版社，2009年版。

莎士比亚有十部冠以英国政治家之名的历史剧，它们的主题如出一辙：谁来统治？虽然具体来说，它们是询问谁来统治13—16世纪的英格兰，但剧中情节基本都是政治情节，剧中行动，如暗杀、叛国、内战、侵略，并非英国独有，也非中世纪特有。人们自然要关注莎剧特有的历史背景，可如果就此断定他的每一部政变剧都独一无二，那未免太天真了。

请浏览一下近期颇有影响的莎士比亚研究书籍的标题吧：《莎士比亚左右》(*Shakespeare Left and Right*)、《政治的莎士比亚：文化唯物主义新论》(*Political Shakespeare*：*New Essays in Cultural Materialism*)、《重现莎士比亚：历史和意识形态中的文本》（*Shakespeare Reproduced*：*The Text in History and Ideology*)。从这些标题来看，我们显然没有必要为莎剧是否与政治相关而争辩不休。现在，以政治视角解读莎士比亚的文本已成为主流批评圈的惯例。事实上，如今流行以政治解读所有作家，无论是奥斯丁（Jane Austen）还是金斯伯格（Allen Ginsberg)。但如果所有文学作品都染色政治，这不免会冲淡莎翁作品里匠心独运的政治意味，甚至可能迎合某些观念，认为莎士比亚和其他作家别无二致，不过恰逢其时，他的戏剧只不过自觉或不自觉地反映了他本人所处的时代。历史主义批评家认为，莎士比亚既与政治相关，又与政治绝缘。人们大可仔细研磨莎翁戏剧，为厌女症或亲女权主义、种族主义、启蒙的世界主义、反动的君主主义或新生自由主义寻找理据，但人们根本不会从中学到关于政治本质的知识，得到我们该持有何等政治立场的建议。比如，莎士比亚既可以是也可以不是一个殖民主义者，但殖民主义本身就无异于邪恶。因此，新近的莎士比亚政治研究似乎更像寻找盟友或替罪羊，而不是寻找导师。

如果莎翁确无任何政治教义可以传授给我们，那么以上研究的确能自圆其说。但鉴于莎翁的地位和声望，有些人可能会仰赖他的权威来实现自己的政治意图，而另一些人则可能指出那些轻松的戏剧中蕴含着令人不快的政治和社会立场，从而对他人有所教益。然而，笔者将考虑另一种可能性：莎士比亚是这样一位作家，我们可以从他身上学到重要的政治知识。或者阅读英国历史剧以填补蒂利亚德（E. M. W. Tillyard）所描绘的“伊丽莎白时代的世界图景”，或者根据我们自己的政治信念来定位莎士比亚，都无须画地为牢、自设圈限。

当然，评论家们总试图辨明，莎士比亚在当时的政治问题上持有怎样的立场。他是为都铎王朝辩护吗？他相信君权神授的教义吗？他是一个伟大的英格兰人，还是一个渺小的英格兰人？他对教皇的看法如何？这些问题的答案远远超越了纯粹的历史价值。因为只要措辞恰当，它们都可以指涉当代的问题，例如政教分离或对外侵略的伦理论断。更具挑衅意味的是，如果一个聪颖如莎翁的人当真认为统治者的权威归于上帝，那么这至少会鼓励某些读者重新思考关于政权来源的自由主义观念。

尽管莎翁对我们感兴趣的政治问题可能也感兴趣，但笔者想更广泛地研究一下，关于政治的本质，他对我们究竟有何教导。然而，政治有本质吗？换言之，政治实践是否存在普遍性，而莎士比亚是否向我们展示了其中奥义？如果政治领域边界分明，政治实践只在熟悉的既定边界内展开，从过去到未来一贯如此，那么，莎士比亚与当代人及其难题之间的历史间距就可以忽略不计了。问题的关键在于，他是否看到了政治的本质，我们能否通过研究他的戏剧来重现他的视野。

林肯（Lincoln）承认，他“和任何非专业的读者一样频繁地阅读”莎士比亚的几部戏剧。他喜爱的这几部戏剧（《李尔王》、《哈姆雷特》、《麦克白》、《理查三世》和《亨利八世》）都围绕着明确的政治主题详细展现了政治野心与道德良知的冲突：“我认为《麦克白》无与伦比。它太美妙了。”① 这可能只是林肯总统的美学评价，但不难推测，《麦克白》的意蕴的确令他回味无穷：他发现，戏剧化的政治世界竟与他所处的真实世界有几分相似。虽然林肯获得权力的方式比麦克白体面，但他显然也是一个心雄万夫之人。参议员道格拉斯（Douglas）曾暗示，林肯有鸿鹄之志，当下的立场仅仅是最终成为总统的跳板而已。林肯则回应说，“［敝人确乎］极度自私”，但“［同］道格拉斯法官相比，乃小巫见大巫也”。② 林肯对《麦克白》的钟爱或可看作一位19世纪的总统对莎士比亚的认可，仿佛莎翁超前理解了他所面对的一切。

如果说政治抱负是政治生活的普遍特征之一，那么“合法性”的概念

① Letter to J. H. Hackett, August 17, 1863, from *Abraham Lincoln: His Speeches and Writings*, Roy P. Basler (ed.), Cleveland: The World Publishing Co., 1946.

② “你可能会说，道格拉斯法官也暗示过同一件事，即与奴隶制度相关的种种困难仅仅出于那些求官者和野心勃勃的北方政客的煽动。我估计，他这是认为我们想取代‘他的位子’。我承认，我们之中确实有政治掮客。《圣经》说我们在某些方面极度自私，我想即使没有《圣经》，我们也能发现这一事实。我并不认为自己在这方面不比平常人，但我认定我并不会比道格拉斯法官更自私。”（Lincoln's reply to Senator Douglas at Alton, October 15, 1858. *The Lincoln-Douglas Debates*, Robert W. Johannsen (ed.), New York: Oxford University Press, 1965, p. 31）

就更是如此了。"合法性"是英国历史剧最突出的主题。在这些戏剧中，利害攸关的不仅是"谁将统治"，而且是"谁应统治"。两者之间的差别正源自马基雅维里（Machiavelli）所指出的："对统治的热望实在……太剧烈，不仅注入了有权统治者的心胸，也同样填充了那些无权统治者的心房。"① 合法性，即正当地获得和使用政治权力。只要那些不应拥有权力的人对权力虎视眈眈，合法性问题就始终悬而未决。笔者将要解读的戏剧中，大半都充斥着对权力的热望——亨利四世和亨利五世都不是合法的统治者。而这恰恰表明，与尊重合法性相比，政治抱负之勃发更加凶猛。历史表明，上列诸位绅士概莫能外：那些已具有过度政治野心的人，往往不怎么讲中正合度。

为避免过早让读者对莎翁笔下的国王产生偏见，笔者应该说明，"极度自私"的人能够并且也会追求正义，而"合法"的权力也可能被滥用。恰当行使权力是莎翁历史剧中贯穿始终的主题，这并不排除野心，也未必暗指合法。谁应该获有权力，如何正当获取权力，如何最好地行使权力，这些都是笔者即将分析的莎翁戏剧中隐微而又深刻的问题。这都是一些根本问题，无论在莎翁的时代还是在我们身处的现代都同样值得关注。

政治和历史

假如笔者所言非虚，莎士比亚的确是一位政治作家，那么现代读者可能会对他在历史剧中考察的政治图景感到疏远、陌生。莎翁应对的是君主制②，而我们则是自由民主主义政制。在莎翁时代，基督教主宰政治，现在则不尽然。普遍来说，在莎翁的历史剧中，政治意蕴在某些方面比如今狭窄。诚如沃尔泽（Michael Walzer）所言：

> 在人类历史上，普遍存在的是关于权力争夺、派系斗争、阴谋和战争的政治，而不是关于政党组织和有纲领的运动、反抗和改革、激进的意识形态和革命的政治。与政治秩序本身或权力斗争相比，改革

① Niccolo Machiavelli, *The Discourses*, Father Leslie J. Walker (trans.), Bernard Crick, Harmondsworth (eds.), England: Penguin Classics, 1986, III. 4, p. 395. ［译按］中译文参见〔意〕尼科洛·马基雅维里《论李维》，冯克利译，上海：上海人民出版社，2005年版。以下所引该书文本均参此译本，为行文一致，个别译词有改动，不再一一注明。

② 莎士比亚的历史剧关乎世袭君主制，但他的其他戏剧也涉及古代和现代的不同政体。

> 和革命的历史相对短暂。客观评价现行制度，有规划地表达政治不满与抱负，组织积极人士参与持续性的政治活动，这三者都只是现代政治的要义，或者毋宁说是后中世纪政治的若干截面而已。[①]

我们难以界定约翰王的“意识形态”、理查二世的“计划”或亨利五世的“共同利益的愿景”，因为这些术语在莎士比亚所描述的政治世界里完全不存在，甚至连历史剧中充斥的战争和叛乱也似乎来自另一个世界：“领土之战主要指贵族之间、昏聩国王的‘强大臣民’之间的混战。叛乱则往往只是无权的农民或无产者绝望而又愤怒的起义，无助且毫无章法，只有最简陋的计划而已。”[②]

笔者并不是说，缺乏意识形态诉求的权力政治在现代世界里寂寞无闻；而是认为，对于莎士比亚和他的观众来说，那种政治模式才是正常的、普遍的，它虽然在现代世界鲜为人知，在当时却运行无阻，甚至受人推崇。那时候，“野心”和“征服”可不是贬义词。尽管莎士比亚在历史剧中描绘的政治图景并不具备沃尔泽勾勒的现代意义上的“纲领性”或“意识形态性”，但他的政治图景还是受到普遍原则的制约。读者若在历史剧中只看到赤裸裸的权力斗争也可以谅解，但这些斗争既然都在既定的政治语境下发生，了解一些历史背景还是大有裨益的。

合法性问题在 16 世纪以最切实可行的方式呈现，即服从或不服从。里布纳（Irving Ribner）认为：“催生历史剧的主要政治因素……就是政治顺服。反抗合法君主在什么时候正当过？”[③] 1571 年的布道书《反对不服从和

---

① Michael Walzer, *The Revolution of the Saints: A Study in the origins of Radical Politics*, Cambridge: Harvard University Press, 1965, p. 1.

② Michael Walzer, *The Revolution of the Saints: A Study in the origins of Radical Politics*, p. 8.

③ Irving Ribner, *The English History Play in the Age of Shakespeare*, Princeton: Princeton University Press, 1957, p. 318；也可参见 Richard Strier, “Faithful Servants: Shakespeare's Praise of Disobedience”, in *The Historical Renaissance*, Heather Dubrow and Richard Strier (eds.), Chicago: University of Chicago Press, 1988, p. 104:“下级对社会和政治上的上级的服从是否有限，这是文艺复兴和宗教改革思想的重大问题之一。”里布纳对 16 世纪政治思想的精要总结（pp. 309 - 318）对接下来的段落很重要。更多相关内容请参见 J. W. Allen, *A History of Political Thought in the Sixteenth Century*, London: Methuen and Co. Ltd, 1928; John Neville Figgis, *The Divine Right of Kings*, Cambridge: University Press, 1922; Michael Walzer, *The Revolution of the Saints*; J. G. A. Pocock, *The Machiavellian Moment*, Princeton: Princeton University Press, 1975, especially III. X. “The Problem of English Machiavellianism: Modes of Civic Consciousness before the Civil War”; E. M. W. Tillyard, *The Elizabethan World Picture*, London: Chatto and Windus, 1943。

任意造反》（*Against Disobedience and Wilful Rebellion*）给出的具有普遍意义的答案是：从未。[①] 按照这本布道书的说法，顺服是“一切德行中最主要的德行”，因为天父对亚当下达的第一个命令就是顺服。撒旦是最初的造反者，反抗是最初的罪恶。布道书指出，在《圣经》中，善良和邪恶的国王都由上帝的意志统治。邪恶的统治者和善良的统治者一样合法，可以将其理解为上帝对人之原罪的惩罚。总会有一些人不喜欢他们的国王，但如果他们有权反抗，反抗就会屡见不鲜。布道书总结说，谋反者是邪恶的，邪恶之人无权批判他们的国王：

> 成为顽劣的臣民是多么不值当的事啊，他们大多数会走向反抗，走向邪恶，批判他们的君主，批判他们的政府，批判他们的参赞，从而确定哪些是好的、可容忍的，哪些是恶的、不能容忍的，进而去忤逆……叛乱者比最坏的君主更坏，叛乱比最坏君主管理的最差政府更坏……[②]

若说这份布道书提供了一份实际的指导，告诉臣民什么时候应该（永远）服从统治者，什么时候（永远不）反抗统治者，那么在它的背后，则隐含着一份踌躇满志而又一丝不苟的对人类关系本质的解析。政治绝对主义者认为，宇宙是有等级的，这种等级也彰显在人类关系中：

> 人类被认为是不平等的，他们的不平等经常被直接比喻为宇宙等级制度。巨大的关系链中有一系列小的关系链……其中一个小关联既对应着动物与神，也对应着人，这种看法难免出现……关于地位和阶层的封建等级制度似乎是对宇宙关联的完美效仿……宇宙关联的等级在人类关系里简单复制，人类社会建立的秩序与和谐和宇宙中普遍存在的秩序与和谐精确雷同。[③]

---

① 斯特瑞尔（Richard Strier）称这个布道书为“一篇才华横溢之作”，参见 Richard Strier, “Faithful Servants: Shakespeare's Praise of Disobedience,” in *The Historical Renaissance*, Heather Dubrow and Richard Strier（eds.）, p. 108。

② Irving Ribner, *The English History Play in the Age of Shakespeare*, p. 313. 布道书引自 John Griffiths（ed.）, *The Two Books of Homilies Appointed to Be Read in Churches*, Oxford: The University Press, 1859。

③ Michael Walzer, *The Revolution of the Saints: A Study in the origins of Radical Politics*, pp. 155 – 156.

政治关系，或下级对上级的服从，只是世界结构的一种反映而已。因此，政治秩序效仿宇宙秩序，取决于每个人恰当理会自己的地位和阶层，这自然分割了统治者和被统治者之间的界限。简单来说，也就是老生常谈的一组术语——“秩序和等级”：

> 人与人之间的秩序必须有等级，因为没有其他方式。“如果事物与人井然有序，就意味着他们之间有等级之分。秩序正是循序渐进的过程。”人们的生活由地位和阶级决定：只有在这种形式下，人们才能生活在一起，并在安定与和平中建立关联。①

然而，也有异议指向政治绝对主义的政治信条和等级制度的形而上学。里布纳认为，虽然绝对主义“在英国都铎王朝时期占统治地位，是最响亮的政治信条……但我们决不相信这是被普遍接受的。宣扬一遍又一遍，其激烈程度恰恰表明，英国人民亟待被说服”②。政治理论家波奈特（John Ponet）在1571年的著作《政治权力简论》（*Short Treatise of Politicke Power*）中抨击了“被动服从”的概念。波奈特认为自然法则，即上帝的法则，由理性决定；但由于人易堕落，不能单靠理性来约束自己，于是上帝便赐予人政府和法律。波奈特还认为，政府的存在是为了代替人类堕落的理性，从而使人与神的律法和谐共处。然而，对于政权应采取哪种形式的问题，上帝是中立的。这关键的一点应当由人民决定，因为政府是为人民的利益而设的：

> 因此，上帝赋予政府政治权力，让政府分配和控制它认为合适的东西。因而是政府，而不是上帝，建立民主或君主制。若是君主制，君王效忠政府，政府效忠上帝……君王若德不配位，百姓可以废去所立给他的权柄。邪恶的君王必须被废黜，暴君必须被处死，这是自然规律。③

与此同时，波奈特和其他人对政治专制主义也提出质疑，“秩序和等级”的

① Michael Walzer, *The Revolution of the Saints: A Study in the origins of Radical Politics*, p. 158. 中间引语出自 Hooker's *Ecclesiastic Polity*, Book VIII。

② Irving Ribner, *The English History Play in the Age of Shakespeare*, p. 314.

③ Irving Ribner, *The English History Play in the Age of Shakespeare*, pp. 315 – 316.

概念受到怀疑。如沃尔泽所说：

> 16 世纪的英国人特别关注能体现社会可变性的历史事实……这反驳了整个和谐的、等级森严的世界观。谋反者、篡权者、征服者、暴君——所有这些都成为 16 世纪思考和戏剧再现的对象。宇宙关联链几乎已经无法再解释这一切：他们是非自然的、畸形的，然而所有人类历史都传授他们意义。儿子可能弑父、弑君……清教徒作家，虽使用许多传统的形象，使之看上去类似霍布斯的自然观，却扩大了恶念，制造了混乱的描述。如果混乱亦是自然，那就不存在宇宙的关联之链了。[①]

16 世纪对合法性的理解主要是服从。“谁应统治”的问题变成“什么时候人民应该顺服”。对于后一个问题，绝对论者和反抗论者各执一词，但对于前一个问题，两方几乎没有异议：君主制是唯一的现实选择。于是，紧要之处就在于是否应该服从国王，而不在于是否应该设立国王，或者，更长远地来看，不在于宇宙究竟有序还是混乱。然而，关于宇宙秩序的哲学思辨仍然以下列方式侵入现实政治：如果世界，尤其是社会和政治世界，不是等级分明的，那么由谁来统治、反抗是否合法，就成为有待商榷的议题。正因如此，莎士比亚才在历史剧中对合法性进行探讨。在关注政治权力斗争的每一部戏剧中，莎翁笔下的统治者和即将成为统治者的人提出各种主张，竭力解释为什么理应由他们而不是别人来统治。在莎翁戏剧中，即使最自私的人物也不单追求权力：他们追求的是合法的权力，因为这更稳当。因此，究竟什么构成了合法的政治权力，如何获得这种权力，是莎翁笔下的人物迫切关注的问题：合法性问题自然会从戏剧行为中呈现。我们读到的是真实存在的历史人物——约翰王或阿瑟王、理查二世或波林勃洛克、亨利四世或霍茨波——他们都希望在现实的政体中获得统治的权力。

如何阅读莎士比亚

据上文的分析，将莎士比亚作为政治作家来读，虽有道理，却不足为

---

① Michael Walzer, *The Revolution of the Saints*: *A Study in the origins of Radical Politics*, pp. 158 – 159.

训。尽管历史语境不同，莎翁仍能传授给我们一些关于政治的教义。大多数当代政治评论家（虽不专指，但笔者特指新历史主义者）认同这句话的前半部分，但否认后半部分：莎士比亚可能是“政治的”，但他没有教给我们什么；他也没有什么可以教我们的，因为他生活在政治刚刚萌芽的无关紧要的时代。也许不难在历史版图上确立莎翁的政见，但我们没法领悟他的微言大义。

新历史主义学派在当代莎士比亚批评流派中如日中天，它将莎士比亚置于历史背景中辨析他的政治观点。笔者却意在揭示莎士比亚的政治教义，其中便涉及莎翁对历史的运用。他们运用政治学的研究方法并求诸历史来诠释莎翁的戏剧，但笔者的研究方法全然不同。尽管新历史主义是一场复杂多样的运动，但马克思主义谱系学的痕迹让人一目了然。和马克思主义者一样，新历史主义者专注历史，对人类生产（在本语境中指文学生产）做出决定论的解释，并提出平等主义的政治承诺。尽管在笔者看来，他们的历史决定论和政治承诺之间的关系并不明朗，但在新历史主义者对莎翁戏剧的解读中，我们总能发现这两种倾向。

一位友善的评论家认为，“新历史主义批评家的基本方法”是“将文本视为历史久远的政治产物”。[①] 对新历史主义者而言，文学文本与特定的历史语境密切相关，文本出自历史语境并反证它，两者是从属与决定的关系：“他们不遗余力地将文学文本置于社会历史中，因此将文本置于被决定的次要地位。”[②] 文学文本被定义为由环境决定的对象，这些批评家的努力功不可没，他们突破了指涉文本外部影响（传记和历史）的寻常做法，强调文学作品的文本意义。对新历史主义者来说，文学文本是历史文献，是当时主流社会和政治观点的可靠反映。这是历史相对论所认可的：人类是环境

---

① Edward Pechter, *What Was Shakespeare?: Renaissance Plays and Changing Critical Practice*, Ithaca: Cornell University Press, 1995, p. 67.

② Edward Pechter, *What Was Shakespeare?: Renaissance Plays and Changing Critical Practice*, p. 59. 同一页继续补充：

> 我们可以讨论这一论断的范围和灵活性，并根据我们的意愿保留或赋予价值。我们也可以讨论新历史主义者声称没有将文本附属于社会历史语境之下的目的或意图。他们在愚弄读者，还是成功地愚弄了自己——或者不论是其中哪种情况，它们为何发生？不过，依赖的理念毋庸置疑。如果新历史主义者放弃这个理念，他们就完全丧失了对读者的忠实。

的产物，人的自主性和创造性皆为幻象。这意味着莎士比亚只能书写他自己的时代，无法为其他时代代言。

异议显然存在，因为几乎没有任何历史语境是简单且单向的，很难辨析作者可能反映的单一语境究竟是什么。对此，新历史主义者有一个有趣的答案：所有的文学作品都为主导思想形式服务。① 异端或颠覆运动也不例外——轰轰烈烈，却并无真正的颠覆性。坎托（Paul Cantor）释之："对任何体系的反抗实则是体系内部运动的重建，因此彻底的反抗正是正统观念的铁证。"② 这一福柯式的定律［格林布拉特（Stephen Greenblatt）称之为"颠覆与遏制"］可能是历史主义者批判人类自主性的必然结果，却无法说服其他不接受历史主义批判的人，且看坎托如何幽默地加以说明：

> 弗洛伊德认为，如果你说你恨父亲，你的确恨他；但如果你说你爱父亲，那么你也是恨他。新历史主义认为，如果你说你支持正统，你的确支持它；但如果你说你攻击正统，那么你也是支持它。③

依此类推，人们便可断言，莎士比亚是都铎王朝正统政治的典型代表，他的任何反对正统的言论事实上都佐证了正统。

新历史主义者将莎士比亚的戏剧视作历史文献，认为其反映了莎翁时代占统治地位的政治思想和义务，这并不是一种客观、科学的方式，而是一种有力地支持他们自己观点的政治信念。新历史主义相对论的新颖之处，正在于这种政治承诺：

> 传统的莎士比亚批评家似乎学术兴趣偏狭，只关注莎士比亚和他同时代人的思想与我们有何不同……伊丽莎白时代的人认为君主制是最好的政府形式，而我们则认同民主。对于传统的历史主义者来说，这只是不同时代的不同思考方式。传统的莎士比亚学者似乎并没有产

① 莱文（Richard Levin）认为，女权主义、新马克思主义和新历史主义批评家在"历史语境"一词中"几乎总是（意指）以阶级或性别定义的某种'权力'的概念"。参见 Richard Levin, "The Problem of 'Context' in Interpretation," in *Shakespeare and the Dramatic Tradition*, Elton and Long (eds.), Newark: University of Delaware Press, 1989, p. 92。

② Paul Cantor, "Stephen Greenblatt's New Historicist Vision," in *Academic Questions*, Fall 1993, p. 25.

③ Paul Cantor, "Stephen Greenblatt's New Historicist Vision," in *Academic Questions*, pp. 30 - 31.

> 生任何实效，尤其是，他们似乎并不抱有执念，认为自己作为20世纪的人，比莎士比亚或伊丽莎白时代的人更优越……简而言之，旧的历史决定论试图揭示莎士比亚作品中所透露的伊丽莎白时代特有的思想，却未求甚解……在讨论莎士比亚思想的历史局限时，新历史决定论倾注了一种新的激情，将其置于当今的政治背景下考察。他们对莎士比亚戏剧反映种族、阶级和性别偏见的方式很感兴趣。①

通过揭露莎士比亚对贵族特权、殖民主义或奴隶制度的支持，新历史主义者不仅把莎翁的作品置于历史背景中解读，还给他扣上了持有压迫性政治观点的帽子。② 这里存有一个未加释义的前提：虽然我们从莎翁那学不到什么，但他倒从我们这学到不少。

皮席特（Edward Pechter）反对将新历史主义认同为政治党派："尽管很多（我认为可能错误的）新历史主义批评的政治主张都表明新历史主义必然地，或在本质上与政治运动牵连，但若不是意在言外，那么这种观点会排挤掉新历史主义的最强实践者——我是指斯蒂芬·格林布拉特。"③ 但是，且看格林布拉特如何阐释莎翁笔下亨利四世的失眠症：

> 谁知道呢？也许这竟是真的，也许在那样一个绝大多数男女几乎一无所有的社会里，少数有钱有势的人确实夜不能寐……我们得以去体验他的痛苦，去了解……权力的代价。我们也被迫去理解这些代价，去认可权力，去接受那些荒诞而又残酷的财产分配不均：少数人拥有一切，多数人一无所有。统治者通过这样的痛苦，博得他们高贵的地位，或至少为此做出补偿。这种痛苦使他们显得崇高，即使它并不能彻底净化高贵地位所倚仗的谎言和背叛。④

这段话很重要，因为它表明了格林布拉特的党派意见，也表明了他的观点：

---

① Paul Cantor, "Shakespeare-'For All Time'?," in *Public Interest*, Winter 1993, pp. 37–38.

② 为何莎士比亚因为他本人并没持有的观点而激起道德愤怒实在令人费解。笔者怀疑这样做的目的是改变一个普遍看法：莎士比亚是历史上的好人之一。

③ Edward Pechter, *What Was Shakespeare?: Renaissance Plays and Changing Critical Practice*, p. 70.

④ Stephen Greenblatt, *Shakespearean Negotiations*, Berkeley: University of California Press, 1988, p. 54.

莎士比亚参与了一场等同于政治犯罪的阴谋——永远“荒诞而又残酷的财产分配不均”。新历史主义者将莎翁置于历史语境的行为，往往意味着揭露他那令人遗憾的不平等主义并加以谴责。

相反，帕特森（Annabel Patterson）认为，莎士比亚是民主主义者。[①]尽管她和新历史主义作家一样关注历史背景，她笔下的莎翁却是一位自主的思想家[②]，“如最富有经验的读者如今所推测的……一样具有洞察力”[③]。莎士比亚自有意图[④]，即（谨慎地）与新兴的民粹主义政治运动结盟。不过，和新历史主义者一样，帕特森本人的政治承诺也在她的批评中呼之欲出。她不仅想证明莎翁曾致力于面对“普通劳动人民”[⑤]，而且想证明她本人也同样如此。她这样描述自己的书：

> 我着意用最平易近人的风格写作。为不至使人须得就主题进行学术讨论才能得出结论，本书略加注解。经与出版商协商，本书的定价能让几乎所有购买平装书的读者都买得起。简单来说，这本书的目标就是要吸引尽可能多的普通读者。[⑥]

和格林布拉特一样，帕特森也是一位公开的政治评论家。但与格林布拉特不同，她将莎士比亚视为战友。不过，两人持有一个共识，那就是莎翁政治观点的关键在于他是否支持一种既定的（平等主义的）政治程序。在证明莎翁究竟是人民的朋友还是人民的敌人的过程中，当代政治评论家总是先入为主地认为，莎翁没有任何政治的教义可以传授给我们。

---

① Annabel M. Patterson, *Shakespeare and the Popular Voice*, Cambridge, MA: Basil Blackwell, 1989.

② 帕特森在关于《亨利五世》的章节（“Back by Popular Demand: The Two Versions of *Henry V*”, pp. 71－92）中，几乎只专注于剧中关于埃塞克斯伯爵（the earl of Essex）的一段话。他是伊丽莎白女王的政敌，比她更同情大众利益。帕特森将莎士比亚与埃塞克斯联系起来，继而以政局（埃塞克斯发动了一场反对伊丽莎白的政变，未遂）来解释《亨利五世》文本前后由爱国向猜疑的转变。帕特森和新历史主义者一样，主要将《亨利五世》置于历史语境，从而确定文本的意义。

③ Annabel Patterson, *Shakespeare and the Popular Voice*, p. 9.

④ “我本人就是一个作家，习惯在文论中阐明自己的意图，我可以毫不费力地把莎士比亚视为一位作家，即使他的意图永远无法完全复原，也绝对值得讨论。”参见 Annabel Patterson, *Shakespeare and the Popular Voice*, pp. 4－5。

⑤ Annabel Patterson, *Shakespeare and the Popular Voice*, p. 1.

⑥ Annabel Patterson, *Shakespeare and the Popular Voice*, p. 12.

笔者想提出另一种观点，并在一些论文中呈现：莎翁着实可以教给我们一些政治教义。这就预设一种开放的态度，莎士比亚时代的政治与现在的政治并无不可逾越的差异：林肯绝非被坑蒙拐骗，被动地认同麦克白。和帕特森一样，笔者也仰赖“某些业已过时的思想范畴”，即作者身份、自我意志和意图。[①] 莎士比亚无法超越自己，无法反思自己的时代——在笔者看来，此类观点未经检验，因而站不住脚。笔者不打算舍弃“我们转向莎士比亚”这一老派却仍然引人注目的视角，这并非因为他是那个时代的典型，而是“因为他似乎远远超越了他的同代人”。[②]

笔者还预设了一个比当代大多数政治评论家更广阔的政治视域。笔者不仅好奇莎士比亚究竟是精英主义者还是民主主义者，还好奇他在观察中世纪英国政治实践的过程中是否揭示了一些基本的政治要素。事实上，笔者并没有足够的证据证明莎翁隶属常规意义上的某个政治党派。在笔者看来，他更像观察者，而非拥护者，他对政治的观察范围远远超过了当代人对种族、阶级和性别的兴趣。笔者兴趣盎然去探究的问题出自他的戏剧本身。谁应该合法地统治？野心会持续威胁政治稳定和正义吗？对政治传统的崇敬究竟是历史的遗迹，还是永久的可能？战争，无论是外战还是内战，总是比和平更容易发生吗？审慎或道德是政治行为更优越的标准吗？莎士比亚在他的历史剧中提供了有关政治实践的叙述，令人振奋，也使人信服。那种为给所谓的政治寻得一种狭隘、时髦的当代观点，而摒绝对莎翁笔下的政治角色及其处境进行细致考察的做法，在笔者看来实在不够体面。

我们可以假定莎士比亚有政治意图，但任何重现此类教义的具体尝试都会即刻遭遇一个巨大的困难：莎士比亚本人在戏剧中什么都没说。如果

---

① Annabel Patterson, *Shakespeare and the Popular Voice*, p. 4.

② Paul Cantor, “Shakespeare-‘For All Time’?,” in *Public Interest*, p. 37. 坎托（Cantor）认为，将莎士比亚视为他那个时代的典型人物乃是出于一种政治动机：

> 通过将文学杰作重新定位，将其置于历史语境中，新历史主义将这些作品与同时代的平庸之作同化，淡化其光环，最终剥夺其天赋之作的地位。新历史主义代表了当代世界的平等主义，用以改写过去的文化史。（Paul Cantor, “Stephen Greenblatt's New Historicist Vision”, in *Academic Questions*, p. 25）

笔者倾向于赞同坎托的解释，原因有二：首先，当代许多政治评论家坦陈，他们在作品中追求一种平等主义；其次，在笔者看来，众多学者既不可能通透地思考最难的哲学命题之一——历史决定论的真理，也不可能被它说服。

不能举出任何一个莎翁本人（而不是他笔下的角色）言说的例子，那如何证明莎士比亚本人的想法呢？要重现那些以自己的名义言说的思想家的教义，直接找出论点和论据来支持它们，恐怕相当困难。但莎士比亚不在其列。弥尔顿也不在，想必每个人都会同意，《失乐园》向大家展示了弥尔顿对基督教的一些看法。①

让我们言归正传：应如何挖掘莎士比亚的观点？这关键在于莎翁笔下的人物。他们可能令人钦佩或让人作呕，才华横溢或低俗无能，油奸耍滑或诚实无欺，令人捧腹或呆板乏味，但他们都有一个共同点：是莎士比亚创造了他们。在笔者看来，人们的确能在作品中看到一些作者的迹象。如果书中某个人物着实令人钦佩不已或捧腹大笑，以此推论莎翁本人同样欣赏他或被他逗乐也并不牵强。毕竟是莎翁造就了他。可是，我们如何确定我们取笑人物的角度和莎翁一致？我们又如何确定我们所钦佩的角度和他一致？和大多数读者和批评家一样，笔者先假设莎翁有最普遍意义上的道德感：他支持那些看上去良善的人物，反对看上去很坏的人物。然而，这只是研究的起点。紧接着，我们必须着手寻找足以支持或者打破这一最初假设的证据。以霍茨波为例，我们对他的第一印象不错：他是一个满载荣誉和勇气光环的人物，忠于亲友，钟爱妻子，虽有脾气，但也有幽默感和慷慨的精神。但我们很快就读到，霍茨波是那些比他精明得多的人的工具，他自己却毫不知情，他天真地希望别人如他一般忠诚，他的孤勇从未经历谨慎的磨炼。我们进而得知为什么霍茨波会在政治上失败，进一步说，我

① 但这并不意味着恢复。弥尔顿的观点很简单。格拉夫（Gerald Graff）认为："布莱克（Blake）和雪莱（Shelley）说得有道理。他们说弥尔顿不知不觉地成为魔鬼阵营的一员，他本人认为《失乐园》的情节是正当的，而并没意识到那是对基督教神学的一种含蓄批判。"［Gerald Graff, "Ordinary People/Acdemic Critics," in *Shakespeare Left and Right*, Ivo Kamps（ed.）, p. 107］格拉夫与当代评论家颇有渊源，而那些评论家都深深质疑我们言说的能力是否能在普遍意义上确认作者的意图或作品的意义。考虑到这一点，格拉夫的上述评论令人吃惊：他说这似乎不仅复原了作者有意识的意图，而且还复原了他无意识的意图。在当代批评家中，不难发现他们表述的哲学前提和他们实践的实际批评之间存在巨大的鸿沟。许多批评家坚持认为，不可能获得一个单一或者确定的意义，只能得出多种"解释"，然而，他们却常常攻击莎士比亚的观点。（例如"……莎士比亚的意识形态与刚特的约翰一样是家长制"。Graham Holderness, "A Woman's War: A Feminist Reading of *Richard II*," in *Shakespeare Left and Right*, p. 179. 须声明，这并不是霍尔德内斯［Holderness］的观点。）当代的政治评论家通常对莎士比亚抱有道德上的愤怒感，（从女权、阶层、种族、帝国主义等方面）指摘他的错误，但是在笔者看来，若一个人真的相信莎翁的观点无法确定，他无论如何也不可能回应如是。

们了解到荣誉在政治生涯中根本无效。但最难判断的是：莎士比亚确实钦佩这种政治上的失败，还是他只是想让我们看到，霍茨波令人钦佩，实际上却并非如此？由此可追根溯源至问题的核心：莎士比亚究竟如何看待道德与政治的关系。笔者认为，要回答霍茨波的问题，就必须考察历史剧中所有成功和失败的人物，看看是否有某种模式浮出水面。

此外，笔者还假设莎士比亚在他那个时代的确持有正统的政治观念，是世袭君主制的拥护者和君权神授的信仰者，也假设他认可宗教在政治中的重要作用。如上所述，笔者接着寻找证据来支持或打破这个初始假设。在笔者所分析的莎翁笔下的四位国王中，有三位是篡位者，与神权关系最为密切的国王竟被推翻或谋杀，可见正统的政治观念在他的历史剧中受到不少挑战。如何分辨莎士比亚究竟站在哪一边？笔者认为，既要关注正统政治的代表人物，也要关注正统政治的叛逆人物，以此辨析莎士比亚对他们的看法。例如，如果莎翁笔下的理查二世看起来坏透了，而他的对手波林勃洛克却很好，那么莎翁到底有多支持世袭君主制和神权就很值得推敲了。

莎翁历史剧中的人物几乎都是历史真人（除了福斯塔夫［Falstaff］这个有趣的例外），这意味着莎士比亚的创造力受到史实的限制。他不能为笔下的人物任意捏造言行。但是，尽管莎士比亚对历史记载大致忠诚[①]，他也有自作主张之处，通常涉及对时间的压缩加工。他也像历史学家一样，强调某些内容，从而排斥甚至删减其他内容，笔者认为由此可以管窥莎翁的侧重点。最著名的例子是莎翁在《约翰王》中压根没有提到《大宪章》，后者在当时可是一个意义非凡的历史事件。人们不禁要问：为什么莎翁不把约翰王统治的一个要点放在眼里？这是否能说明他对宪政的看法？为什么他认为约翰王与教皇的斗争更值得用戏剧呈现？此外，莎翁似乎还有选择地利用历史来让特定人物显得良善或邪恶。历史学家可能知道，为了保住性命和王位，理查二世不得已才杀死格洛斯特（Gloucester），莎翁戏剧的读者却无从得知。该剧（《理查二世》）在凶杀案发生后才开始，省略掉了理查二世与格洛斯特的长期斗争，并美言了格洛斯特。莎士比亚似乎对理查二世有偏见，个中缘由须得深究。在《亨利五世》中，莎士比亚省略了一个关于阿金库尔（Agincourt）战役的历史细节，这个细节虽然细微却很关

① 莎士比亚的历史材料通常被认为来自霍林谢德（Holinshed），休谟（Hume）也从霍氏的英国编年史中获益不少。

键，省略它使亨利五世看起来比实际伟大。事实上，亨利王在撤退至加来（Calais）的途中被法国人逼得走投无路，欲放弃在战役中赢得的哈弗勒尔（Harfleur）求和，却被法国人拒绝，因此才不得不在阿金库尔应战。莎翁只字不提撤退一事，也没有提及哈弗勒尔，他笔下的亨利王自豪地拒绝了法国人的所有要求，用激将法使他们与自己状态疲惫、水平参差的军队交战。为什么莎士比亚要让亨利王比历史事实更英勇？莎士比亚书写历史的方式似乎向我们呈现了他自己的观点。

以上简短的方法论只是为了展示辨识莎翁政治观点的一种可行之道。然而任何阐释策略都必须经受一个现实的考验：它是否真的为剧本提供了可信的解读？下文笔者将解读莎翁的五部戏剧，下功夫推敲莎翁的政治观点。需提醒读者的是：莎士比亚并不具有我们通常意义上的政治性。他从未提出政策建议或解决方案，没有显示自己是左派还是右派，也让人很难判断他究竟是君主主义者还是共和党人——然而这并不能说明莎士比亚不是一个深刻的政治思想家。他确实探索了具有普遍意义的政治主题，如野心、合法性的本质、作为政治传统的权力、宪政的局限性、暴政和王权的区别，以及宗教和道德在政治中的作用。他是政治实践的一位敏锐的观察者，关注的是那些永恒的政治议题。

合法性问题

广义地看，合法性通常被理解为在非暴力的其他基础上分配政治权力。洛克（John Locke）在《政府论》（*Two Treatises of Government*）（下）的引言中明确指出：

> ……没有任何理由相信世界上所有政府都是军力与暴力的产物，也没有任何理由相信人类生活在一起就没有别的规则，只有野兽的规则。野兽的规则推崇胜者为王，这种思想会铺垫为永久的混乱、邪恶、骚动、暴动以及叛乱……务必寻求另一种政府的崛起，另一种政权的起源，以及另一种产生和了解掌权之人的方法……①

① John Locke, *Two Treatises of Government*, Peter Laslett (ed.), Cambridge: Cambridge University Press, 1988, pp. 267 - 268.［译按］中译文参见〔英〕洛克《政府论》（下篇），叶启芳、瞿菊农译，北京：商务印书馆，2011年版。为与引文一致，本文略有改动。

但非暴力的“其他基础”应该是什么？由于这个疑问，对政治合法性非暴力的其他基础形成的普遍共识很快消散。对合法的政治权威的具体描述因时代而异，也因国家而异。洛克给出一个答案，他的对手、支持君权神授的菲尔默（Filmer）则给出另一个答案。“谁应统治”这个问题的答案总是取决于问题的对象。

狭义地看，“合法性”通常指继承问题。在这个狭义层面上，合法性几乎是一个程序的问题：合法的统治者是根据某些既定的规则被正当授予政治权力的人。解答“谁应统治”的问题由此局限在了技术层面：国王的长子，贵族投选的对象，或由人民、参议院或政党选出的个人。不过，当合法性降格为规则或程序时，更根本的问题就被掩盖了。为什么应用这些规则？为什么选这个人而不选其他人？政治合法性自然包括对“谁应统治”这个问题的解答，但简短的、程序性的解答会不可避免地突破它本身的局限。

故而应当保持狭义和广义合法性之间的区分，因为如果人们最关心的是政治秩序，那么和平移交权力肯定比正当行使权力重要得多。例如，霍布斯（Hobbes）以至恶（summum malum）构建他的政治支架，认为任何形式的秩序都比无政府和内战的邪恶好。统治合法性不明造成的混乱会导致内斗，因此程序明晰对政治而言至关重要。

当然，无论继位程序建立、执行得多好，都不能确保产生好的统治者。在关于世袭王权的讨论中，亚里士多德指出，如果国王的后裔“……总是平庸之辈，结果往往百害无利”[①]。统治的才能未必血脉相传，这可不仅是世袭政治体制的问题。怀特（Howard White）指出：“没有证据证明究竟世袭还是选举能确保明智、公正的统治或领导，尽管在君主制和民主制度中都有神话。”[②] 但是当人们遭遇无能或过于严苛的君主，当一个魅力超凡的谋逆者说服足够多的群众，让他们相信有比习以为常的方式更好的处理之

---

① Aristotle, *Politics*, Ernest Barker (trans.), London: Oxford University Press, 1981, III. xv. ［译按］中译文参见〔古希腊〕亚里士多德《诗学》，陈中梅译，北京：商务印书馆，1996年版。

② Howard B. White, *Antiquity Forgot: Essays on Shakespeare, Bacon, and Rembrandt*, The Hague: Martinus Nijhoff, 1978, p. 55. 若想了解美国的政治制度如何支持“有资格的”众议院选举，请参阅 Martin Diamond, “The Federalist”, in *History of Political Philosophy*, 3rd edition, Leo Strauss and Joseph Cropsey (eds.), Chicago: The University of Chicago Press, 1987, pp. 659 – 679。

道，这种神话就可能被打破。

合法的政治通常等同于习俗、传统或流传下来的政治。沃尔泽认为，这种政治正当性在封建中世纪非常典型：

> 出于行政的理性考虑……［封建制度］……代替了盲目固守传统的方式。人们不仅要继承土地和财产，而且继承社会地位、道德和个人义务。崇敬传统的与崇敬父、君一致，同时也排除了对思想、党派或国家的非主观的热忱。①

在《马基雅维里主义时刻》(*The Machiavellian Moment*) 论“习惯”（“经验、习惯与审慎”）一章中，波考克（J. G. A. Pocock）将视角转向福特斯库（John Fortesque)，以说明习惯或传统政治的概念：“……一位英国律师和业余的哲学家，通过粗线条描述一个时代的各种观念来帮助我们理解它们……”② 为证明英国的法律比其他国家的法律优越③，福特斯库认为有必要把自然法和基于风俗的习惯法区别开来。各时各地的自然法都一样：威尼斯的好的或公正的自然法置于英格兰也同样上佳。而习惯法的权威则源自它们对特定地区、特定民族的适用性，适合威尼斯人的习惯法可能并不适合英国人。那么，如何证明英国的法律比其他国家的法律更优越呢？福特斯库认为，英国的法律更优越是因为它们的年代更久远，经受住了时间的考验。虽然英国先后被英国人、罗马人、撒克逊人、丹麦人和诺曼人统治，“这片领土和今天一样，接受相同习俗的支配，从未间断。这些习俗若不是最好的，有些国王就会去修改，甚至完全废止，不论是为了正义，还是出于任性……实际上，无论是多年相传、根基深厚的罗马民法，还是源远流长、闻名于世的威尼斯法……抑或是历史悠久的基督教王国的法律，都没有如此古老的起源。因此，不可否认也没有正当理由怀疑的是，英国

---

① Michael Walzer, *The Revolution of the Saints: A Study in the origins of Radical Politics*, p. 5.

② J. G. A. Pocock, *The Machiavellian Moment*, p. 9. ［译按］中译文参见〔英〕波考克《马基雅维里时刻：佛罗伦萨政治思想和大西洋共和主义传统》，冯克利译，南京：译林出版社，2013年版。本书其他中译均参此书，为保证前后行文一致，略有改动，不再一一注明。

③ 福特斯库和波考克主要关注法律，而不是政治或政权。但他们为法律辩护的论点同样也可以为政治辩护。

的习俗不但是好的，而且是最好的”。①

没法用理性判断一种习俗优于另一种习俗——谁也不能重构一个理想的习俗——因为“适宜性”取决于经验，而经验需要时间。波考克认为：

> 每个人都只能判断自己恰好了解的特定事务，把这种判断扩展到私人领域之外的唯一方式，就是把自己的判断同其他人对他们自己特定知识的判断结合起来。既然对这些特定判断并不存在系统的批评——因为这种判断更像一种技艺（虽然两者并不能等同），而不是科学——那么评价一种判断高于另一种判断的为数不多的标准之一，就是凭借经验做出此判断的人数。就数量而言，三百人的判断比一个人的判断胜算更大。世代相传的判断优于而今的判断。最古老的习俗胜过贫瘠历史的习俗。②

然而，有一个更高远或更复杂的观点将合法性等同为习俗。福特斯库引用亚里士多德的话说：“习惯成自然。”经验如此改变我们的本性，使我们形成“第二天性”：我们爱上自己所习惯的对象。③ 或者又如波考克之惠言：“……我的习俗已然成为我自身的一部分，它们一定适合我。”④ 几百年后，柏克（Edmund Burke）也提出了类似基于习俗的政治主张，波考克说他是“这种思维方式的直接继承人”⑤。柏克认为，“古代崇拜与人的思想休戚相关”，传统“就是一件为人量身定做的外衣”。人们自然而然地接受特定的政治秩序，因为它似乎“自古”便已存在。⑥

但面对这些为政治传统辩护的方式，无论是基于量的经验，还是基于政治传统的（派生）自然性，人们都必须意识到，它们是“自证”的，如

---

① Sir John Fortesque, *De Laudibus Legum Anglie*, 1468，转引自 J. G. A. Pocock, *The Machiavellian Moment*, pp. 13 - 14。

② J. G. A. Pocock, *The Machiavellian Moment*, pp. 23 - 24.

③ 密尔（John Stuart Mill）认为，“习俗的神奇影响”如此强大，以至于第二天性“往往被误认为第一天性”。参见 J. S. Mill, *On Liberty*, London: Penguin Classics, 1974, p. 64。

④ J. G. A. Pocock, *The Machiavellian Moment*, p. 24. 在第 17 页，波考克指出：“……在‘使用’和‘第二天性’的概念中，我们可以发现历史决定论学说的开端，我们做什么就成为什么，从而造就我们自己。”

⑤ J. G. A. Pocock, *The Machiavellian Moment*, p. 15.

⑥ Edmund Burke, from *Seleccted Writings and speeches*, Peter J. Stanlis (ed.), Chicago: Regnery Gateway, 1963, pp. 223, 331, 330.

波考克所说：

> 在习俗中，经验能够判断什么是业已证明的好的和令人满意的，并判断什么是业已证明适合人们的特性或者“天性”的。这种判断可能是自足的。因为习惯和习俗既创造了“第二天性”，也对它进行评价——过去的确完美。①

波考克接着说：“人们无法解释为什么他们遵循的习俗就是好的，摒弃的习俗就是坏的，这并非因为他们不是哲学家，而是因为哲学家自己也无法解释。”② 哲学家无法解释，因为这种定论，即某种特定政治制度的好处就在它古老，而且属于我们自己，并不理性。尽管如此，它总是迷惑人，让人持续尊崇它。即使在以理性政治原则（“自明真理”）为基础的美国，尊重政治体制也往往表现为“尊敬”宪法，一种好的（而不应该被篡改的）宪法，因为它有年份，并且属于我们自己。③

在实践中，将合法性等同于传统并不一定导致盲从于习俗。波考克认为，在“中世纪思维”中，习俗和（新的）有待成为的习俗的区别“总是含糊不清”，而富有创造性的法律头脑却“非常清楚如何通过重释旧法来确立新的成文法”④，这一实践至今仍在继续。精明的政治家总善于使新兴之物显得历史悠久，使创新之处显得约定俗成。即使以新异闻名，不落俗套的马基雅维里有时也建议新晋的君主将他们的统治呈现为历史的无缝延续。⑤

对政治传统的背离也并非总在伪装下进行。人们也会公开争论错误的习俗或正当的政治不应该做的事务。人们能习惯一切可疑的实践，但习惯不一定总具备正义性。因此，支持政治创新的论点必然地开启了对正义的质疑。⑥

---

① J. G. A. Pocock, *The Machiavellian Moment*, p. 25.

② J. G. A. Pocock, *The Machiavellian Moment*, p. 15.

③ 在最高法院法理学的法律辩论中，还可以见到对习俗的尊敬。赞成遵循法律先例的论点，往往类似于福特斯库和柏克支持的遵循习俗的论点：有些法律之所以合法，仅仅因为我们已经习惯，因为随着时间的推移，它们已经成为美国生活结构的一部分。

④ J. G. A. Pocock, *The Machiavellian Moment*, p. 27.

⑤ Niccolo Machiavelli, *The Discourses*, I. 25, pp. 175 – 176.

⑥ “革命首要和根本的原因是……人们对正义的看法各异。”参见 Harry V. Jaffa, “Aristotle,” in *History of Political Philosophy*, 2nd edition, p. 122。转引自 Grant Mindle, “Shakespeare's Demonic Prince,” *Interpretation 20*, No. 3, Spring 1993: p. 260。

怀特认为，如果“合法的普通重要性”关系到政权的有序交接，那么“它的特殊重要性就取决于它对正义的认同。如果合法的继承方式是唯一公正的方式，那么合法性就必然是政治哲学里最重要的议题之一，甚至就是最重要的议题”。[①] 将政治合法性等同于正义，显然就相当于将习俗等同于传统。如上所述，政治传统是自我证成的：它的存在就是自身适宜性和良善性的明证。若要否决传统的合法性，就必须诉诸标准而非经验，也就是必须诉诸自然或理性。怀特说：“正义比合法性更广泛、更全面。换言之，正义可以是自然的，合法性则取决于宪法。”[②]

不过，诉诸自然来为特定的政治体制辩护究竟意味着什么？无论多么虚伪，每个政体都提出对正义的要求，而且正义总被认为是自然的。政治传统的捍卫者认为，继承的传统就是正义的，因为经验表明它们适合我们，而只要适合，这些习俗在某种程度上就是自然的。但这一点并不意味着所有对自然的诉求都平等且无法被区分。政治传统派和政治革新派可能同样呼吁正义和自然，但他们执行的方式天差地别。呼吁经验的“第二自然”的论点显然不同于呼吁理性、非历史标准的“第一自然”的论点。这些论点揭示了基本的哲学差异。同任何一个激进的传统主义者（或历史主义者）一样，我们真的只是历史的继承者吗？还是存在一种根深蒂固的人类的倾向，随时随地都能分辨公正与不公正？如果真的有这种倾向，那么就像怀特所说，在某些情况下“可能区分公正的政权和合法的政权”[③]。换言之，我们能区分传统或习俗意义上的合法性与自然或理性意义上的合法性。明言之，世袭君主专制统治在其中一个意义上合法，在另一个意义上却非法。

造成这种混乱的一个原因是合法性定义概念的歧义。“合法性”是指两种虽然相关却彼此独立的政治现象，它既指政治统治的性质，也指权力从一个统治者移交到另一个统治者的方式。谁应正当地掌权，如何正当地行使权力，二者都是“合法性”概念的个中要义。问题是这两个问题的答案也许不同：合法产生的政权权力可能被不合法地行使，而非法产生的政权权力则可能被合法地行使。再举上例，世袭的君主可能是暴君，而没有世袭继承权却夺取了王位的人则可能是明君。在争论合法性的意义时，诉诸自然或理性的人通常关心统治的实效胜于关心继承的规则。怀特说：“正如

① Howard B. White, *Antiquity Forgot*: *Essays on Shakespeare*, *Bacon*, *and Rembrandt*, p. 49.

② Howard B. White, *Antiquity Forgot*: *Essays on Shakespeare*, *Bacon*, *and Rembrandt*, p. 49.

③ Howard B. White, *Antiquity Forgot*: *Essays on Shakespeare*, *Bacon*, *and Rembrandt*, p. 49.

杰弗逊（Jefferson）所言，如果真有一种‘自然的贵族’（natural aristoi），他们统治是因为他们具备统治的美德和才能，那么真正的问题就是找出这些统治者，辨认出这些自然的贵族，而不是固守宪法的章律来移交权力。”然而，怀特继续补充道：

> ……杰弗逊或其他人都没有……找到一种办法，确保自然的贵族从自然贵族的手中继承权力，或从选举中获得权力。残暴的权力法则侵犯了仁和的统治制度……可能存在一种自然的统治方式，但自然的继承方式是存疑的。①

只要政治权力的迭代不能确保产生公正或理想的统治者，合法性问题就会一直存在。

如果说，以习俗或正义来确立的政治合法性受到认可和推崇，那么以武力来确立的政治合法性就是另外一回事。在关于合法性的讨论中，拥有权力与正当获得、使用权力之间的区别仍泾渭分明。那些胆大心雄、依靠武力夺取政权的人，即使有能力统治，仅仅凭借武力，也几乎不被认为合法，更几乎不自称合法。不过，也有坦率的先例。杀死理查三世登上英格兰王位后，亨利七世将占有王位视为自己的合法权利，毫不理会自己冒牌者的身份。马基雅维里知道合法与不合法的政治权力之间的区别，但他并不遵循：他教那些无权称王的人如何成王。认可武力获取的合法性无异于否认了合法与非合法之间的区别。毫不夸张地说，马基雅维里认为合法的权力不是一种特殊的权力，而是纯粹又简单的权力，不论如何获得，也不管如何行使。在他看来，合法的统治者既是当权的人，也是强大、睿智到足够推翻他的人。②

合法性通常等同于合乎法律：合法的政治权威等于法律权威。但问及法律如何自证合法，什么是合法的根基时，人们就会遇到上文讨论的三个问题之一（或它们的某种组合）。法律的权威来自习俗、（自然的）正义或强力。波考克说：“英国的一切法律都是普通法，普通法是习俗，习俗基于超出记忆的假设。财产、社会结构和政府受法律约束而存在，因此它们被

---

① Howard B. White, *Antiquity Forgot: Essays on Shakespeare, Bacon, and Rembrandt*, p. 49.

② 本文下一节将更详细地讨论马基雅维里。

推定为超出记忆的。"① 美国宪法的支持者经常重复的一个观点是：实证法因符合自然规律而公正。麦迪逊（James Madison）主张实施宪法，呼吁"超越自然和自然之神的法律，它视社会的安全和幸福为对象，所有的政治机构都以此为目标，并且必须为之奉献"②。在柏拉图的《理想国》中，色拉叙马霍斯（Thrasymachus）就提出强权立法，强权"即正义"。

> ……每个政府都制定对自己有利的法律：民主政府制定民主法律，僭主政府制定僭主法律，依此类推。他们宣布，这一为自己利益制定的法律只适用于被统治者，谁不遵守，谁就是违法者和不义之徒，要受到惩罚……在每个城邦都一样，正义只是掌权政府的利益……在任何地方都一样，正义是强者的利益。③

最后，虽然在被统治者的同意下确认合法政权似乎比在合法范围内确认更准确，但"同意"可是一个出了名的易变之词，尤其是考虑到默认和明确同意之间的区别。明确同意（即选举）自然能限制被认为合法的政府的范围，但任何一个成功掌权的统治者都可以假设大家已默认（即通过服从来承认权威）。定义"合法"可以从讨论什么是合法、什么是经各方同意的合法性开始，但不能止步于此。

莎士比亚与马基雅维里

与当今多数新历史主义者一样，蒂利亚德五十多年前辩称，莎士比亚是伊丽莎白时代正统的保守主义者，是秩序和等级的捍卫人，并且认定合法的政权最终由上天确立。④ 一位持有异议的评论家认为，蒂利亚德笔下的莎士比亚是"当权派的万人迷"⑤。但蒂利亚德承认，莎士比亚可能"遵循

---

① J. G. A. Pocock, *The Machiavellian Moment*, pp. 340 – 341.

② James Madison, *The Federalist*, Jacob E. Cooke (ed.), Middletown: Wesleyan University Press, 1961, No. 43, p. 297.

③ Plato, *The Republic of Plato*, Allan Bloom (trans.), New York: Basic Books Inc., 1968, pp. 338e – 339a.

④ E. M. W. Tillyard, *Shakespeare's History Plays*, London: Chatto and Windus, 1944, p. 21. ［译按］中译文参见〔英〕蒂利亚德《莎士比亚的历史剧》，牟芳芳译，北京：华夏出版社，2016 年版。本书其他中译均参此书，为了行文一致，部分译词有改动，不再一一注明。

⑤ M. M. Reese, *The Cease of Majesty*, London: Edward Arnold Ltd., 1961, vii.

马基雅维里的教义”而忽略了“他那个时代的思想习语”。[①] 斯特朗（Tracy Strong）则认为：“马基雅维里式的人物彻底质疑了那个秩序和等级的世界。这些人物没有背景或许无关紧要，他们通过意志的力量和聪明的才智才攀登到统治和权威的地位。”[②]

里斯（M. M. Reese）表示，伊丽莎白时代的英国作家“对马基雅维里有一种奇怪的爱恨交织”，他们“为马基雅维里违抗他们珍视的秩序和等级的教条感到震惊，却又为他着迷，因为日常经验告诉他们，在许多方面马基雅维里很可能都正确”。[③] 马基雅维里并不以敏感于政治合法性的问题而闻名，他对合法统治的看法通常可以归结为“强权即公理”。莎士比亚笔下的理查二世强调了马基雅维里式的教义，他对他的谋逆者和最终的谋害者说：“好吧，你值得。他们也理应拥有（知晓）这最强大和最可靠的得权方式。”（*Richard II* III. iii. 200 – 201）[④] 但这也是莎士比亚的观点吗？真如格林布拉特所言，这些历史剧“证实了马基雅维里主义的假设，君权起源于军力和计谋”吗？[⑤] 一般来说，莎士比亚究竟如何看待马基雅维里？

莎士比亚肯定知道马基雅维里其人：戏剧中有三处提到马基雅维里，其中历史剧里提到的就有两处。[⑥] 但莎士比亚是否直接阅读过马基雅维里的作品，我们不得而知。大多数评论家和历史学家认为莎翁可能读过马基雅维里的作品，马基雅维里的《君主论》（*The Prince*）在 16 世纪已有拉丁语版和英语版，当时受过教育的英国人能很容易得到和阅读它。[⑦] 最有力证明莎翁读过马基雅维里作品，也是最令人印象深刻的证据是：只要随意读读

---

① E. M. W. Tillyard, *Shakespeare's History Plays*, p. 21.

② Tracy Strong, "Shakespeare: Elizabethan Statecraft and Machiavellianism," in *The Artist and Political Vision*, Benjamin R. Barber and Michael J. Gargas McGrath (eds.), New Brunswick: Transaction Books, 1982, p. 194.

③ M. M. Reese, *The Cease of Majesty*, p. 92.

④ 所有莎士比亚戏剧内容的引用都来自阿登版（Arden edition）。［译按］本文所有莎翁戏剧内容的中译文都参自朱生豪的译本。

⑤ Stephen Greenblatt, *Shakespearean Negotiations*, p. 20.

⑥ *Henry VI*, Part 1, V. iv. 74; *Henry VI*, Part3, III. ii. 193; *The Merry Wives of Windsor*, III. i. pp. 92 – 93.

⑦ E. M. W. Tillyard, *Shakespeare's History Plays*, 23; Howard B. White, *Antiquity Forgot: Essays on Shakespeare, Bacon, and Rembrandt*, The Hague: Martinus Nijhoff, 1978, p. 14, note 24; Moody Prior, *The Drama of Power*, Evanston: Northwestern University Press, 1973, p. 291. 笔者倾向于普莱尔（Prior）的观点：“莎士比亚是否读过《君主论》的一手材料，其猜想已经超出了合理范围……。”

马基雅维里的《君主论》和《李维史论》(*The Discourses*),就不难在莎翁的戏剧中听到持久的回响。例如,莎翁《一报还一报》(*Measure for Measure*)的情节与马基雅维里在《君主论》第八章中叙述的奥尔科/博尔贾(Remirro de Orca / Cesare Borgia)的故事惊人相似。[①] 莎士比亚戏剧中的例子几乎可以用来阐释马基雅维里的一切原则。这或许只能证明两人都非常熟悉政治,但也可证明,不管是否读过他的书,莎士比亚都熟悉马基雅维里所熟悉的。

莎士比亚笔下的人物被一个又一个评论家称为"马基雅维里主义者",这样的人不胜枚举:亚伦(Aaron)、拉戈(Lago)、埃德蒙(Edmund)、奥克塔维厄斯(Octavius)、卡修斯(Cassius)、麦克白(Macbeth)、克劳迪奥(Claudio)、福康布里奇(Faulconbridge)、亨利四世(Henry IV)、亨利五世(Henry V)、理查三世(Richard Ⅲ)。每一部戏剧中都存有争议,比如特定的"马基雅维里式"人物是忠于原型,还是改头换面;莎士比亚究竟是钦佩他们,还是鄙视他们。莎翁笔下如此多的人物打动了众多"马基雅维里主义"式读者,这一事实至少说明,莎士比亚也关心公认的政治类型。当然,推行马基雅维里公然倡议之事务的政客自古有之,他们的形象出现在莎士比亚等人高度政治化的戏剧中也不足为奇。但笔者认为,莎士比亚和马基雅维里之间的关联可以挖掘得更深,因为他们的作品惊人相似。他们在作品中都探讨了如何获取和维持政治权力,钻研了道德(尤其是基督教道德)和政治实践之间的关系,批评了罗马天主教会的政治职能。换言之,莎士比亚和马基雅维里面临同样的问题。

《君主论》通常被视为指南或手册,它阐述了如何成功获取并维持政权。众所周知,许多统治者经常向它求教(如黎塞留、普鲁士腓特烈、俾斯麦、希特勒……),墨索里尼甚至为它写文。[②] 历史剧本的情节几乎总与争权夺势有关,看起来就像是马基雅维里主义的戏剧表现。如果《君主论》是一本简练的手册指南,那么历史剧就像是丰富的案例研究。一般说来,莎士比亚笔下人物的成功或失败都符合马基雅维里的准则和箴言。举两个小例。在《君主论》第 17 章中,马基雅维里说:"至关重要的是,(君主)

---

① Allan Bloom, *Love and Friendship*, New York: Simon and Schuster, 1993, p. 330. [译按] 中译文参见〔美〕阿兰·布鲁姆《莎士比亚笔下的爱与友谊》,马涛红译,北京:华夏出版社,2012 年版。以下所引该书文本均参此译本,为行文一致,部分译词有改动。

② Christian Gauss, "Introduetion to the Mentor edition of *The Prince*," New York: New American Library, 1952, p. 8.

必须戒绝他人的财产，因为人们忘记父亲逝世都比忘记遗产损失更快。”① 莎士比亚的《理查二世》恰恰证实了这一骇人听闻的说法。理查王杀死波林勃洛克受人喜爱的父亲刚特，引来的反抗倒还无妨。但是当刚特（Gaunt）死后，理查夺取了波林勃洛克的遗产，结果波林勃洛克从流亡中回来争夺，继而篡权。马基雅维里不断警告新君王，要警惕那些襄助夺权的“朋友”，“你没法和扶你上位的人继续做朋友，因为你无法再遂其所愿”②。反之，助君夺权的人也身处险境，“促人强大的也终将被毁：因为他的权谋或军力促长了他人的权力，而获权方忌惮的正是这两个方面”③。马基雅维里的建议几乎是对波林勃洛克职业生涯的总结。他在潘西家族（《理查二世》）的支持下夺权，但余生大部分时间（《亨利四世》）都在与他们交战。如果波林勃洛克听从马基雅维里的建议除掉潘西一家，而不是先去满足他们，他也许会赢得一个更和平的政权。马基雅维里关于如何获得和维持政治权力的最普遍的建议似乎很简单：君主应该忽略道德。那些顾虑彼生彼岸的人，今生今世难以在政治上有所作为。马基雅维里说，善良的意愿“值得称赞”，但在政治上很幼稚，“因为执意在各方面都行善积德的人，必然会在众多不善之人中一败涂地”。④ 因为人善被人欺，所以君王或储君必须“学会利用仁义，知道何时需仁，何时需不仁”⑤。马基雅维里的建议看似简单，但忽视道德的能力其实并不简单，这种能力必须去“习得”。一个人也许并没有太多机会尝试——走错一步即可致命。至少在实际情况中，莎士比亚同意马基雅维里的分析。坎托指出：“莎士比亚戏剧（包括历史剧）中反复出现的政治悲剧是，恶人以某种方式爬上政治秩序的顶端，而德善之人、具有人道精神的人要么在夺权中败北，要么无法妥善地维持政权。”⑥ 值得一提的是，在笔者即将介绍的四个莎翁笔下的君主中，有三个都是谋杀者，但这并不能完全抹黑他们在莎翁眼中的形象。莎翁非

---

① Niccolo Machiavelli, *The Prince*, Harvey Mansfield (trans.), Chicago: University of Chicago Press, 1985, Chapter 17, p. 67. ［译按］中译文参见〔意〕尼科洛·马基雅维里《君主论》，闫克文译，南京：译林出版社，2012年版。本文引用的《君主论》的中译文均参此译本，为行文一致，部分内容有改动，不再一一注明。

② Niccolo Machiavelli, *The Prince*, Chapter 3, p. 8.

③ Niccolo Machiavelli, *The Prince*, Chapter 3, p. 16; Chapter 20, pp. 85–86.

④ Niccolo Machiavelli, *The Prince*, Chapter 15, p. 61.

⑤ Niccolo Machiavelli, *The Prince*, Chapter 15, p. 61.

⑥ Niccolo Paul Cantor, "Prospero's Republic," in *Shakespeare as Political Thinker*, John Alvis and Thomas G. West (eds.), Durham: Carolina Academic Press, 1981, p. 246.

常清楚道德和政治成功之间的暧昧关系，他也知道政治必备的品质往往与邪恶无异。

如果马基雅维里的教义仅限于一个平淡无奇的论断——因为人善被人欺，所以善人就应该不时地表现得像坏人——那么人们就可以轻松地给莎士比亚贴上马基雅维里主义者的标签了。但马基雅维里的教义其实更激进。他质疑了通常被认为好的事物的善和通常被认为坏的事物的恶："……如果统筹全局就会发现，某些品质看似美善，孜孜以求便会带来毁灭；而另一些品质看似邪恶，身体力行则会带来安定与幸福。"① 因此，正如马基雅维里早先引导我们相信的那样，通常被认为善的东西并不一定真善，只是"人类条件不允许"而已。②"美德"不一定是美德，"邪恶"也不一定是邪恶。马基雅维里证明，看似仁慈的实际上可能残忍至极，而看似残忍的实际上可能温情脉脉。③ 然而，马基雅维里并非简单地澄清对真实道德的普遍误解。相反，他意在用一种崭新的、清晰的政治标准来重新定义道德，将其定义为有利于增进君王"安定幸福"的标准。

这种激进的道德批判会带来两个现实的后果。首先，普通的道德问题会让位于君主的首要目标，即追求政治安稳。与人们常说的马基雅维里主义相反，这并不意味着君主应该只实践背叛、欺骗和无情的恶行。恰恰相反，他应该在必要的情况下施以仁义，在其他情况下反之。其次，更令人不安的是，君主会假意善良地——尽管他并不善良——去经营一个厚德的美誉：

> 一个君主……应该表现得非常仁慈、忠实、人道、虔诚……事实上，君主没有必要具备上述的所有品质，却有必要显得全都具备。不，我敢说：具备这些品质并且身体力行，那是有害的；显得自己具备它们，则非常有用……④

莎士比亚笔下的理查三世就完美地诠释了马基雅维里所谓的道德伪善："我就这样给我赤裸裸的邪恶披上/从《圣经》中窃来的古怪又古老的外衣/当

---

① Niccolo Machiavelli, *The Prince*, Chapter 15, p. 62.

② Niccolo Machiavelli, *The Prince*, Chapter 15, p. 62.

③ Niccolo Machiavelli, *The Prince*, Chapter 17, pp. 66 - 67.

④ Niccolo Machiavelli, *The Prince*, Chapter 18, p. 70.

我扮演魔鬼的时候，最像圣人一样。”（*Richrd III* I. iii. 336 – 338）

莎士比亚就如此认可马基雅维里吗？他是否也否定对道德的普遍理解，建议君王们践行道德伪善？有证据表明他确实如此。亨利六世（Henry VI）是一个温和的基督徒，也是莎翁笔下唯一一位正派并且虔诚的国王。但他性情软弱、治理无道，这似乎是他道德品质的直接后果。在政治上，亨利六世实在太好，也就是说他是一个不称职的国王。正如里斯所言："政治不是谨小慎微或胆小怕事的人干的事，强势政府的反面很有可能是社会的土崩瓦解，对于像亨利六世这样的修道士而言，王位上根本就没有他的一席之地。"① 另一例则是莎士比亚笔下的亨利五世，他关心名誉远胜于美德。但他的"伪道德"② 对英格兰很管用，他是一个比他儿子更有手腕、更有才干的君主。当然，问题在于莎士比亚的同情心究竟体现在哪里。刘易斯（Wyndham Lewis）在探究莎翁是否是马基雅维里主义者时认为，"答案肯定很复杂"，不过"有一点是肯定的，至少在奥赛罗（Othello）的问题上是这样……莎翁没有站在奥赛罗卑鄙的对手一边"。③ 丹比（John Danby）认为，莎士比亚可能已经认识到，在前途未卜的情形下，"权谋者注定会成功"。④ 怀特认为，政治上是否成功取决于追随马基雅维里的教义到什么程度，这一结论把莎士比亚变成一个政治悲观主义者："在政治上潜图问鼎、对其阴暗手段了如指掌，这些往往伴随着厌恶与猜忌，冷漠与轻蔑……显然，莎士比亚对政治生活的评价并不高。"⑤

不管莎士比亚对政治生活的最终看法如何，他都和马基雅维里所见略同，认为离开基督教就无法充分理解现代政治，基督教总是以某种方式反映着政治。在马基雅维里看来，道德对政治的影响日益式微，这是一种特定的现代现象，即基督教现象。他指出，基督教"似乎使世界孱弱，将它如猎物一般交到恶人手中，恶人看透了人之共性，人们以天堂为目标，擅长忍耐而不擅长报复那些对他们的伤害，因此恶人能够顺利稳妥地治理这个世界"。⑥

阿尔维斯（John Alvis）认为，莎士比亚对于这个问题心知肚明："在英

① M. M. Reese, *The Cease of Majesty*, p. 146.

② John Danby, *Shakespeare's Doctrine of Nature*, London: Faber and Faber, 1949, p. 90.

③ Wyndham Lewis, *The Lion and the Fox*, London: G. Richards Ltd., 1927, p. 178.

④ John Danby, *Shakespeare's Doctrine of Nature*, p. 201.

⑤ Howard B. White, *Antiquity Forgot: Essays on Shakespeare, Bacon, and Rembrandt*, p. 7.

⑥ Niccolo Machiavelli, *The Discourses*, II. 2, p. 278.

国历史剧《麦克白》和《哈姆雷特》中，都有对基督教王国默认篡位者、僭主或腐败统治者的描写，这表明莎士比亚也试图关注马基雅维里所侦破的同样弊病。”[①] 马基雅维里认为，人们“不如从前大胆”[②]，所以共和政体政治自由的特性比从前更罕见。虽然莎士比亚的历史剧并不关心共和政体，但他关心自由，反对被迫接纳腐败专横的僭主。[③] 笔者将要分析的戏剧中，这一点在《理查二世》里体现得最明显。当理查王杀害受人爱戴的政治对手，被害人兄弟那软弱的反应恰恰代表了民意，代表了基督教对滥用权力的顺服：

> 造成纷扰的正是上帝的替身，
> 他的代理人，受膏之君主，
> 若冤死，
> 就让上帝来雪恨，我没法
> 向上帝的使者举起愤怒的手臂。（*Richrd II* I. ii. 37 – 41）

而波林勃洛克，那位唯一敢与理查王作对的贵族，似乎得到了莎士比亚的支持。

根据马基雅维里的观点，基督教的道德教导既影响统治者，也影响被统治者。这在《君主论》中表现得最为明显。与《李维史论》不同，《君主论》写给君王，而且尽管马基雅维里在书中并未提及，但这本书实际上写给僭主。《君主论》中满是用以阐述特定政治观点的历史事例，古代的统治者总被标榜，而现代的统治者（如基督教徒）则因为过于注重道德而被指责。即使是《君主论》里名义上的英雄，聪明而又残暴的博尔吉亚（Cesare Borgia），也因过于轻信而最终丧命。莎士比亚笔下的国王都是基督徒，一般来说，坏基督徒比好基督徒更适合从政。更确切地说，在莎翁戏剧里，作为政治世界里的统治者，他们的治理能力似乎取决于他们是否愿意背离基督教的道德教义。

---

① John Alvis, *Shakespeare's Understanding of Honor*, Durham: Carolina Academic Press, 1990, p. 60.

② Niccolo Machiavelli, *The Discourses*, II. 2, p. 227.

③ Niccolo Machiavelli, *The Discourses*, II. 5, pp. 395 – 397. 马基雅维里似乎相当支持君主制，并声称在君主统治下存在“自由”这一概念。

亨利五世是一个复杂的例子：他是莎士比亚笔下最成功的国王，也是一个基督徒。然而，有证据表明，亨利五世并非出于信仰而成为基督徒。如果这是真的，他简直是马基雅维里教义的完美典范。因为尽管马基雅维里批判基督教道德，但他认为宗教对政治有用。在他看来，在所有美德中，没有哪一种美德比宗教更重要。[①] 宗教是其他美德的保护伞，因为它建立在个人信仰的基础上，所以很容易伪装，别人也难以质疑。马基雅维里在“守信”一章的结尾赞扬了“当代的某个君主”，他“从不宣扬别的，只宣扬和平与信义，但他对两者都怀有敌意。如果他真的遵循二者，那他的声望或地位将荡然无存”。[②] 马基雅维里难得赞美现代君主，而他中意的这位，是一个尽管装模作样，实际上却“敌视”基督教教义的人。莎士比亚对笔下那些马基雅维里式人物的看法——如果可以辨别——必然能揭示出他对基督教的看法。

莎士比亚似乎和马基雅维里一样，也对充当政治角色的教会怀有敌意。马基雅维里认为，教会是兼具政治优势与劣势的特殊组合：

> ……虽然教会的总部设在意大利，并且拥有俗权，但无论是它的俗权，还是它的美德，都不足以使它在意大利篡权且称帝。然而另一方面，它又是如此软弱，在它害怕失去对现世统治的同时，它也无法召唤一种军力来对抗权威日盛的意大利。[③]

如果教会的力量在于它对人强有力的道德控制，那么它的弱点也同样来源于此：基督的教义与军事战力水火不容，或者更直白地说，牧师不能打仗。因此，教会必须依靠别人来为它作战。它能运筹帷幄，却不能行军作战，也无法一直控制为实现现世目的而招募来的军队。我们可通过阅读《约翰王》来了解这一切。在《约翰王》中，壮心不已的罗马天主教皇密谋推翻英国国王，他利用道德权威使英国人民反对约翰王，同时招募法国人以武力颠覆政权。然而，诚如马基雅维里所分析的那样，当教会失去对法国军队的控制时，一旦法国军队开始行动，他们就会追求自己的目标，而绝非罗马教皇的目标。

---

① Niccolo Machiavelli, *The Prince*, Chapter 18, pp. 70 – 71.

② Niccolo Machiavelli, *The Prince*, Chapter 18, p. 71.

③ Niccolo Machiavelli, *The Discourses*, I. 12, p. 145.

莎士比亚笔下的教职人员十分符合马基雅维里的描述——“他们当中的宗教信仰比其他地方都少”。[1] 在《亨利五世》中，坎特伯雷大主教宣称“奇迹是会发生的”（*Henry V* I. i. 67），而在《约翰王》中，教廷使节取笑群众将神圣的意图归因于非人的本性（*John III.* iii. 153 – 159）。莎士比亚描绘的神学家是政治的策划者和阴谋家，是伪善的宗教利用者，他们的眼睛牢牢盯住现世而非彼岸。总之，他们是马基雅维里主义者。马基雅维里建议君主像对待其他政治人物一样对待教会，因为教会待君王如君王。约翰王（至少有一段时间）和亨利五世都采取了马基雅维里之说，他们对待教会的策略似乎也颇为莎翁所赞同。

通过上述论证，笔者希望已经表明，莎士比亚和马基雅维里关注同样的道德、宗教和政治问题。但是，莎士比亚刻画了马基雅维里式的人物并探讨了马基雅维里式的主题是一回事，同意马基雅维里的观点则是另一回事。那么，莎士比亚是一个马基雅维里主义者吗？

在论证历史剧的政治本质时，奈茨断言“莎士比亚的政治现实主义当然不是马基雅维里式的现实主义……”[2]，他并没有指明依据，但这种对莎士比亚与马基雅维里关系的看法流布甚广。阿尔维斯也说：“文学评论家倾向于把莎士比亚看作马基雅维里的对手……”[3] 这显然也是蒂利亚德的立场（他认为莎士比亚“利用马基雅维里来提出挑战”[4]）。里斯认为，莎士比亚看似正统地辩护都铎王朝的传统，其动机更多的是抵制马基雅维里主义，而非真正笃信“秩序和等级”。[5]

然而，许多评论家很快将真正的马基雅维里与“公共舞台上的伪马基雅维里式的恶棍”[6] 区别开来，后者在伊丽莎白时代的戏剧中已成为一个常见角色。普莱尔（Moody Prior）认为：“马基雅维里的流行观点，在很多方面都是一种误读，它们往往近于戏仿，并非基于对原著本身的了解。”[7] 在过去公众的心目中，马基雅维里主义成了邪恶的同义词：

---

① Niccolo Machiavelli, *The Discourses*, I. 12, p. 144.

② L. C. Knights, *Further Explorations*, p. 13.

③ John Alvis, *Shakespeare's Understanding of Honor*, p. 60.

④ E. M. W. Tillyard, *Shakespeare's History Plays*, p. 23.

⑤ M. M. Reese, *The Cease of Majesty*, p. 102.

⑥ M. M. Reese, *The Cease of Majesty*, pp. 96 – 97.

⑦ Moody Prior, *The Drama of Power*, p. 292.

> ……（马基雅维里）这个词曾是贴附在一个巨大包裹上的标签……（伊丽莎白时代的）人们几乎将所有不赞成的东西都存进这个包裹，其中不少其实并非马基雅维里式的。在其他时代、其他地方，天主教会、长老会、雅各宾派、无神论者、法西斯主义者、帝国主义者、世界大同主义者这些词也服务于同样简便的目的。[①]

学者们似乎普遍认为，莎士比亚是明智的批评家，他能辨识真正的马基雅维里，而后者并不像受众认定的那么邪恶。马基雅维里有一个著名的理论，即“目的决定手段”：

> 这是一句至理名言：应斥责的行为可以因其效果而被证明是正当的，当效果良好……它总能证明行为合理。[②]

然而，马基雅维里的支持者们聚焦于他对“应斥责”手段的主张，却忽略了他对崇高目标的阐扬。里斯认为，马基雅维里是一位意大利爱国者，这种“强烈的爱国主义倾向——甚至以一种奇怪的、理想主义的方式……使他的论著显得高贵且合理”。[③] 当然，问题就在于，不管他们的动机如何，马基雅维里的政治建议对每个人都适用。普莱尔认为，这正是莎士比亚在《理查三世》中表达的观点：

> 行善的欲望意味着一种社会冲动、一种对他人的关心，而这种关心却与理查王对其他人的完全蔑视格格不入。莎士比亚则暗示，这种蔑视正根植于潜藏在马基雅维里权力理念之下的假设中。[④]

这是一个出于好意却语焉不详的人，他的目光太短浅，看不到自己的教义若被恶人践行，可能会产生恶劣的影响——对马基雅维里的此类看法在莎士比亚批评家中很常见。由此，人们认为莎翁指出了一个显而易见的事实——马基雅维里的教义可能被滥用——并认为莎翁是一位友善的批评家，

---

① M. M. Reese, *The Cease of Majesty*, p. 102.

② Niccolo Machiavelli, *The Discourses*, I. 9, p. 132.

③ M. M. Reese, *The Cease of Majesty*, pp. 93 – 94.

④ Moody Prior, *The Drama of Power*, p. 299.

他对马基雅维里对政治现实的认识印象深刻，但又害怕此类认识落入坏人之手。里布纳和里斯眼中的莎士比亚都被证明是一个“谨慎的马基雅维里主义者”：

> 在法律的范围内，权力有其特殊的道德性。这并非认可马基雅维里式的欺诈和残忍，尽管两者的区别显然非常微妙：这就是为什么仁义之人应该有权，而权势之人应该仁义的问题如此重要。它确实承认了一个简单的事实，君主和臣民因职能不同而要信奉不同的价值观。①

> 对莎士比亚来说，明君必须首先是一个好人。但是，就政府面临的当务之急而言，莎士比亚可能设想了一种成功的统治者，他所具备的公开的品质与马基雅维里所信奉的并无二致。②

从这个观点来看，莎士比亚从马基雅维里那里学到不少，但他只采纳能维护体面道德的部分。问题在于这是否可行——选择性地实践美德与单纯地遵从美德肯定互不相容。道德准绳如此微妙，一个人该如何分辨政治家究竟站在哪一边？况且，如果政治环境最终决定统治者的道德行为，难道道德不会成为政治的附庸？③

这些批评家试图为马基雅维里辩护，对抗他那些广受欢迎的对手，可不仅辩护变得面目全非，他们也可能因言获罪。马基雅维里授邪恶之法于邪恶之人，他的辩护者却普遍认为他是一位冷静的科学家，也是一位炽热的爱国者。他们没有解释，为什么爱国主义（无论是意大利的还是英国的爱国主义）该为马基雅维里所倡导的政治变节辩护。他们也不曾细想，若一个人提出的建议万国适用，他能有多爱国（在《君主论》第三章中，马基雅维里甚至向法国人明确进言，指点他们如何更快地征服意大利）。显然，马基雅维里的爱国主义并不普通。他的“科学”不仅骇人听闻，而且显然是有意为之。马基雅维里当然清楚，他的教义会吸引那些潜图问

---

① M. M. Reese, *The Cease of Majesty*, p. 146.

② Irving Ribner, *The English History Play in the Age of Shakespeare*, p. 162.

③ Nathan Tarcov, "Quentin Skinner's Method and Machiavelli's *Prince*," in *Meaning and Context: Quentin Skinner and His Critics*, James Tully (ed.), Princeton: Princeton University Press, 1988, pp. 199, 202.

鼎、不择手段的人——毕竟这正是他经常拥护的那种人。举一个别具挑衅意义的例子，马基雅维里甚至赞扬汉尼拔（Hannibal）“非人道的残忍”及“其他的美德”。[①] 难怪蒂利亚德指出，在马基雅维里的身上“连普通人都能嗅出基本的不妥”。[②] 比起那些批评家所承认的，也许舞台上所演绎的“普通人”的直觉和“原作怪诞的形象”[③] 反而更接近马基雅维里的本质。

那么，问题是如何将莎士比亚与这个奔放不羁的马基雅维里进行比较。笔者不打算即刻提供答案，而想指出应该将哪些因素考虑在内，从而引导我们去探究莎士比亚与马基雅维里的关系。

莎翁寻思：僭主和君主之间有根本的区别吗？根据不同的动机，亚里士多德曾做出一个经典的区分：君主追求公利，而僭主独享私利。马基雅维里对正义所言甚少[④]，他将公利与私利混淆，且故意模糊僭主和君主的区别。在《君主论》中赞扬《李维史论》里描绘的僭主。[⑤] 莎士比亚是否也模糊了这一区别？如果没有，他又是根据什么标准做出区分的？通常的答案是爱国主义。但热爱祖国究竟会致使君王做什么？例如，它能为谋杀和对外侵略辩护吗？

莎士比亚如何看待合法政权，最终取决于他如何看待人的本质和人的能力。马基雅维里从“万人皆邪恶”的这一命题立论[⑥]，这使他对政治的期望比其他思想家要低，也使他降低正义，提高稳定与安全。在里斯看来，莎士比亚对人性的看法比马基雅维里乐观：

> 他觉得总的来说人们不应该那样做，或者当他们这样做的时候，他们并不是完整的人。他为自己笔下几乎每一个马基雅维里式的人物辩护，为他们的行为找到病理学上的理由……在莎士比亚看

---

① Niccolo Machiavelli, *The Prince*, Chapter 17, p. 67.

② E. M. W. Tillyard, *Shakespeare's History Plays*, p. 22.

③ Moody Prior, *The Drama of Power*, p. 293.

④ Leo Strauss, *Thoughts on Machiavelli*, Chicago: University of Chicago Press, 1958, p. 295. ［译按］中译文参见〔美〕利奥·施特劳斯《关于马基雅维里的思考》，申彤译，南京：译林出版社，2003年版。

⑤ 这并不是说马基雅维里从不区分王权和暴政。在《李维史论》中（*Discourses* III. 5），他将王权与法制、自由联系起来，暴政则与法制和自由的缺失有关。

⑥ Niccolo Machiavelli, *The Discourses*, I. 3, p. 112.

> 来，马基雅维里主义是那些由于不幸而在道德上误入歧途之人的信条。①

同样，莎士比亚对合法性的看法基于他对世界的质疑——这个世界支持正义吗？马基雅维里在这个问题上持悲观立场，最明显地体现在《君主论》第十五章中的这段文字："许多人对那些从未见过、也不知是否真实存在过的共和与君权充满的幻想，但人们实际如何生活与应该如何生活天差地别，若一个人一味沉溺于对应该之物的幻想，而将现实情况抛于脑后，那么他学到的将不是如何生存，而是如何毁灭。"② 里斯在这个问题上的观点相当典型，他认为莎士比亚对公正政府更乐观，他的乐观基于一种宗教信仰：

> 莎士比亚相信，是上帝创造并且完善了宇宙……政府由人堕落而生，在某种程度上也由人的错误而损。但上帝的构思确保了政府永恒的正义，这是对马基雅维里一个观点的重要的纠正，马基雅维里认为国家是人为的发明，它之所以存在，仅仅因为人类生命野蛮且孤独，其本身无法成为一所美德的学校。③

在《理查二世》中，莎上比亚明确表述了神圣对合法性的支持，但这部戏剧是否为里斯的论点提供了决定性的证据，我们不得而知。

推敲莎士比亚与马基雅维里的关系，必须考虑到他们呈现教义的截然

---

① M. M. Reese, *The Cease of Majesty*, p. 99. 特蕾西·斯特朗也有相似论点（Tracy Strong, "Shakespeare: Elizabethan Statecraft and Machiavellianism," in *The Artist and Political Vision*, Benjamin R. Barber and Michael J. Gargas McGrath (eds.), New Brunswick: Transaction Books, 1982, p. 194）：

> 这适合那些不太适应世界自然秩序的人（莎士比亚笔下的马基雅维里主义者）。……几乎都是非自然出生的人，他们一出生便与正常的家庭和过去隔绝。他们的生世是他们世上角色的客观对应物：他们是非法之力，是秩序的破坏者，是无立足之地、不得不自创天地的人。他们的世界是他们自己创造的世界，是他们自己的技艺：他们几乎总是反抗一种更有规律、更幸福的生活。

② Nicolo Machiavelli, *The Prince*, James B. Atkinson (trans.), Indianapolis/Cambrideg: Hackett Publishing Co., 1976, pp. 255 – 256.

③ M. M. Reese, *The Cease of Majesty*, p. 119.

不同方式。马基雅维里赤膊上阵，哗众取宠。相比之下，莎士比亚似乎比较低调，部分理据是他从不以自己的名义说话。即使笔下的某个人物发表了一些危言耸听的言论，也未必与莎翁本人有什么瓜葛。莎士比亚观点的多样性表明，人们可以从多个角度来理解他。上文提过，莎翁被认为秉持政治正统，是他那个时代的典型。对于这一论点，笔者实在不敢苟同，故而强调那些表面上似乎不那么明显的非正统因素（尤其是作为篡位者的约翰和亨利四世究竟有何优长，而作为无可挑剔的继位者的理查二世又有何瑕疵）。不难看出为什么莎士比亚通常在道德上备受尊崇，又被视为政治正派的殿军。与马基雅维里不同，莎士比亚似乎谨小慎微，并不挑衅传统观念。例如，他从不公开宣扬政治谋杀。在某些情况下，他可能会支持这种做法，但人们只能在草蛇灰线之中收集零散证据，并且不得不止步于似是而非的猜想。莎翁的作品中，没有一处显示马基雅维里给篡权者的那种直接的建议——赶尽杀绝！不过，即使最终证明莎士比亚赞同马基雅维里的不少教义，他表现出来的也是缄默，这本身便是与马基雅维里的显著差异。马基雅维里的标新立异之处在于，他公开挑战了当时占统治地位的道德和宗教教义。而莎士比亚谨慎的表达方式可能掩盖了类似的非传统的观点，但这种谨慎表现出对传统的尊重，最终也可能有利于维护道德规范。如果说莎士比亚同意马基雅维里的部分教义，那么他并不赞同马基雅维里那种经纬天地、世界张扬的方式。

莎士比亚似乎超越了马基雅维里，那些政客践行马基雅维里所宣扬的教义，而莎士比亚则审视他们的灵魂：

> ……对于我们理解政权，莎士比亚独创性的贡献可能在于，他洞悉人们在行权时如何应对与内在道德的冲突。迈内克（Meinecke）的观点提供了佐证：从内心矛盾、冲突和悲剧问题的角度来思考（存在理由）的能力，是以一种更现代、更复杂的心智为前提产生的，这种心智也许正是从莎士比亚开始的。[①]

普莱尔认为，莎士比亚是一个比马基雅维里更加良善的灵魂学家。但笔者认为这样的结论有些草率，因为马基雅维里对人类动机的解释令人印

① Moody Prior, *The Drama of Power*, p. 247.

象深刻。他也许直言不讳，却并非不谙世事。“权力行使中固有的道德冲突”，尤其是基督教道德教义与政治必要性之间的冲突，是马基雅维里思想的核心。然而，有人可能会说，马基雅维里对道德冲突的关注比莎士比亚更现实，他只关心与政治成败有关的道德。莎士比亚则让我们对这一现象有更深入的了解，让我们能够分享那些夹在野心和良心之间挣扎不休的人的自我怀疑与痛苦。莎士比亚更关注良知问题或许意味着他更尊重人类权利，马基雅维里则认为良知是一种欺诈，他似乎对受害者并没有多少同情。莎士比亚笔下的理查三世也持同样观点：“良心不过是懦夫们使用的一个词，/一开始就要让强者敬畏。/强壮的臂膀就是我们的良心，刀剑就是我们的法律。”（*Richard III* V. iii. 310 – 12）

莎士比亚同意理查王的观点吗？不管莎士比亚对良知的最终看法是什么，他似乎确实对笔下那些陷入道德困境的角色抱有一些同情。[①] 另外，莎士比亚显然很喜欢福斯塔夫，此人强烈追求的非政治的乐趣丝毫不受道德疑虑的挂碍。

对马基雅维里来说，政治——或者用当代的说法，权力关系——就是一切。而里斯指出，“英国历史剧的特性是且仅是，政治美德是唯一的参考标准”，他还说：“莎士比亚从不认为政治构成全部生活内容，也不认为政客为政治献身的方面足以代表一个完整的人。”[②] 若要说莎士比亚在最深层意义上是一个马基雅维里主义者，那就必须证明，在他所描绘的所有人物类型（如君主、牧师、诗人、情人、哲学家）中，政治家最明察洞晓，而其他人则不明就里地被蒙蔽。这需要对他的所有剧本进行考察和比较，显然超出研究范围。但是，我们可以列举几部戏剧，它们似乎对政治是莎士比亚最好和最高追求这一观点提出了质疑。在《安东尼与克莉奥佩特拉》中，安东尼选择克莉奥佩特拉而不是帝国，“整个世界，真的是整个世界，为一个女人而存在”[③] ——他比奥克塔维厄斯（Octavius）[④] 更引人注目、更富有同情心，虽然奥克塔维厄斯一心一意投身政治，并且赢得帝王的显赫之位。在历史剧里，福斯塔夫是一位趣谈和享乐的行家，他的生活与他周

---

① 如哈姆雷特。

② M. M. Reese, *The Cease of Majesty*, p. 163, viii.

③ Allan Bloom, *Love and Friendship*, p. 299.

④ ［译按］屋大维。

围那些野心勃勃的政客形成鲜明对比。他可以说是历史戏剧中最有趣也最有争议的角色，了解莎士比亚对他的看法，应该有助于我们了解莎翁的政治观，并了解政治见识在人类志业中的地位。

（作者单位：美国达拉斯大学；译者单位：北京师范大学文学院博士研究生）

莎士比亚诗文的政治蕴涵及其对政治的超越

约翰·阿尔维斯（John E. Alvis）/文

陈淑仪/译

摘　要：政治是莎剧的重要主题之一。为了探明莎剧中的政治意涵，我们不得不还原当时政治事务的情景，从教育、礼仪、道德、宗教和伦理等非权力的角度看待基本的政治行为。这种还原首先要回到古人和苏格拉底对政体的看法，他们将政体视为灵魂主要类型的形象。根据这一概念，特定的城市鼓励发展特定的人类性格，并在其制度、法律、教育习俗和艺术中，反映出对人性和最好生活之特定观点的支持。莎翁的智慧可能以政治为目的，或者以超越自身为目的。但深思莎剧中单纯求知之人，我们或许会发现，致力于这一目标（即单纯求知）的人生，实际上是超越政治的人生。了解政治领域的全部范围，有助于我们探究政治之外的存在。莎士比亚之诗让我们看见政治决定人类生活的程度，从而帮助我们理解超越政治的存在。

关键词：莎士比亚；政治哲学；戏剧情节；超越政治

莎士比亚能从诗人之群脱颖而出，不仅因为其作品对读者（观众）有独特魅力，而且因为其智慧能将人性烛照得透彻通明。莎士比亚的智慧激发读者持续不断探幽索赜。近来，莎士比亚研究借以展开的前提是艺术的魅力因智慧而存在。学者们认为，莎士比亚的诗文贡献了更为清晰可靠的东西，这就让他远远超越了那些仅仅能够在想象世界里自圆其说的一己之见。若说莎士比亚完成了一套至高无上的虚拟建构，那么这至高无上性就在于它独到的、甚至可以作为真理形象的涵盖力。莎士比亚的诗歌和戏剧为进入其预设的世界指示了捷径，所有读者依据不同的智识和心性通入其中。莎士比亚承认，他所塑造的形象服务于真实，即“凭着那怪模样，捉摸原来的形象”，[①] 这为他的艺术敞开了阐释的空间，也赋予了艺术以批判的功能。由于我们对他所知的世界略有所知，我们便能够阐释他的作品，并辨别其中对知识的不同诉求；又由于我们对这个世界的了解不如他透彻、全面，我们就必须在他的引领下进行阐释、判断。对莎士比亚的批评犹如一场追问、一场非问答式的对话，发问者在对话中寻求莎士比亚笔下卓越者的指引，甚至还要寻觅那些应该提出的质疑方式。正是这种特殊的不对等对话，发问者从诗歌中领悟到应该对什么样的问题追根究底。在这一方面，莎士比亚也提供了可资前行的路标。

在戏剧开场白中，莎士比亚评人论事犀利深刻。在《哈姆雷特》和《仲夏夜之梦》中，他假托剧中人物对戏剧诗独抒己见。从中可知，莎士比亚预期两种截然不同的观众。[②] 这两类观众之间的差异，远远大于另一种差异，即针锋相对的底层机制和婴城固守的上流贵族之间的分野，对于后一种差异我们几乎已经耳熟能详了。在其晚期一部戏剧之开场白中，莎士比亚设计的双关语似乎存留了一种希望：簇拥在舞台边缘的穷人里，就静默地站着一位难得的“观众知己”。[③] 当时，他还将演出的脚本付印并分发给观众使其能在闲暇时反复品味，即便这些观众根本就不属于闲暇阶层。然而，印刷出来的脚本仍然不能消除细心观众与健忘观众之间的差距。经验证明，有些读者可以穷数年之功，对一页脚本或一条索引朝督暮责，却也无法改变一种单纯作为旁观者的天真。认真研究莎士比亚诗文的人，每每回顾自认为通达谙练的剧本，都会反思这一天真心态。注意力之广度与深度的差异，使旁观者有别于能够与剧作家展开对话的人。只有当读者通晓阅读的艺术，即读者与作品亲密对话的艺术，莎士比亚才有可能通过纸质本得到更好更多的知音。富有成效的对话是核心素养，更是读者理解诗人思想的关键。莎士比亚在诗中重复突出特定的主题，以便含蓄地将其重要的关切布于天下。

政治是他最为关切的议题之一。剧中的情节是公共行为，故这些剧作都

---

① ［译按］文中所引莎士比亚作品采用的译本为《莎士比亚全集》，朱生豪等译，北京：人民文学出版社，1994年版。

② 试比较《哈姆莱特》II. ii. 423–514，及III. iii. 1–43；《仲夏夜之梦》I. ii. 1–97；《驯悍记》序幕及ii. 12–138；《特洛伊罗斯与克瑞西达》的“序言”及开场白22–25；《亨利五世》II. 31–32，39–30，III. 34–35，IV. 46–53，V. 1–6，以及终曲；《维纳斯与阿都尼》的献辞；《亨利四世下篇》的楔子1–22；《亨利八世》的开场白。以上所有戏剧参考企鹅出版集团的《莎士比亚全集》（New York：Viking，1969），Alfred Harbage主编。

③ 出自《亨利八世》开场白。编辑们通常将“知己”之“知”（understanding）解释为一种嘲讽，讽刺“台下观众（understander）”或“缺乏鉴赏力的观众（groundling）”，不过原语境的确容易让人严重误解这句俏皮话的原意。

被披上了政治的外衣。莎翁舞台上演的戏剧，乃是公共世界里事务的延伸。要洞察莎剧的重要政治蕴涵，只需注意剧中人物的社会地位就够了。在深入了解这些人物之前，我们就知道他们大都是公共人物，而且他们的数量足以表现公共事务的丰富性。情节可展现在被塑造的人物外观上。莎士比亚戏剧的情节通常取决于那些掌权人士的“突转”（像在悲剧和历史剧之中那样），或取决于那些由于政治流放或法律执行不当而招致的乱局（像喜剧之中那样）。由于公共环境和社会活动几乎是所有戏剧诗之不可或缺的要件，因此戏剧呈现政治外观这一赤裸裸的事实并不能帮助我们对莎士比亚的政治解读定下基调。不过这种直截了当的观察并非毫无意义。现代观众熟稔的戏剧，或将主题限定于个人的内在经验，或将范围限定于家庭的内部关系，莎士比亚的戏剧则超越了特定人物的私人生活，也超越了半明半昧的家庭生活。他笔下的每一个人物都生活在由法律管治、由特定制度形塑的政体中，一个角色如何行动及其如何看待自己的行动，都无法摆脱其所参与的城邦或国家公共生活之影响，甚至还可以说，这样的影响深刻而且巨大。从莎士比亚的政治关切中可以发现，他将政治语境视为呈现人性、理解人性的必要条件。除了男欢女爱的本能冲动，琴瑟和鸣、婚娶成家的情感交流，甚或除了人与生俱来的社交本性，莎士比亚还呈现人性本身。人类借感情和欲望维系共同体，在关系中追求完满境界。莎士比亚则欲启发严肃读者思考：生存于政治共同体中的倾向对人类来说在何种意义上可谓道法自然？这种自然是本能、习俗或惯例，还是对人类本质的合理实现？或许，正是戏剧中无处不在的政治元素，提出了政治哲学的首要问题。要圆满地解答这个问题，就必须考虑莎士比亚关于人类本性的其他见解，这些见解是其戏剧诗的创作基础。政治并不是莎士比亚诗文主题的全部，他笔下的政治生活交错在其他人类活动的领域里，常见于性爱、友谊、神圣崇拜、亲属关系及个人斗争，偶尔也见于个人沉思。要辨析政治主题在莎士比亚主题中的地位，我们可以先判断政治与戏剧人物的其他目的之间的关系，这种判断取决于莎士比亚关于人类生活的构成观。他的戏剧、诗歌中是否也隐含着一种对于人类本质决定性的探寻？

必须做出选择！选择涵盖了莎士比亚的全部主题，是人性最突出的活动。角色经深思熟虑后做出选择、执行决断，反思择此而弃彼所造成的后果。每一出剧中，剧情都以重要的选择为基础向前推演。选择行动是支柱，它将形成困境的动量转化为解决问题的动量。莎翁的非戏剧作品也可作如是观。《维纳斯与阿都尼》与《鲁克丽丝受辱记》以决断的时刻为中心，十四行组诗以思索另一行动的可能性表现戏剧性的紧迫感。那个年轻人将会结婚还是捍卫单身自主权？诗人—情人（the poet-lover）能处理自己的感情分歧，离开黑肤女郎，重获自由吗？对莎翁而言，人类独特的存在方式——但不一定是人类最高的存在方式——就是在选择的行为中呈现。人，就是选择中行动的人。

选择，在任何时候都是“一件很为难的事”，《李尔王》中的勃艮第公爵如是说。即使没有预先设定，莎士比亚笔下的人物也会在性格倾向和周围环境的影响下做出特定的选择。他们的决断不会凭空而来，而是被限制在一个自主或非自主范围内。角色一经亮相便表明，个人癖性受性别、血统和社会地位的影响，且一个人的癖性同他对生命的特定追求一致。这样的角色诞生于由政治权力架构的权威秩序中，邻人皆分享同一种公共信条，认可关于人神事物的某种特定观念而排斥其他。因此，在决断之前，莎士比亚笔下的人物首先是男人或女人，是赋有血统之人，是英国人、意大利人、罗马人、希腊人或丹麦人，是地位和职位的继承人，是异教徒、基督徒或犹太教徒。每个角色都与其他公民或臣民在一个公共的世界内共处，即使他在个体化领域里有自己的一席之地。莎士比亚的戏剧角色乃是动机、情感和观念的复合体，它来源复杂，却为形态各异的个体人格和政治形态提供了一个交汇场所。

莎士比亚构思戏剧之时，时代从根本上反对胜者为王的公民社会构想，无怪乎他在诗剧中总是追问与政治形态相关的问题——这一点堪与政治哲学家媲美。若留意文艺复兴时期开明人士对这一问题的主流看法，我们可推论，莎士比亚面对的是在三种相互对立的学说之中做出选择的状况，仿佛立于三岔路口。第一种学说可追溯至古典时代，直探古希腊思想的政治哲学根基，这条路线途经罗马而溯源到雅典。第二种学说则通向耶路撒冷（大卫教派或基督教），并得到以圣经为经典的宗教支持，借此构架城邦理念。第三种学说指向具名不久的国家，其中一个构想便是建立一个名为“新大西岛”的新政制。这一政制建立于现代政治共同体的理念之上，反对古典和犹太—基督教传统，意在放宽古典和圣经教育所坚持的道德标准，从而释放能量，将人类从匮乏、危险、疾病等自然强加之限制中解放出来。

回顾戏剧中显而易见的或作家唾手可得的知识来源，我们可对剧中角色进行拓展分析。想象这三条路上分别站着几位招揽旅客的向导。通向雅典的路上，维吉尔伫立于途中，邀请游客前去罗马或更远的地方，普鲁塔克敦促游完罗马共和国的行人继续前往希腊。再往前走，行者中的剧作家会认出亚里士多德，在路之尽头，视线模糊之处，他还能望见柏拉图。通往圣城耶路撒冷的路上，也同样驻守着智识的权威人士。路口附近站着胡克、福特斯丘、莫尔和索尔兹伯里的约翰，远处则是阿奎纳等经院学者，紧接着是奥古斯丁，更远处则有圣保罗和福音布道者。一如柏拉图伫立在路之尽头的地平线，这条路的最远处可能会出现《摩西五经》作者、苦行者摩西的身影。第三条路正在铺设之中，一群不知名的工人正为通往现代化城市的大道艰辛劳作。工人们遵照马基雅维里和培根这两位总工程师的指令行事。游客对这两位也略知一二，在他们的驱策下迈步走向指定的大道。

莎士比亚可能是通过上述思想家的著作了解他们的政治取向。在罗马剧中，他一字不差地引用普鲁塔克的作品，不断暗指维吉尔的《埃涅阿斯纪》，复述圣保罗和布道者的话，援引亚里士多德和柏拉图的名篇，似乎还改编了柏拉图对话录的一节。[①] 关于莎士比亚对后期基督教作家的了解，我们知之甚少，但学者们认为他与人合著了一部关于莫尔的戏剧（《亨利八世》中提到了莫尔），有证据表明他还熟悉索尔兹伯里的约翰（John of Salisbury）之重要政治论著——《论政府原理》（*Policraticus*）。[②] 无论如何，莎士比亚总能从布道书或伊丽莎白时期文化商人的物品中获悉这些思想家的一些学说。我们很难确定莎士比亚与早期现代性开道者之间的关系，但可以看到他在作品中三次提到马基雅维里。即使没有提到培根，他大概也对培根的早期思想有所了解。除普鲁塔克以外，莎士比亚对其他思想家作品的熟悉程度仅为推测。但是，无须列举莎士比亚的私人书单，我们也能感到一种亲缘关系，发现莎士比亚戏剧中显著的哲学主题与分属这三大对立传统的作者所关切的问题关联甚密。莎士比亚的哲学主题必是政治的，这些主题的产生有赖于以下问题，这正是所有政治思想的动机：什么是人类最好的生活？怎样的公共秩序能通至最好的生活？我们希望借由莎士比亚戏剧的某些指引来探究以上三大传统，并为我们反思这个长期存在的问

① 布鲁图斯（Brutus）和凯歇斯（Cassius）围绕“眼睛不能瞧见它自己”（*Julius Caesar* I. ii）这句话的讨论效仿了柏拉图的《阿尔喀比亚德前篇》（*First Alcibiades*）中苏格拉底与阿尔喀比亚德（Alcibiades）的对话。在《特洛伊罗斯与克瑞西达》（*Troilus and Cressida* III. iii. 95 111）中，尤利西斯（Ulysses）提到了“一个不认识的人”写的书，此处也是指柏拉图的这篇对话。另外，在《特洛伊罗斯与克瑞西达》（II. ii. 166）和《驯悍记》（*The Taming of the Shrew*）中也出现了亚里士多德的名字。

② 参见 Roy Battenhouse, *Shakespearean Tragedy*: *Its Art and Its Christian Premises*, Bloomington: Indiana University Press, 1971, pp. 345 – 348。巴登豪斯（Battenhouse）有力指出，《科利奥兰纳斯》（*Coriolanus*）中米尼涅斯（Menenius）关于肚子的寓言有赖于《论政府原理》卷二中“身体—城市”的类比。

题提示具体方向。然而不经过探索，何来方向？即使是当代研究莎士比亚的权威人士，向莎士比亚的著作探寻政治指导的也微乎其微。① 有人将莎士

① 莎士比亚戏剧中的政治隐喻的研究成果如下：Allan Bloom and Harry V. Jaffa, *Shakespeare's Politics*, New York: Basic Books, 1964; Michael Platt, *Rome and Romans According to Shakespeare*, 1976, 2nd ed., Lanham, Md.: University Press of America, 1982; Howard B. White, *Copp'd Hills Toward Heaven: Shakespeare and the Classical Polity*, The Hague: Martinus Nijhoff, 1970; George Anastaplo, "Prudence and Mortality in Shakespeare's Tragedies," in *University of Pittsburgh Law Review*, 40 (Summer 1979): 730 - 745, 以及 *The Artist as Thinker: From Shakespeare to Joyce*, Chicago: Swallow Press, 1981。
American Political Science Review (*APSR*) 上登载了 Bloom 分析《奥瑟罗》和 Jaffa 解读《李尔王》的论文，而文学批评家 Sigurd Burckhardt 对其中某些观点持有异议，并在此后一期中以文论战（参见 Burckhardt, "English Bards and *APSR* Reviewers," 54 [1960]: 158 - 166; Bloom, "Political Philosophy and Poetry," 54 [1960]: 457 - 464; Burckhardt, "On Reading Ordinary Prose: A Reply to Allan Bloom," 54 [1960]: 471 - 473)。Burckhardt 反驳了 Bloom 和 Jaffa 文章中的某些见解，虽然 Bloom 颇有微词，笔者却并不认为 Burckhardt 真正质疑到了这种强调政治意蕴之法的有效性。不管怎样，Burckhardt 之 *Shakespearean Meanings* (Princeton: Princeton University Press, 1968) 一书还是为莎士比亚作品中的政治主题提供了有价值的解读。以下论著也涉及莎士比亚的政见，但它们的主要议题并不在此：J. F. Danby, *Shakespeare's Doctrine of Nature: A Study of King Lear*, London: Faber and Faber, 1954; Robert B. Heilman, *Magic in the Web: Action and Language in* Othello, Lexington: University of Kentucky Press, 1956 与 *This Great Stage: Image and Structure in King Lear*, Baton Rouge: Louisiana State University Press, 1948; Northrop Frye, *Fools of Time: Studies in Shakespeare's Tragedy*, Toronto: University of Toronto Press, 1967; Reuben Brower, *Hero and Saint: Shakespeare and the Graeco-Roman Heroic Tradition*, Oxford: Oxford University Press, 1971; J. L. Simmons, *Shakespeare's Pagan World: The Roman Tragedies*, Charlottesville: University Press of Virginia, 1973; L. C. Knights, *Some Shakespearean Themes*, Stanford: Stanford University Press, 1959; J. Leeds Barroll, *Artificial Persons: The Formation of Character in the Tragedies of Shakespeare*, Columbia: University of South Carolina Press, 1974。1981 年，*Shakespeare as Political Thinker* 一书初版，几部关于莎士比亚政见的论著紧随其后，比较著名的有：Jan H. Blits, *The End of the Ancient Republic: Essays on Julius Caesar*, Durham, N. C.: Carolina Academic Press, 1982, 以及 *The Insufficiency of Virtue: Macbeth and the Natural Order*, Lanham Md.: Rowman & Littlefield, 1996; Larry Peterman, "The Failure of Henry V," 见 *Natural Right and Political Right: Essays in Honor of Harry V. Jaffa*, Thomas B. Silver and Peter W. Schramm (eds.), Durham, N. C.: Carolina Academic Press, 1984, pp. 83 - 102; George Anastaplo, *The Constitution of 1787: A Commentary*, Baltimore: Johns Hopkins University Press, 1989; John E. Alvis, *Shakespeare's Understanding of Honor*, Durham, N. C.: Carolina Academic Press, 1990; Allan Bloom, *Love and Friendship*, New York: Simon and Schuster, 1990; *Shakespeare's Political Pageant: Essays in Literature and Politics*, Joseph Alulis and Vickie Sullivan (eds.), Lanham, Md.: Rowman & Littlefield, 1996; David Lowenthal, *Shakespeare and the Good Life: Ethnics and Politics in Dramatic Form*, Lanham, Md.: Rowman & Littlefield, 1997。Hilail Gildin 编辑的 *Interpretation: A Journal of Political Philosophy* 也定期登载关于莎士比亚戏剧中政治问题的论文。

比亚的艺术归结为卓越，与之不同的是，有的文学批评家将他的艺术归结为智慧，倾向于认为他的智慧完全“超越”了政治。依笔者拙见，他们的观点或许持之有故，但多少有些郢书燕说了。

或许，莎士比亚探究政治为他的戏剧注入了生命活力，也吸引了某些现代读者，他们可以有意识地换位思考，假设自己也回到了那个三岔路口。对于大多数莎士比亚的读者而言，这三大传统之间的角力早已不复存在。就算了解，他们也会视之为陈年旧事，早已被现代性取而代之。可是，如果他们只将这种角力视为历史，那他们并不真正知其所以然。笔者的意思并不是说，每一位当代读者都拥护由马基雅维里和培根发起，并大致在现代技术化国家中得以实现的事业，但就某个消极层面而言，莎士比亚的现代读者在接触他的戏剧时，都或多或少地被一种技术体制俘虏而不自知。这种技术体制为一种在本质上技术导向的政治见解提供思想动力。

一位以长期探索现代性基础而闻名的思想家发现，机械技术在“驱策”或“架构”自然时表现出其独特性。对于执意“架构”自然资源的“驱策”主体而言，物质世界显现为满足主体需求的“持存物”。[①] 如今，政治的经纬纲维与技术的专横跋扈同气相求。现代政治学将国家想象成开发自然的持存物、分配其收益的驱动器。这种把政治生活当作人类掌控事业的观念，是针对一个虽勉为其难却极其可塑的秩序，这个秩序曾力争发言权，反对旨在培养公民社会品格的古典哲学和圣经宗教教义。现代性的前提成功地监护了公共教育，这就无情地在现代读者与旧时代诗人之间拉开了距离。因为旧时代诗人的政治观念正是由古典或圣经传统塑造而成。古代、中世纪以及基督教人文主义道德学家深知诗人（尤其是剧作家）所拥有的道德劝勉力量。他们明白，每一场戏剧表演都是一次政治事件，因为每一出戏都将使观众认同剧作家对人类性格和命运的看法。他们认为，戏剧能够影响公民的道德教育，所以戏剧艺术应服从立法者的综合管教艺术。[②] 他们甚至认为，戏剧具有双重潜力，或与法律合作，或颠覆法律，这一点与戏剧的本质不可分割：它可以为进行道德选择的人塑造令人信服的形象。

---

① 参见 Martin Heidegger, “The Question Concerning Technology,” in *Basic Writtings*, David Farrell Krell (ed.), New York: Harper and Row, 1977, pp. 297 - 298。

② 支持这一观点的经典例证见于柏拉图的《理想国》《法律篇》，阿里斯托芬的《蛙》，奥古斯丁的《上帝之城》，卢梭的《致达朗贝尔论戏剧书》。可与弥尔顿的《论出版自由》（尤其是与柏拉图有关的第二部分）和歌德的《浮士德》第一部“献诗”（33 - 242 行）对照。

人们倾向于模仿艺术家创造的令人钦佩的东西。因此，戏剧中呈现的迷人形象，必然要与法律的强制作用一争高下。尽管戏剧理应宣扬遵纪守法，但戏剧诗人的每一部作品都通过其想象的生活行为之可能性来呈现，这种可能性为读者提供借由法律所了解的政体之外的另类选择。在现代性之前所盛行的政治思想中，诗在根本上具有政治性，因为它间接地塑造品格，而政治宪法则通过法律文书直接规定。

现代性并未改变戏剧的教化性。现代读者也能感受到莎剧中令观众自然动容的东西，让观众对舞台上的表演相应地表现出爱恨交织的情感。现代观众应该可以想到，莎剧所倡导的道德鉴别的习性能为他们提供一种智慧。然而，由于现代读者往往不加批判地接受现代政治的道德约束，更倾向于认为这种智慧与政治无关，从而忽略了古典政治思想在莎剧主题中的核心地位。

为了探明莎剧的政治性，我们必须还原当时政治事务的情境，不是从权力的角度，而是从教育、礼仪、道德、宗教和伦理角度去看待基本的政治行为。[①] 这种还原首先要回到古人和苏格拉底对政体的看法，他们将政体视为灵魂主要类型的形象。根据这一概念，特定的城邦鼓励发展特定的人类性格，并在其制度、法律、教育习俗和艺术中，反映出对人性和最好生活之特定观点的支持。在这种前现代政治观的启示下进行阅读，读者更能理解作者笔下威尼斯寡头的政治暴行、罗马对荣誉政制政治的迷恋以及王权统治对英格兰人性格的影响。然而，阅历丰富的批评家很快就能意识到，苏格拉底和亚里士多德对政体的分析不足以构成一种模式，让人得以接近莎士比亚关于人和城邦的看法。古代政体分类的思想基础，与莎剧对生活方式多样性的强调若合符节。但是，至少在某些重要方面，古典政体与剧中描绘的世界并不相符。亚里士多德曾列举寡头政体和荣誉政体之间差异，但不能简单地用这种差异来解释基督教的威尼斯和异教的罗马之间的差异。莎士比亚还描写过一种亚里士多德从未设想过的政制（politeia）。《仲夏夜之梦》中的忒修斯公爵和《理查二世》中的理查二世都是独裁者，但忒修斯公爵以自然的德性统治国家，而理查二世则通过某种源于经典宗教的政治神学获得臣民的认可，借此统治国家——古典学中的政体思想不能解答

---

① 参见 Bloom, *Shakespeare's Politics*, pp. 10 – 12。［译按］中译文参见阿兰·布鲁姆、哈瑞·雅法《莎士比亚的政治》，潘望译，南京：江苏人民出版社，2009年版。以下所引该书文本均参考此译本，为行文一致略有改动不再一一注明。

这两种政体间的重大差异。我们必须对古典政体分类加以补充，理解政体之形式如何从有关神性和神法的公共意见中产生。在以前基督教时期为背景的戏剧中，城邦法律培养个体习惯，个体习惯构建人类生活；在以基督教时代为背景的戏剧中，人物不仅受制于自身天然习性和国家法律，而且还受制于《圣经》中上帝所规定的超验训诫。若要理解莎士比亚对人类和公民的反思，就必须考虑基督教信仰带来的政治影响。政治主题必然包括宗教主题。

同那些认为角色塑造和政治无关的观众针锋相对，对前现代政治学知识略有所知的读者确能在戏剧背景中发现更重要的意义。如果还原旧时对政体多样性的理解，读者还会发现，莎士比亚试图在不同的背景中探索相互交替的不同概念，这些概念分别关于古典、基督教和现代所倡导的公民最佳生活。例如，古典法参照政体所培育的伦理类型来区分政体，可为莎士比亚的希腊剧提供理论依据。他的希腊剧仿佛在排演柏拉图—亚里士多德所述的各色政体。《特洛伊罗斯与克瑞西达》展现的是英雄荣誉政体，《雅典的泰门》是古代寡头政体，《泰尔亲王配力克里斯》是古代君主政体和僭主制，《仲夏夜之梦》则是君主政体和古代民主的起源。[①] 从同一角度来看，莎士比亚的罗马剧与《鲁克丽丝受辱记》似乎可以并入另一个系列，其中，莎士比亚认为，在共和政体和帝国政体中，政权的活力源于一种信念，即最好的生活就是获得最高的公共荣誉。莎士比亚的罗马风格的诗歌似乎也描绘了一种共同体，它试图在不参照神谕的情况下处理自己的事务。神的缺席使罗马人更加依赖他人的肯定。[②] 政体是一种生活方式，如果以此解读戏剧背景，那么我们对以英格兰人和文艺复兴时期的意大利人为主题的莎剧将产生新的认识。英格兰和威尼斯是故事的发生地，在那儿莎士比亚不仅追问了基督教社会特有的问题，同时还合理地创设了一些公共场合以回应现代政治学提出的某些问题。在以英格兰为背景的十部剧、尤其是内容相衔接的两组四部曲中，莎士比亚描绘了基于神意的基督教君主政体向更现代的君主政体转变的过程，对于更现代化的君主来说，他的权威完

---

① 参见 White，*Copp'd Hills*，尤见 pp. 25 - 64。

② 也许，莎士比亚对普鲁塔克的《希腊罗马名人传》的重大叛离便是他削减了其中大量关于罗马人虔诚的事例。他拒绝戏剧化地去处理普鲁塔克认定的超自然奇迹，也不理会普鲁塔克列举的关于罗马人以虔诚决定政治命运的事例。可比较两人分别描写的被逐的科利奥兰纳斯攻打罗马之前的情况和谈判的细节。

全依赖于树立虔诚名声的能力，同时他也在寻找他的最终指导原则，这种原则与马基雅维里反基督教的治国方略别无二致。政体的转变始于理查二世，终于理查三世。亨利五世是必不可少的桥梁，连接着基督徒理查二世与不完美的马基雅维里主义者理查三世。剧中，英国人的公共行为和共同标准反映了统治者的明显转变。莎士比亚最后一部英格兰剧《亨利八世》回答了第一部《约翰王》的核心问题，同时也标志着整个系列中隐含的发展臻至顶峰。随着亨利八世掌权，基督教正式归属英国国王。莎士比亚笔下的英格兰与他的罗马相似，不过多了一些不安的良心。

威尼斯为戏剧提供了最具特色的现代背景。以下三个方面体现了商业发达的威尼斯共和国的现代性：它热衷资本投资（不像泰门的雅典人那样挥霍资本）；鼓励种族和宗教融合；寻求最大自由与提倡投机贸易的法律相得益彰。在莎剧构建的诸多政制中，威尼斯最依赖运气。《奥赛罗》中的威尼斯悲剧发生在一个极其不幸的时刻，而《威尼斯商人》中威尼斯的喜剧则在惊人的连连好运中找到了解决方法。威尼斯之所以如此依赖运气，是因为它缺乏公共途径以解决以上三大特质带来的冲突。这座城市的现代化并不彻底，与后来的现代商业体制所享有的科学和发明相比，它的技术资源还处于初级水平。不过，威尼斯人相信人类事务受命于天意，难有其他技术比天意更能削弱而不是增强他们对财富的依赖。

流传着一种半真半假的说法：莎士比亚将他的戏剧人物全部刻画成了伊丽莎白时期的英国人，无论他们的祖国在何方。[①] 这种说法掩盖了一个事实，那就是莎士比亚呈现的是灵魂的永恒模式，这些模式百世不易，以一种永恒的外观来呈现自身的特性。雅典工匠的表达方式与古罗马鞋匠、伦敦工人一致，同样，掌权者也会形成与位高权重者相匹配的思维、姿态和措辞。因此，无论是雅典贵族、罗马元老院议员，还是英国公爵，他们都能超越地域的限制而呈现出相同的特点。过分追求精准，会滞于迂腐的史实，从而忽视人性的延续性。不过，莎士比亚确实会对政体间的本质进行区分。他笔下的罗马人也许会戴帽子、看时钟，但不会向国王脱帽致敬，更不会用耶稣的诞辰作纪年方式。比较罗马剧与英国历史剧，可分辨出罗马共和制与英国君主立宪制之间的差别，而且在莎士比亚描摹的两种不同的生活方式中，这种差别非常重要。从莎剧的罗马到不列颠，我们会发现

---

① 这个说法导致我们忽视了莎士比亚对古罗马历史的忠实，关于这一点的分析可参见 T. J. B. Spencer, "Shakespeare and the Elizabethan Romans," in *Shakespeare Survey*, 10 (1957): 27 – 38。

公共实体之间的差异，这种差异与其他概念上的差异不谋而合，例如超自然、死亡和来世，道德和政治义务基础，伦理目的和人类美德等级。因此，莎士比亚对人物的塑造似乎是从对人类的理解出发，这种理解表现出永恒类型，既适应政体惯例，又体现在人类个性。

莎士比亚对诸多政体的描写使我们追问政体的优劣等级。通过观察人们处理公共事务的多样方式，我们开始思考什么样的政治秩序才最符合人类本质的需要。莎剧强调跨越时空的人物类型的延续性，这为探讨最佳政体的问题提供了线索。传统政治哲学有一条古老的教义：城邦强调个体灵魂的逻各斯，个体灵魂之合理构成为政体之构成提供了一个评价标准。莎剧似乎精心演绎了这个古老的主题。莎翁刻画了一个人物类型的范围，此范围内的模型似乎可构成他对灵魂的完整描述。鉴此，我们可以理解在不同制度中等级划分的标准。他所描述的每一种类型都强调了灵魂中的某个方面或某种倾向，因而与总体类型中的其他类型迥然不同。当我们开始考虑灵魂最集中的类型，并思考灵魂类型的等级，莎剧的政治主题及其隐含的政治标准就逐渐浮出水面。

莎士比亚在平民身上着重展现人的具体性。那些未能拉拢民心的野心家（如护民官马鲁勒斯、勃金汉公爵）认为，这些平民冥顽不灵、犹如木石，但他们囿于世界一隅，多半受身体需求和个体情感的操控。当用与身体欲望有关的语词说话，他们的言语坚定有力；当试图表述抽象概念，他们的言语就变得期期艾艾。他们不善反思，偶尔在新鲜的体验中接触一般概念，用来束缚欲望的也不过是一条短小的缰绳。他们绝少主动表现出远大志向，而倾向小富即安，无甚贪求。莎士比亚的平民虽然能以生计和安全的名义在同胞中一呼百应，但通常不会为统治而统治。他们更清楚自己的义务而非权利。平民是自己情绪的产物，他们的情绪总体还算心气平和，可总是转瞬即逝。他们重视温暖的集体，而非严峻的个性，视忘恩负义为最恶劣的罪行。与平民对身体的亲密程度相一致的是莎士比亚对他们的描述：精明有余，远见不足。因此，他们对远见卓识无动于衷，却轻易在演说家的煽动下激情澎湃，利令智昏。无论是基督教徒还是异教徒，煽动者可以抓住他们的心，但都不能长久。莎士比亚笔下的平民都偏爱基督教教义赞同的情感。怜悯、善良、谦虚、宽容、仁慈、忍耐和率真等品性，很容易与这些血肉之躯的本性相吻合。同样的品性也使他们精神错乱，因为他们的德性来自感觉，而不是坚定的信念，因此在相反的情绪压力下，他们会屈服于对立的恶习。在足够广的范围内，平民的感情实则被贵族或官员对情感的挑拨、蛊惑引导。

莎剧中的平民、奴仆和公民表现出充沛的感性活力，而不是那种为荣誉而活的精神气质。精神需要持久的自我意识，这种意识支配着那些享受或渴望特权的人。莎士比亚笔下的贵族构成了人性的第二层次，而这些人性分布在不同的层次，对特定的政制和灵魂的永恒地位提出要求。灵魂由男性和女性组成，他们的行动突出了灵魂的精神层面，或者说是突出了灵魂自主的一面。如果说平民生活在一个即刻满足的世界，那么莎士比亚式的贵族则以抱负而生、为抱负而活。贵族的欲望比平民更强烈，而他最强烈的渴望几乎是平民百姓无法理解也无法触及的。科利奥兰纳斯、霍茨波、亨利五世等人物是贵族精神的最佳诠释，他们认为肉体的享乐和安逸淡而无味，只有公众的认可才能带来无尽的愉悦。英国的廷臣、意大利的大公以及希腊罗马的贵赫，他们与其他贵族争夺公众的注意力，而家族中的女性则在丈夫和儿子之间争取头衔。

在追求荣誉的过程中，一个血气方刚的男人为获尊荣而不择手段。荣升之路一般为显赫的财富、家世、社会地位、美貌、英勇以及服务国家。需求不同所选的道路也不同，一位贵族可能想以某人的情人、敏锐的外交官、时尚与礼仪的化身等身份扬名立万。无论取得了何种成就，莎士比亚笔下的贵族都期望以名望准定德性。落败的伍尔习红衣主教甚至宣布欲以嘲讽名人而出名。但最受欢迎的荣誉证明，恰是察言观色推测他人之意的能力、因此而咄咄逼人的挑衅和怒火攻心的傲慢标志着高贵的出身。在莎士比亚笔下，贵族的集会要么预示着与会各方即将发生冲突，要么表明他们将联手对付其他贵族。英国贵族争夺朝堂地位、财富、军事地位和淑女的芳心，甚至争当国王的耳目。罗马贵族若缺乏挑起内部纷争的由头，则与平民争吵。贵族在寻找派系纷争上的天赋不由让人想到麦迪逊发人深省的感叹：“使人类陷入相互仇恨的倾向是如此的强烈，以至于即使不存在真正引发仇恨的环境，引起他们互相敌对的怒气和激起暴力冲突的那些最轻佻、最荒诞的差别就已经非常充分了。”① 这种热爱宗派之争的倾向，麦迪

① 参见 *The Federalist Paper*，No. 10，p. 59，Cooke edition。根据麦迪逊的演讲记录，他可能引用了《亨利六世》上篇国会花园那场剧，即一场普通的法律辩论的分歧引发了约克与兰开斯特的党争。［译按］中译文参见〔美〕汉密尔顿、杰伊、麦迪逊《联邦党人文集》，张晓庆译，北京：中国社会科学出版社，2009年版，第50页。

逊将其视为人类的共性，但莎士比亚认为它仅属于醉心声望的更高阶层。精神，各国人民皆有，但当它进入特定的合法政治活动时，它就有了独特的政治面貌。在莎士比亚描摹的政体中，每一种都凸显了一群精神抖擞的人物，但不同的政体有不同的公开鼓励荣誉的途径。

然而还有一群角色，他们位于灵魂的第三个维度，奋斗的初衷既不是市民的肉体欲望，也不是贵族的荣誉欲望。法国公主、忒修斯、爱德伽、肯特伯爵、考狄利娅、备受磨炼的李尔王、文森修公爵、鲍西娅、薇奥拉、赫米温妮以及普罗斯彼罗公爵，这些向导的存在是为了引导他人，使他人的行为符合只有自己才具备的对人性的崇高理解。他们是公共事业的支持者，其中绝大部分人坚信存在人类的最高品格，也似乎比莎士比亚笔下的其他角色更善于思考。无论是否掌权，这些谨慎的男性和女性身上都体现了莎士比亚心目中的理想政治家形象。他们将灵魂的活动表现为一种有序的原则，展现思辨和实践智慧的力量。这种智慧至少提供了一种掌控的可能，以控制灵魂的另外两个方面，即不假思索的情绪和不够反思的精神。卓越者理解其他层级的人，并且拥有令人钦佩的自知之明，然而其他层级的人既不理解他，也无法认识自己。这些天生的精神贵族总是被刻画为爱人、孩子、父母、大臣或君主，因此人们不愿将他们共同的优点简单地等同于沉思的智慧。哈姆雷特、普罗斯彼罗和文森修公爵偶尔也会独自琢磨，但从他们所遭遇困境的区别来看，政治家必须有能力将沉思之美德应用于实践之目的。哈姆雷特之所以是悲剧人物，正是因为他无法完成这一转变；普罗斯彼罗与文森修公爵拥有喜剧般的运气，也正是因为他们成功地调和了沉思的生活与行动的生活。沉思之美德本身似乎并不足以囊括人类事务的智慧。从哈姆雷特和普罗斯彼罗的例子可知，伴随沉思生活而来的退缩甚至可能与处理人类事务的智慧相抵牾。莎士比亚认为这种卓越的智慧属于卓越之人，他们既坚守原则，又能急中生智对例外境况做出反应。[①] 莎剧使我们意识到，思辨诗人具有更纯粹的沉思倾向。只有注意到俯瞰自身创作的剧作家之存在，而不仅仅关注舞台上的人物，我们才能通达这种意识。通过灵魂的第四等级看到政治的局限，其意义在多部莎剧中都有体现。

考察莎士比亚作品中的永恒类型，我们还需注意到另外两种人物，他们不属于上述的身体、精神和审慎之人的范畴。除了那三类，莎士比亚还

---

① 试比较亚里士多德在《尼各马可伦理学》卷六对实践理性（Phronesis）的讨论。

描写了情人和圣人。莎剧中的情人出现在罗马以外的任何地方，因为其他的政体都能为有情的男女在公共生活之中保留一块私人空间，让他们借此与命定之人培养爱欲情谊而不为外界所扰。莎士比亚笔下的情爱包含了所有激情的色彩，从野性欲望开始上升，至令人眩晕的浪漫之爱，至迷人的狂喜（《安东尼与克莉奥佩特拉》），再至克制奉礼与精神投契（俾隆与法国公主，培尼迪克与贝特丽丝，斐迪南与米兰达）。无论何种类型，爱欲本身都凸显了政治的一个特殊问题，因为它凸显了政治生活的一种局限：城邦无法满足有爱之人。城邦最大的希望是通过鼓励婚姻，将爱欲依恋与公民身份协调起来。婚姻赋予爱欲一种公共性质，为有情人提供公共利益，这种利益足以在一定程度上驯服爱欲冲动中未开化的私密部分。莎士比亚的喜剧总以婚姻作结，既是为了社会，也是为了怀藏爱欲之人的幸福。随着一纸婚约，欲望和夸张的浪漫会逐级减少。一旦婚姻稳固，法国公主可以吩咐俾隆清理便盆；一旦斐迪南与米兰达公开结为夫妻，他便可以在和她下棋时作弊。

同爱欲一样，另外两种人物类型也会使城邦显得可鄙，并使城邦显得完全不足以指引人们通至最理想的生活。当城邦缺乏那些不会忘恩负义、不会装腔作势、不会软弱不堪的人组成的共同体，泰门、忒尔西忒斯或哈姆雷特，出于他们本体意义上的厌恶，就根本无法在这样的城邦里生存。因此，这些厌世者代表的灵魂类型似乎不适合在任何人类共同体生活。他们不为自己展望积极的目的，因此很难不被称为虚无主义者。他们抛弃了其他人追求的共同目的，但又不能提供可以维持精神完整的其他选择。因此，他们像哈姆雷特那样，倾向于视死亡为幸福，在极致的否定中找到圆满。与这些不满现状之人形成鲜明对比的是莎士比亚描述的另一类型，即圣人。他们也不关心政治，但信奉一种有利于公共生活的积极态度。莎剧中的虔诚者——尤其是亨利六世、维也纳的依莎贝拉以及阿拉贡的凯瑟琳——都寻求一种神圣的目的。这种神圣向公众强加义务，却无法在任何公共秩序中得以实现。考虑到亨利六世还具有另一重世俗性，即使他再富有精神气质，也难在王位上找到幸福。虔诚的男女专注于另一个世界，这个世界通过与人格化之神的亲密关联来许诺幸福。在这种意义上，只有基督教徒才称得上虔诚者。莎士比亚笔下的异教徒不知来世，也不知如何在现世与他们的神灵交流。这种可能性只有在感人的戏剧情节中才能得到戏剧化的处理，如波顿的魔法。波顿的魔法虽然很滑稽，却明显地惹怒了忒修斯，以至于忒修斯在宫廷舞会上废黜了昆斯的收场诗《波特的梦》。波顿要“讲古怪事儿”，但正因如此，他“不是真的雅典人”（IV. ii. 26 - 27）。在莎士比亚描绘的异教徒世界里，宗教要么有名无实（罗马），要么是政制的组成部分（雅典）。在基督教国家如威尼斯、维也纳、英格兰、丹麦和意大利，诸城的宗教与政治关系紧张，因此可提供政治生活以外的另一种选择。莎士比亚的历史剧中有一个重要的主题，即英国的君主试图让基督教的虔诚服从于政治目的。这种尝试以失败告终，并成为英格兰混乱失序的主要原因。亨利五世与亨利八世似乎取得了部分成功，但他们几乎以牺牲正义为代价，才勉力维持了一种不完美的和谐。这些历史剧表明，将基督教的虔诚置于政治权威之下的尝试在英国无法实现，或许在其他地方也不能。

从莎士比亚对人物类型的刻画中，我们可看出他对人类最好生活的理解。如果这些具有审慎的智慧、关心公共事业的人物构成了卓越的权威典范，那么我们可以找到一个最佳政体的答案，并找到一个解决政权问题的方案。最佳政体应能孕育最高品格的公共事务的秩序，权力和权威应自然地属于能够充分行使它们的人。如果卓越之人将美德作为卓越的一个维度，并且德以配位，那么这个人就应该统治。这种对理论权力的诉求证实了莎剧中反复出现的论点，同时，他在历史剧和悲剧中记录了对自然正当的普遍调整，人们期望在一个与戏剧的理论观点相对立的世界中也实现这种调整。

莎士比亚将对最佳政体的描述局限在喜剧里。他似乎据此承认，健全的原则和受限的应用之间存在一种张力。喜剧与历史剧、悲剧的区别之一在于，喜剧情节对自然正当的限制相对宽松。如果我们认识到，天生卓越之人也必然困于悲剧化的语境里展开行动，那我们就能理解这种宽松的政治意义何在了。爱德伽本在法律上享有与忒修斯、文森修公爵、鲍西娅和普罗斯彼罗同等的权利，但机遇总是偏爱喜剧角色。喜剧角色通过偶然性和超自然力获得了实际的权力，而爱德伽却没有。此外，莎氏喜剧还巧妙地移除了其他阻碍成功的因素。尽管死亡和紧迫的时间都可能撕毁由喜剧设计师精心编织的复杂脉络，但是在莎剧中，人不会死亡，时间也似乎永远不会耗尽。莎士比亚的技艺巧夺造化，借此在喜剧中限制了人物与特定世界的关联。即使人物最后巧妙地解除了这一限制，我们也能感受到，喜剧中实现的解决之道仍只是暂时的。忒修斯的良政并没有为他死后打下良政的基础，甚至还违反了一条重要的城邦法律。他的胜利是年轻人的胜利，而在现实世界里，伊吉斯和其他的父辈们可能认为自己年龄的特权被武断地剥夺，因此反而要找忒修斯算账。仙子的天意似乎也无法为解决公共问题提供一个可靠的上诉法庭。《仲夏夜之梦》中接连出现了大量的巧计，这是为了提醒观众：现实的政治决议也需要谋略，两者目的可能相似，但在细节和执行上未必相同。只有审慎机智的人才能看到这点。莎士比亚认为，他笔下的知己就有这种能力，而他本人则通过喜剧来培养一种德行。我们只有微妙地转换视角，才能把握他的喜剧；也只有当我们学会何时暂停，如何控制，我们才开始真正地理解他的喜剧。

忒修斯、文森修公爵、鲍西娅和普罗斯彼罗的境遇，是人类通常能达到的最高境界。他们的卓越具有政治特性，极其适合以演说、法律和审议的形式来协调不同的人。他们熟知人性，因此他们有能力指引他人认识自身优点，改变缺点（尽管不一定有效），融入得体的政体。喜剧的主角知道自己居住的国家中普遍存在的法律、制度和风俗，但不会从特定的政权制度中寻找自己的方向。相反，他们似乎参照自然理性的标准来确定自己的道路和目标。尽管他们小心翼翼地不去冒犯同胞的虔诚，但他们也不像宗教信徒。他们显然把宗教视为政治制度，巧妙地利用虔诚的信仰，借之实现他们根据自然正义和自然理性所确立的目的。莎士比亚笔下的卓越人士不仅仅是城市的产物，而且是政治人物。我们将他们最终视为卓越的人类，而非卓越的雅典人、威尼斯人、意大利人或维也纳人。如果他们从本质上崇拜某种更高的存在（但我并不确定），他们就不会成为明显的异教徒，或明显的基督教神学观点的拥趸者。这些特征在原则上指向人类在政治范围内的实现，他们的生命是完满的，他们的政治活动显示了人应该被统治的方式。但是，当考量他们功绩的特殊性，当发现把他们的成就推广到历史政体是多么困难，我们就会发现政治本身的局限。

喜剧里的政治家没有找到乌托邦。《暴风雨》中，普罗斯彼罗的魔法威力巨大，甚至可以建立乌托邦，但是他欣然抛弃了这种力量。假使普罗斯彼罗也想到了贡柴罗的主意——建立一个完美共和国，他也会选择放弃这项功业。① 通过极大的努力，他有惊无险地安排好局面，为米兰和那不勒斯保留了一个体面的公共生活（此处请忽略米兰和那不勒斯之间的遥远距离，毕竟它就如普罗斯彼罗的孤岛至陆地那么遥远）。与此类似，凭借着同样巨

① Howard White 在论著 *Peace Among the Willows*: *The Political Philosophy of Francis Bacon*（The Hague：Hartinus Nijhoff，1968）中仔细区分了普罗斯彼罗的统治、传统的乌托邦以及培根的大西岛。另见 Paul Cantor 对《暴风雨》的讨论。

大且不可重复的努力，忒修斯和文森修公爵确保了符合自己城邦的体面。目前还不清楚鲍西娅与富裕友人之间温和的交往能否将其影响力从贝尔蒙特扩展至威尼斯。以上这些政治家没有找到理想的政体，更没有找到所谓的完满而实际的政治实体（也许忒修斯除外）——他们不像摩西、居鲁士二世、大卫王、罗慕路斯或（普鲁塔克或马基雅维利笔下的）忒修斯那样推行全面的公共模式和秩序。他们没有制定宪法，没有引入新宗教，既没有为民族创造独特的生活方式，也没有为设立一个新的国家目标而努力。在塑造亨利五世与亨利八世的形象时，莎士比亚几乎描绘了国家建制的过程，但是这些政治创始人的智慧配不上他们史诗般的功绩。我们可以怀疑，英国君主并不比喜剧里的政治家懂得多。在喜剧中，公共准则的建构者拒绝乌托邦谋划，这一点凸显了他们的审慎，并表明莎士比亚对那些指望从政治发明中获得救赎的计划冷眼旁观。

然而，与现实不同的是，喜剧确实揭示了一种特殊的政治基础，或者说它展示了一幅浓缩的政治行动图像。这幅图像为我们提供了范例，我们可以通过它来理解政治德性的本质特征，评判在非喜剧的剧作中详述的政体。喜剧中的社会是检验政体是否健全的试金石，它们与最好的城邦相似——这些最好的城邦之典范散见于政治哲学论著中，如柏拉图的《理想国》、莫尔的《乌托邦》以及索尔兹伯里的约翰的《论政府原理》。但是莎士比亚的最好的政体不同于上述城邦典范，莎士比亚的目标是对即定事物进行更为适度的重构以达到一个目标，比苏格拉底设定的哲人治国之目标更为适度。他的典范政体仅仅指望那些权威人士，要求他们拥有高度的实践智慧，具备促进公共利益的奉献精神。

我们可以猜测，莎士比亚设想了一种可能性，即使在实际的历史政权中，上述相对适度的条件也可能实现。忒修斯、文森修公爵和普罗斯彼罗仅为政体利益奉献自我、无暇他顾，但是除了这一小群人，很难想象还有其他人如此无私。之前笔者将爱德伽列入此列，也许还可以加上《科利奥兰纳斯》的考米涅斯和亨利四世。但是，爱德伽空有奉献之精神和智虑之品格，但并无实权；考米涅斯亦有此心但权势不足，鉴于他支持科利奥兰纳斯夺权，其是否具备必要的审慎值得怀疑；亨利王即位之后，拥有一定的权力，但还不够，其智虑与否甚至有无奉献精神，也依然存疑。[①] 雅典将

① Dain Trafton 也讨论了波林勃洛克的向善之心。

官艾西巴第斯和里士满伯爵等潜在的政治家的形象耐人寻味，却籍籍无名。[①] 莎士比亚无意将里士满伯爵的统治描绘得如亨利七世一般，尽管他是都铎王朝的第一位统治者，在《理查三世》结尾处恰到好处地出现，且在《亨利八世》中享尽身后尊荣。恺撒的形象非常神秘，外表也不动人。伊丽莎白女王的悼词时不时出现，但它并不像最后一部历史剧那样用易懂的戏剧形式表达女王出生的不详。若将得体视为个体之间、社会阶层内部的积极协作和公正排序（就如部分莎士比亚喜剧的结局），那么罗马和英格兰，这两个描写得最详细的历史政体，似乎未能成功地创造得体的政治生活。因此，莎士比亚的政治喜剧从未以英格兰为背景，[②] 喜剧从未以罗马为背景，这也许并非偶然。这是否是莎士比亚政见的核心：在英格兰和罗马，扩大的政治活动范围拒斥完满的公共政治生活，严格限制政治才能的发挥；当一个集体小至统治者和被统治者能够面对面交流时，才可能实现完满的政治生活，统治者才可能完全发挥与权力匹配的政治才能。

历代政体之间的差异可以归纳为关于应当崇尚何物的不同概念。莎士比亚大致赞同亚里士多德的观点："大体而言，荣誉是政治学的问题。"[③] 由于缺乏独享政治权力的谨慎之人，所以政治思想的核心转为思考众多血肉躯体与少数精神强大的灵魂之间的关系。其中，关键似乎是精神阶层的性情。无论如何，有内在精神之人都会寻求荣誉。一个社会因其特有的荣升之路而显现出其独特性，因此，它规定了一种国民性，同时也产生了特有的问题。罗马人认为"勇敢是世人公认的最大美德"，在战争或类似竞争中展现的男子气概即高贵，所以罗马城内贵族与平民间冲突不断，共和国饱受困扰。只有面临外敌威胁，贵族和平民才会团结一致。对莎士比亚而言，当奥科泰维斯说出"全面和平"的时代干戈载戢时，罗马就不复独特的民族精神。[④] 维

① 关于艾西巴第斯的政治资质，参见 Leo Paul de Alvarez 对《雅典的泰门》的讨论。

② 《温莎的风流娘儿们》将中产阶级的治家能力展现得淋漓尽致。但是胜利的精明人福德及其妻子，还有培琪大娘都没有达成某一政治目的，也意不在此。然而我们可能会怀疑，这部戏剧是否触及了英国公共生活的某一重要方面，因为它暗示，尽管王国和宫廷陷入混乱，但地方紧密的关系网仍以漫不经心的方式通向正义。

③ *Politics*，1095b。［译按］中译文参见〔古希腊〕亚里士多德《政治学》，吴寿彭译，北京：商务印书馆，1997年版。

④ 《泰特斯·安德洛尼克斯》中的罗马轻而易举地协调了歌特人和摩尔人，因为此时罗马已经不再将自己的公民身份视为独特的生活方式了。相比于科利奥兰纳斯不能自率外国兵马进入罗马，泰特斯之子毫不犹豫地接受了哥特人的帮助，自立为王。泰特斯——最后一位罗马人——命令其子路歇斯从他以前的仇敌哥特人中拉起一支军队向生身之国报仇。

也纳共和国推崇以商业投机带来富裕，因此它崇尚自由和世界主义，从而实现了广泛而活跃的商业活动。这座城邦发现，若要守卫自己，则必须雇佣重视勇气和将军职位胜过财富的外国人；若要满足进行风险投资的资金需求，则维也纳公民必须包容其他信仰的人。[①] 此外，成功的商业风险投资活动提倡的品质难以与基督教的仁慈相容，要么仁慈受到精打细算的折磨，要么商业受阻于仁慈。

构成英国民族精神基础的原则更难阐述。莎士比亚笔下，英国人如同罗马人、雅典人和维也纳人那样强烈地渴望卓越，但英国人认可的荣誉之物尚未可知。当我们想说英国人崇尚什么时，首先注意到的是他们对自有之物的热爱。英国人比罗马人和雅典人（若说威尼斯人也有本土情结似乎有点怪异）更珍视乡土，他们热爱自己的岛。顾恋乡土的情感顺势延伸到了语言上。莎士比亚的雅典人不会谈起他对希腊语的崇敬，罗马人不会倾诉他对拉丁语的忠心，维也纳人也不会提起说意大利语时的愉悦——只有英国人热爱母语。在莎士比亚的笔下，英国人对乡土和族群身份的热爱，只能从罗马人和法国人身上得到微弱共鸣，其他人则根本没有。这种归属感可以在《辛白林》与《李尔王》的英国异教徒中找到，但更常见于基督教时期的英格兰。莎士比亚笔下的英国人信奉基督教教义，但他们自认为组成了基督教世界里异教徒贵族的一块飞地。刚特在著名的爱国遗嘱中并没有明确分析“基督教之道”和英雄气概之间的区别，后者让人想起异教罗马。莎士比亚笔下最伟大的英国人可能会承认（或者说吹嘘），如果渴望荣誉是罪的话，那么他是罪孽最深重的一个。在基督教教义中，贪恋或渴望荣誉都是罪孽深重的念想，更不用说为荣誉而发动侵略战争了。然而，当亨利五世的英国士兵听到君主诚实的战时演讲时，他们会受到启发而非感动。他们不受感动，是因为他们和其他所有的英国人一样，并不相信基督教真的阻碍每一位英国绅士所珍爱的出人头地的生活。不过，在遭遇挫折、追求世俗声誉的机会受阻的时候，他们也会偶尔感到怀疑。莎士比亚笔下的英国人由本土精神混合而成，他们也会受到不完美的基督教道德的困扰，但很少受其控制。他们一生都为提升自己的社会地位而奋斗，这个社会地位由世俗因素决定，包括血缘、土地、英勇和皇室的恩宠。然而在狂热的宫廷生活的间隙，在受辱或临近死亡的时刻，他渴望的是天国。莎

① 参见 Bloom 所著 *Shakespeare's Politics*，第 14 – 74 页，其中有关于奥瑟罗、夏洛克以及威尼斯的评论。

士比亚的英格兰不像古罗马那样深受少数人与多数人之间的冲突之苦，但它的公共秩序同样混乱，其来源于贵族对国王、国王对教会的反抗。在这些制度的冲突之下，我们可以感受到社会动荡的遥远根源：人类目标和人类卓越这两个观点互不相容，二者的冲撞产生了裂缝。基督教道德暗中破坏了安格鲁—撒克逊人的统治决心，而本土的权力意志则不断侵蚀基督教道德的完整性。英国人的灵魂之战并没有结束，审慎和正义的自然美德成为民族心灵冲突的主要牺牲品。这让我们回忆起利维斯对亚瑟王宫殿中悲剧性困境的评价：试图在加拉哈德和莫德雷德之间建立一座世俗的得体城邦。

显然，莎士比亚对实现其得体政体的可能性持怀疑态度，但绝非对历代不完美政体的诸多特质毫不关心。若说幸福的政体都是相似的，那么不幸的政体各有各的不幸，因此，了解造成缺陷的原因尤为重要。乐观一点说，即使是有缺陷的政体，只要强调灵魂的一个重要维度，也能提供通往美好生活的途径。不完美的政体从缺陷中展露德性。寡头政体的威尼斯和雅典在追求财富时发展了美与闲情；荣誉政体的罗马战争不断，民风剽悍，但树立了勇敢的高贵典型；在信仰基督教至善神谕和追求世俗成功之间，英国人的精神四分五裂，这反而让他们觉悟到超然的标准（尽管并不完美）。剧作家尽可能虔诚地关注人类不完美的形象，因为正是从最不完美的形象中，他看到人类融入整体形象中的品质。莎士比亚对不完满政体的刻画类似于亚里士多德对等级秩序的描述。亚里士多德描绘了寡头、平民以及贵族，他们在消极意义上是党派人士，不公正地将实现政治上的部分之好等同于整体，但在积极意义上，他们也承认自然整体由部分构成。类似的，从莎士比亚关于等级秩序流变的一系列经典作品中，读者可能会理解政治的自然整体——最具可行性或最为得体的政体。本文提供了一些开始这项研究的方法。

就政治实现人性的能力而言，政治本身就呈现出局限性。莎士比亚笔下的所有角色都政治性的，他们本身都在特定的政体中出生和成长。但换一个角度看，政治性并不等于政治实践，莎翁的许多戏剧人物中，政治人物少而又少，其大多数都没有选择为政治而奋斗的生活，而是选择了那些本身并非产生公共福利的事业。这种公共福利只有在视政治为自我存在理由的卓越者的引领下才得以实现。还有一些角色生活在政治之外（伟大的反抗者），或者声称自己远离政治（超尘脱俗的基督徒和早期的普罗斯彼罗）。对角色的创造者而言，政治应摆在什么位置？作为诗人的莎士比亚如何安置自己的政治活动？[①] 莎士比亚的智慧与艺术究竟是政治的还是超越政治的？

《仲夏夜之梦》的结尾表现了戏剧世界向现实世界的位移，仿佛忒修斯与希波吕忒的婚礼就在现实中举行。[②]《暴风雨》的收场诗同样虚实结合，普罗斯彼罗有意与观众互动，让他们参与到节制而有教化的和谐城邦建立之中。他向观众祈求宽赦和祈祷，这或许能让观众自视为他的伙伴，甚至自视为剧作家的伙伴。这种后戏剧的繁荣使艺术和生活之间的交流成为可能，这一点在所有莎剧的表演中都能感受到。通过将虚构的道德原则编入情节，莎剧邀请观众在剧院或书房中继续延续剧中的行动。由于莎剧的道德原则是政治性的，所以莎剧也具有政治功能。像普罗斯彼罗、文森修公爵和忒修斯，莎士比亚也安排了可能对公众生活有益的场面。然而，尽管莎剧在内容和效果方面是政治性的，但戏剧中蕴含的智慧表明还有一种超越政治的生活。莎士比亚的智慧显然不是因为他是一个英国人。尽管他在剧中确实鼓励过英国人的爱国精神，但他并不鼓励知己把这种精神尊崇为理想和现实中最切实可行的人类事物的秩序。莎士比亚的智慧包括了任何公民所能获得的智慧，但又远不止于此。也许如普罗斯彼罗那样，莎士比亚的智慧可能以政治为目的，或者以超越自身为目的。深思莎剧中单纯求知之人，我们或许会发现，致力于这一目标（即单纯求知）的人生，实际上是超越政治的人生。了解政治领域的全部范围，有助于我们探究政治之外的存在。莎士比亚之诗让我们看见政治决定人类生活的程度，从而帮助我们理解超越政治的存在。

（作者单位：美国达拉斯大学；译者单位：北京师范大学文学院博士研究生）

---

① Michael Platt 在对莎士比亚十四行诗（94）的分析中，考察了作为戏剧诗人的莎士比亚对自己行为的理解。

② 参见 James L. Claderwood, *Shakespeare Metadrama*, Minneapolis: University of Minnesota Press, 1978, pp. 127 – 148。

李尔王：智慧与权力的悲剧性分裂

保罗·坎托（Paul A. Cantor）/文　黄兰花/译

摘　要：《李尔王》是莎士比亚最伟大的戏剧之一，同时也是最具悲剧性的戏剧。李尔的成长过程具有复杂性，尤其在该剧第二场，当他得知最初的国王身份蒙蔽了自己，此后的反应便酿成了《李尔王》的悲剧性。李尔在智慧上的收获以他丧失最初的显赫地位和之后的丧失统治能力为代价，他新获得的智慧和自我意识是用昔日王者的尊贵换来的。智慧与权力在他身上呈现出悲剧性的分裂，这既是李尔成为悲剧人物的根源，也是《李尔王》被视为最深刻悲剧的原因。

关键词：《李尔王》；智慧；权力；悲剧性

> 经验值多少钱，用它买一首歌？
> 智慧值多少钱，用它买街上的一段舞？
> 不，这需要买者的一切——
> 房子、妻子，还有他的孩子。
>
> ——威廉·布莱克：《四天神》（William Blake，*The Four Zoas*）

一

许多批评家把《李尔王》（*King Lear*）视为莎士比亚（Shakespeare）最伟大的戏剧之一，同时也是其最具悲剧性的戏剧之一。有些批评家甚至宣称，《李尔王》乃历史上最为惨淡甚至惨烈的悲剧。然而，奇怪的是，在对该剧最重要的评论中，无论我们用亚里士多德还是黑格尔对悲剧的定义，都很难理解为何要把它看作一部悲剧。在大多数评论家眼中，李尔（Lear）不过是个悲惨的老头，虚荣而愚蠢、鲁莽又草率，还无法控制自己的情绪——从戏一开场，他就齐集了这所有毛病。[①] 对李尔性格得如此描述，似乎排除了把他看作亚里士多德式悲剧原型的可能，即若要认为他高于一般人，除非以最传统的方式从他的社会地位来评判。另外，许多批评家还认为，该剧记录了李尔获得智慧的过程：在整个过程中，他渐渐明白世俗荣耀一文不值，认识到女儿考狄利娅（Cordelia）对自己的爱才是生命中唯一真正价值。[②] 令人欣慰的是，李尔从苦难中获得了智慧。更令人欣慰的是，这场戏的悲剧性难题最终也充分得以解决。不过，如此一来，李尔就不可能归入黑格尔所定义的悲剧境遇。也就是说，他不会陷入两种同样正义的原则之冲突，一旦陷入那样的冲突，无论他学到什么都不可能轻易地弃置不顾。具体而言，批评家通常并不认为李尔真的陷入忠诚冲突，即夹在政治义务与个人义务的冲突中。相反，从他们对该剧的解读来看，李尔逊位并退回到私人生活，或许是明智之举。

总之，据大多数批评家的看法，在戏剧的开场，李尔仅在态度和行为上犯了错，之后的剧情发展应该有效地让他明白自己行为方式上的迷失。[③] 倘若如此解读，《李尔王》就成了一部教化剧。这样也把莎士比亚对复杂政治生活的理解简单化了，进而消解了该剧的悲剧力量，使它最终沦为一出情景剧，一则讲述善恶势不两立、直接冲突的故事，其悲剧性仅限于主要

---

① 寇特（Jan Kott）明确道出了许多评论家对李尔的看法："李尔什么也看不见，什么也不懂……他荒谬、幼稚且愚蠢至极。"参见 Jan Kott, *Shakespeare Our Contemporary*, Boleslaw Taborski（trans.）, Garden City, N. Y.: Anchor Books, 1966, p. 130。

② 关于此观点的经典论述，参见 A. C. Bradley, *Shakespearean Tragedy*, 1904; rept. New York: Meridian Books, 1955, pp. 258－260. 尤其注意布拉德雷在该书第260页对此剧寓意的阐述："我们看到，好人历经苦难后将变得更好……对这个世界的审判就是一则谎言。我们所贪图的好，却使我们堕落……让我们抛弃这个世界，憎恨它，愉快地舍弃它。这个世界唯一的真实是灵魂，它充满勇气、耐心和奉献精神。任何外在之物都无法达到这一点。"与此类似的观点，可参见 G. Wilson Knight, *The Wheel of Fire*, 1930; rept. New York: Meridian Books, 1957, pp. 195－201, 以及 Reuben A. Brower, *Hero and Saint. Shakespeare and the Graeco-Roman Heroic Tradition*, New York: Oxford University Press, 1971, p. 415。对此观点的进一步阐述，参见 Barbara Everett, "*King Lear*: Loving Young," in Barbara Everett, *Young Hamlet: Essays on Shakespeare's Tragedies*, Oxford: Clarendon Press, 1989, pp. 59－82。

③ 例如，奈特（G. Wilson Knight）说，第一场戏讲述"老国王李尔荒谬的愤怒"，并将他描述成"一个极其荒谬的人物"，"自私，自以为是"，还说："他虽是一个大人物……行为却幼稚得可笑。"参见 G. Wilson Knight, *The Wheel of Fire*, pp. 161－162。

角色最终遭受毁灭性的命运而已。最重要的是，这些批评家最终剥夺了李尔作为悲剧人物的资格。他们表示，李尔王再多一点智慧的话，就可免于灭顶之灾。也许，批评家们会继续谈论莎翁的辉煌成就，谈论李尔这个人物形象的塑造。但如果这种解读标准正确，自然会出现类似于马克斯（Croucho Marx）那种更诚实的反应。在一次意外的相见里——好比李尔和疯汤姆（Tom O'Bedlam）的相见，马克斯试着向艾略特（T. S. Eliot）解释他对该剧的理解：

> 在我看来，李尔王就是个愚蠢至极的老头，天知道他怎么这样；若他是我父亲，我准在八岁离家出走，绝不等到十岁……李尔王一开场说的那句话也同样愚不可及。您可以想象一下，一位父亲居然问他的三个孩子：你们当中谁最爱我?①

笔者敢肯定，大多数的批评家可能拒绝对《李尔王》作如是观，艾略特显然也会拒绝。但问题是，从他们对该剧的解读里，有什么能反驳上述他们对剧中主人公的看法吗？尽管批评家对《李尔王》作为一部伟大的艺术作品深信不疑，但其如何伟大却显然说不清、道不明。马克斯令人愉快而漫不经心地将自己置于《李尔王》的世界中，无意中揭示出许多论断的根本问题。我们急于认同莎士比亚笔下的人物，却也冒着把他们拉低到我们自己水平的风险。许多批评文章中的李尔，丝毫不像莎士比亚笔下的君主，倒更像是巴尔扎克（Balzac）和屠格涅夫（Turgenev）等19世纪小说家笔下的中产阶级李尔。②

从这个角度看，《李尔王》批评史上的转折点当属雅法（Harry Jaffa）对戏剧开场的精彩分析。在雅法看来，李尔对国土的分封有一套精明复杂的策略。李尔打算把大部分国土分封给即将与勃艮第（Burgundy）家族联姻

---

① 格劳乔于1964年6月致古默·马克思（Gummo Marx）的信，参见 Groucho Marx, *The Groucho Letters*, New York: Simon & Schuster, 1967。

② 奈特认为，《李尔王》"就像一部哈代小说"。参见 G. Wilson Knight, *The Wheel of Fire*, p. 202。关于格劳乔的阴影，奈特这样评论道："《李尔王》这样一部充满狂风暴雨的戏剧，竟然有一个如此琐碎的家庭背景，实在令人匪夷所思。"参见 G. Wilson Knight, *The Wheel of Fire*, p. 161。因此，人们可能会问，这个背景是否真的如此琐碎、如此世俗。

的考狄利娅。① 正如雅法所言，李尔的安排绝不是人至暮年的昏聩之举，而是对他本人利益最智慧的安排。在此，笔者无意详述雅法精彩分析的细节，只是想表明：他指出了一种把李尔视为悲剧人物的解读路径。在开场这一幕中，李尔可不是一个年老体衰的傻老头，而是一位正在施行一项非凡政治壮举的国王：他放弃传统的长子继承制，而改用分封国土的方式传承遗产。尽管李尔的计划失败了，但在雅法看来，他计划的落空并不失高贵，反而悲壮。雅法的解读紧贴剧本，也符合李尔在戏剧开场给人的印象。李尔并非一位可怜的老头，相反，在首次亮相中，他表现出一副运筹帷幄的姿态，把控全局，尽管他犯了很多错误，但仍比其他舞台人物都更显高大。

笔者在另一篇关于《李尔王》的文章中曾尝试推进雅法的研究。文中，笔者分析了国王失去权力后受教育的过程。② 与雅法一样，笔者也试图证明李尔所犯之错非同寻常；那些错误都不是愚蠢或缺少深思熟虑所致。从悲剧的角度来说，李尔的失败与他的伟大互为因果。那些使他成为伟大国王的东西，恰恰也让他真正认清自己和王权的本质。李尔的失败，部分归因于他身边那群伪君子和马屁精，这些人让他高估自己，也高估自己秉公治国的能力。不过，正如莎翁本人所指出，问题的要害不止于此。李尔的错误源于王权的一种职业性危险。为了行使命令，他必须让权威带上神圣光环，而这种需要又反过来要求他高估自己，这必然使他在交接王权这样的关键时刻高估自己处理国事的能力。

---

① Harry V. Jaffa, "The Limits of Politics: *King Lear*, Act 1, Scene 1", in Allan Bloom, *Shakespeare's Politics*, New York · Basic Books, 1964, pp. 113 – 145. 这篇文章最初发表在 *The American Political Science Review* 51, 1957, pp. 405 – 427。简而言之，雅法的论点是，李尔最初想把大部分国土（中原地区）都留给考狄利娅，把最北部划给高纳里尔（Goneril），最南部分则给里根（Regan），让她们的丈夫作为封建领主控制这些地区。李尔打算把考狄利娅嫁给勃艮第公爵，因为勃艮第公爵家族实力雄厚，足以支持考狄利娅，但又不至于征服和吞并英国（就像法国国王可能希望的那样）。雅法是唯一一个清楚阐释李尔最初划分王国战略的评论家，但他并非首个注意到第一幕第一场李尔出场的评论家，李尔出场前就已拟好划分国土的计划［毕竟，划分地图已经画好，该剧伊始，李尔的顾问葛罗斯特（Gloucester）和肯特（Kent）显然已知晓地图的细节］。参见 Samuel Taylor Coleridge, *Shakespearean Criticism*, ed. Thomas Middleton Raysor, London J. M. Dent, 1960, pp. 49 – 50；以及 Bradley, *Shakespearean Tragedy*, pp. 202 – 203；Kenneth Muir, *Shakespeare: King Lear*, Harmondsworth: Penguin, 1986, pp. 32, 55。要想进一步了解雅法对李尔划分国土策略的分析，参见 David Lowenthal, "King Lear," *Interpretation* 21, 1994, pp. 393 – 396。

② "Nature and Convention in King Lear," in *Poets, Princes, and Private Citizens: Literary Alternatives to Postmodern Politics*, Joseph Knippenberg and Peter Lawler (ed.), Lanham, Md.: Rowman & Little field, 1996.

《李尔王》中强大的悲剧想象力，根植于莎士比亚对政治生活及其局限与要求的理解。这出戏呈现了笔者所谓的智慧与权力的分裂。当李尔作为国王发号施令时，他被不幸剥夺了秉公治国所需要的智慧。只有权力丧失后，他才能获得这种智慧，而这个获得智慧的过程又反过来使他丧失继续统治的能力。因此，笔者意在本文之中考察《李尔王》第二幕戏景，追踪李尔得知最初的国王身份蒙蔽了自己之后的反应。该剧的第四、五幕对于充分理解李尔的悲剧形象至关重要，不过大多数批评家未能捕捉到莎士比亚笔下李尔态度里的微妙转变，因为他们忽略了李尔急剧突转的世界观所包含的寓意。在该剧的众多论述中，人们认为李尔的教育无疑是件好事，他的经历都理所当然。这些论述直接把私人生活置于政治生活之上，并以此说明失去王权后的李尔也拥有一切，丝毫未失。毫无疑问，在该剧中李尔合法地获得了智慧，笔者在其他地方已详细讨论过。在此，笔者想探讨的是这么一种可能性：正是莎士比亚笔下国王成长过程中的复杂性酿成了《李尔王》的悲剧性。李尔在智慧上的收获是以他最初的显赫地位以及之后的统治能力为代价的。在李尔所处世界的那种混乱逻辑中，那些人物为他们所获得的智慧付出可怕的代价，但没有哪一个比李尔的付出更为惨重。

二

李尔受教育过程在第三幕遭遇了危机，尤其在他与伪装成疯汤姆的爱德伽（Edgar）相遇后，他所获得和所表达的见解都让人刮目相看。将李尔在第三幕惊天动地的经历视为一堂市民课，或是公共管理学校里的一场研讨会，这种类比听起来很诱人，却过于简单。无论第三幕中的李尔变得多么聪明，他都无法将这种智慧简单地变为一种统治术。一方面，李尔在第三幕所获得的智慧疑点尚存。当我们试图说清楚李尔学到什么时，很容易歪曲其经历的本质，而我们以一种清晰连贯的方式所呈现的李尔习得的观念，实际是他时断时续所获得的洞察力。在第三幕中，李尔获得许多真知灼见，但如果我们不明白这些真理对他而言是多么飘忽和混乱，甚至粉碎他的自我想象以及完整的人性观，我们就无法真正理解他的经历。不管李尔的经历多么混乱，第三幕里的他都没有回宫理政、重整纲常。第三幕中李尔的性格特征可以准确地描述为：他无法将其所观察到的两幅爱德伽的人性形象结合起来，其一是作为疯汤姆的爱德伽，其二是作为“高尚哲学家”（Ⅲ. ⅳ. 172）的爱德伽。这正好揭示了李尔在荒野的经历何以暂不适用于继续统治的最深层原因。李尔痛苦地摇摆于人类肉体最低贱的堕落与人类灵魂最崇高的升华之间。他只能看到人性的两个极端而看不见两者之间，这可以理解，但这两者之间却又通常是政治发生的领域。①

乃至第四幕李尔的出场，莎翁重复了这一模式。将第六、七场并置，他再现了李尔与人性高、低两个方面的遭遇，以表明李尔仍然没法将两个迥然不同的人性意象融为一体。在第四幕第六场，李尔遇到盲人葛罗斯特（Gloucester），遂开始思考人的、尤其是女人的动物性：

> 瞧那个脸上堆着假笑的妇人，她装出一副守身如玉的神气，做作得那么端庄贞静，一听见人家谈起调情的话儿就要摇头。其实她自己干起那回事来，比臭猫和骚马还要浪得多哩。她们上半身虽然是女人，下半身却是淫荡的妖怪；腰带以上是属于天神的，腰带以下全是属于魔鬼的。（《李尔王》，4. 6. 118 – 127）②

这与之前李尔把疯汤姆看作“赤裸的两脚动物”（《李尔王》，3. 4. 107 – 108）如出一辙，都抹除了人与兽的区别。李尔坚信，所有人类均毁于情欲，因而不愿看到有人因违反传统性行为的规则而受惩罚：

> 我赦免那个人死罪。你犯的是什么案子？奸淫吗？你不用死。为了奸淫而犯死罪！不，小鸟儿都在干那把戏，金苍蝇当着我的面也会公然交合哩。（4. 6. 109 – 113）

李尔拒绝支持传统的婚姻契约。从中可见，他从荒野的风暴中习得这种自然正当的新理论将导致什么样的政治后果。作为统治者，他将不再拥有任何惩戒臣民或执行法度的合法依据。一旦李尔认为所有人类都受动物性欲望的驱使，那么对他来说，合法制定的权威与犯罪的区别将荡然无存：

---

① 比较阿潘门斯特（Apemantus）对《雅典的泰门》（*Timon of Athens*）的批评：“你只知道人性的两个极端，而不曾度过中庸的生活。”（《李尔王》，Ⅳ. Ⅲ. 300 – 301）

② 本文所有莎士比亚戏剧的原文均引自 G. Blakemore Evans，*The Riverside Shakespeare*，Boston：Houghton Mifflin，1974。［译按］本文中出现的莎士比亚作品中译本，主要参考《莎士比亚全集》，朱生豪译，方平校，北京：人民文学出版社，2009 年版。为照顾当下论述脉络，略有改动。

“你没看见那法官怎样痛骂那个卑贱的偷儿吗？侧过你的耳朵来，听我告诉你：让他们两人换了位置，谁还认得出哪个是法官，哪个是偷儿？”（《李尔王》，4.6.151－154）尽管李尔自己曾象征着法律的威严，然而一旦他断定传统的表象下隐藏着内在的腐败，他就不再相信任何权威：

> 褴褛的衣裳遮不住小小的过失，披上锦袍裘服便可隐匿一切。罪恶镀了金，公道的坚强的枪刺戳在上面也会折断；把它用破烂的布条裹起来，一根侏儒的稻草就可以戳破它。没有一个人是犯罪的，我说，没有一个人。（《李尔王》，4.6.164－168）

像这样的言辞持续刺激着第三幕中李尔的神经，使他以人的自然天性拒绝接受政治现实的传统观。他尤其敌视服饰，认为服饰掩盖了真实的人性。[①]

在第四幕第六场中，李尔言辞犀利地揭示了政治的某些基本真理。爱德伽听后，不由得心生感慨：“啊！疯话和正经话夹杂在一起。虽然他发了疯，他说出来的话却不是全无意义的。”（《李尔王》，4.6.174－175）[②] 不过，在我们试图将此处李尔的观点等同于莎士比亚的观点之前，我们得用批判的眼光看看这位国王言辞的深刻底蕴。在这一场戏中，莎士比亚有意让李尔在反思时犯一个错：“让通奸的人多子多孙吧——因为葛罗斯特的私生的儿子，也比我的合法的女儿更孝顺她的父亲。淫风越盛越好。”（《李尔王》，4.6.114－116）这几行不容小觑。李尔偏爱自然出生而非遵照传统所生的孩子，就像他以前易于接受传统方式表达的爱而不喜欢他亲生女儿的自然情感，这两种偏爱显然都不对。与李尔此刻的两个听众爱德伽和葛罗斯特一样，我们也知道国王对爱德蒙（Edmund）的称赞非常不明智。现代的阐释者似乎倾向于认为，这场戏中的李尔对政治和人性都彻底幻灭。[③] 但莎士比亚竭力阻止我们完全赞成李尔将人类等同于野兽的片面观念。甚至，李尔本人在这场戏中也短暂意识到，自己的这番想象是病态的（《李尔王》，

---

① 关于第三幕中服饰的意义，参见 Lowenthal，“King Lear，” *Interpretation* 21，p. 403。

② 关于第四幕第六场中李尔讲辞类似的分析，参见 Lowenthal，“King Lear，” *Interpretation* 21，pp. 407－409。

③ 例如，奈特在此谈到李尔“透过表象看到了人类真实的内心”（G. Wilson Knight，*The Wheel of Fire*，p. 192）；或者参见 Derek Traversi，*An Approach to Shakespeare*，Garden City，N Y. Anchor Books，1969，Vol. 2，p. 164。作者认为，这场戏中的李尔揭示了“人类的真实状态”。

4.6.130－131）。

事实上，李尔对女人抱有极端的偏见，认为她们都是“半人半马的怪物”。而这一偏见立即遭到了反驳。反驳他的乃是下一幕出场的考狄利娅。李尔与亲生女儿的重逢与和解，是莎士比亚笔下美到极致且感人至深的场景之一。第四幕第七场为上一场李尔对人性噩梦似的想象提供了梦魇般的回答。李尔从第四幕第六场中对人类情欲的迷恋，转向对人类精神的憧憬。这场戏中的李尔几乎没有意识到自己的肉体（“我不愿发誓这一双是我的手”［《李尔王》，4.7.54］），在他眼中，考狄利娅已经超越了肉体：“你是一个灵魂，我知道。”（《李尔王》，4.7.48）他想跪在考狄利娅面前，甘愿颠倒他们相对的权力地位。而在第一幕第一场，考狄利娅因父亲的权力横亘在前而无法向其表达真挚的爱意，这权力抹杀了考狄利娅的真诚奉献与她两个姐妹虚伪自私的奉承之间的区别。如今李尔失去权力，自认一无所有，只是“一个非常愚蠢的傻老头子”（《李尔王》，4.7.59），此时向他表达爱意的考狄利娅，不用再遭受别有居心的指责。为助他恢复大业，考狄利娅像肯特（Kent）和弄人（the Fool）一样，不求回报，甚至还可能失去一切。摆脱早先扰乱和扭曲他们关系的传统政治身份，而今的李尔和考狄利娅终于恢复纯粹的父女关系。

就本场戏中他们传统身份之颠倒来看，李尔愿意向考狄利娅下跪的事实，表明他们已超越传统的父女关系，变成两个自由的个体，可以彼此平等相待。[①] 李尔和考狄利娅超越了任何一种传统的道德算计，因为考狄利娅拒绝李尔对他们关系破裂的罪过作看似合理的假设：

> 李尔：我知道你不爱我，因为我记得你的两个姊姊都虐待我。你虐待我还有几分理由，她们却没有理由虐待我。
>
> 考狄利娅：谁都没有这理由。（《李尔王》，4.7.72－74）

在第四幕第六场，李尔出于对人性的蔑视以及对人兽不分这一最低限度的

① 打破传统的父子关系，代之以一种更“自然的”父子关系，这一想法在戏剧伊始以一种可怕的方式呈现出来。当时，康华尔（Cornwall）对背叛了葛罗斯特的爱德蒙说：“你在我的恩宠之中，将要得到一个更慈爱的父亲。”（《李尔王》，3.5.24－25）此处，父子的传统纽带被恶棍自私自利的交易取代；而在李尔和考狄利娅的关系中，更高尚的精神之爱代替了传统的血缘关系。

看法，拒绝了传统的道德观。在第四幕第七场，正是由于超越人的身体层面，李尔和考狄利娅才超越了传统道德束缚。

将第四幕第六场与第四幕第七场并置，莎翁揭示了一种更深的智慧，它比李尔单独在这两场中所获得的智慧更多也更深：这两场戏体现了人性不同且互补的观念。这是对现世的一种悲情论断，现代人都太急于承认李尔在第四幕第六场中所谈论的人类处境的自然性。但仔细想想，我们就能觉察，假如现在从人类完美的角度而非最普通的人类共性来看的话，第四幕第七场中李尔和考狄利娅的行为在某种程度上也是一种自然的范例。他们在本场戏中的对话非常简明。实际上，他们所说的都是简短的陈述句。最重要的是，他们相互之间平等交流，而非一方居高临下地对另一方说话，这表明他们之间的沟通顺畅自然。不论是第四幕第六场还是第四幕第七场，都没有讲述人类处境的全部真相，而是冒着对人性的理解走入极端的危险：要么过于愤世嫉俗，要么过于理想化，以牺牲其一的代价来接受另一个。不过，莎士比亚并没有犯这两种错误。

尽管第四幕第六场与第七场所呈现的人类形象非常矛盾，这两场戏却有一共同之处：李尔在本质上拒绝政治生活。在第四幕第六场，他愤世嫉俗的人性观摧毁了一个政治人物对合法权威的所有主张。而在第四幕第七场，他对人类处境的理想化又让他把所有普遍的政治考虑抛诸脑后。因此，这两场戏的并置指向一个重要的政治事实。在第四幕第六场，李尔谈及人类，认为他们只有身体，没有灵魂。此观点把人性视为纯粹的动物性，消除了政治行为可能存在的全部合理性。而在第四幕第七场，李尔谈到自己与考狄利娅时，又认为他们只有灵魂，没有身体。这种把人性视为纯粹精神性的相反观点则直接消除了任何采取政治行为的必要性，李尔和考狄利娅超越了善与恶。这两场戏的关联表明，上述两种观点片面而不完整。如《李尔王》第三幕和第四幕那种矛盾观点所暗示的，人是一种复合体，是一个包含灵与肉的复杂混合体。故此，人类需要政治生活，必须以此处理由灵与肉的冲突所引发的各种问题。动物不需要政治，天使也不需要政治。

如今我们可以更充分理解，为何李尔在第四幕和第五幕中获得的智慧要以牺牲其统治能力为代价。戏剧伊始，李尔就被许多关于自己及其所处世界的幻想俘虏，但正是对自己权力的高估才使他罩上了一层权威光环，他需要这种光环来实行统治。而第四幕第六场的李尔深刻认识到自身的局限性，可结果却是他变得完全蔑视政治权威。他不再相信政治行为能力，更不相信这种能力能够改善人类处境，甚至能控制人类最糟糕的激情。而第四幕第七场的李尔则对政治漠不关心，在一个极其私密的时刻，他与考狄利娅达成精神的契合，此后他对公共生活不再感兴趣。在第四幕第六场和第四幕第七场，李尔都未能把他对立的人性观统一起来，因此也无法把握一种最本质的真理，即为了保护他在第四幕第七场逐渐学会珍惜的脆弱精神，在第四幕第六场他就有必要蔑视和拒绝政治权威。

三

李尔统治能力的丧失，不仅因为他在第三和第四幕中改变了政治观，还与他的性情有关。第一幕第一场中的李尔刚愎自用、鲁莽草率，不具备丝毫哲人美德，反倒有那种经常屈服于他人意志之人的品质。当说到李尔具有君王气质时，大概指的是他乃性情中人，能动及其“高贵的愤怒”（《李尔王》，2.4.276）。他愤怒的能力是他与政治生活相联系的力量之一，同时也激发他的行动能力。李尔倾向于认为他个人的事业绝对正当，这种认识缺乏理性基础，因此导致他多次判断失误。然而，他的骄傲与盲目自信，使像肯特这样备受尊重的人都说，李尔脸上写着“权威”二字。（《李尔王》，1.4.26－30）

所以说，李尔越是把自己当作凡夫俗子，越是承认自己与他人一样有缺点，就越无法唤起这些人对他的敬畏和服从。诚然，肯特、弄人以及考狄利娅在李尔遭受失败与屈辱后更爱他，但这只是他们私下的反应，不同于政治上的忠诚。我们看到，该剧第二部分的李尔，其性情已不适合统治英国。我们必须认识到，剧中李尔的学习并非纯粹增长知识的过程，也不是李尔拿起一本政治学教科书冷静地阅读，然后弄明白自己的统治问题何在。李尔自我认识的教育是一次灵魂涅槃的经历。它撕裂了李尔脑海最深处的神经纤维。要打破李尔狂妄的自我，他必须遭受痛苦的屈辱，这是我们在第一幕和第二幕中所看到的那个令人恐惧的过程：他那些如狼似虎的女儿剥去他仅剩的一丝尊严。李尔以他所有的骄傲抵抗这个过程：

> 神啊，你们看见我在这儿，一个可怜的老头子，被忧伤和年迈折磨得好苦！假如是你们鼓动我这两个女儿的心，使她们忤逆她们的父亲，那么请你们不要尽是愚弄我，叫我默然忍受吧！让我心里激起了

刚强的怒火，别让妇人所恃为武器的泪点玷污我的男子汉的面颊！(《李尔王》，2.4.272－278)

李尔意识到，在这一场的处境中，最危险的不只是他的阳刚气概，他徒劳地希望自己能像一个具有男子气概的国王那样行动，报复所有藐视其尊严的人。面对女儿们的巧取豪夺，李尔陷入愤怒而悲伤的矛盾情绪，无法自拔。他的愤怒源于一个国王的骄傲，这让他羞于看到自己作为普通人所感受到的悲伤。作为一位受辱的父亲，他想要表达自己的悲痛；而作为国王，他又觉得不可公开示弱。这两种矛盾的心境最终撕碎了李尔的心智，正如他本人所承认的："啊，傻瓜！我要发疯了！"(《李尔王》，2.4.286)

看到李尔在这个教育过程中的收获，我们深受感动，不过我们也不该对他所失去的东西视而不见。第四幕第七场中的李尔是一个破碎之人，他对自己以及王权的骄傲都被粉碎了。在这一场戏中，他变得更有智慧，更有能力去爱，在许多重要方面，这位李尔比我们在戏剧开场所见的李尔更加亲近。但并非所有方面都如此。与我们在第一幕第一场中看到的李尔不同，第四幕第七场中的李尔无须走入任何一个房间，仅凭他那高贵的举止就能获得其视线范围内所有人的尊敬。如果一位国王希望别人服从他，他不可能到处宣扬："我是个年老糊涂的人。"(《李尔王》，4.7.84)我们也许会钦佩坦率承认自己弱点的李尔，但我们也必须承认，这除了让他成为一个有名无实的挂名首脑外，对他未来统治国家没有任何意义。第四幕第七场中的李尔完全平息了愤怒，正如那位医生所言："请宽心一点，娘娘，您看他的疯狂已经平静下去了。"(《李尔王》，4.7.77－78)作为观众，看到李尔冷静下来许是一种安慰，不过我们必须清楚，随着李尔愤怒的平息，一些其他的东西，比如他的肆心，也被一并扼杀了。更重要的是，这肆心与他的精神相互依存。李尔的肆心既是他伟大的根源，也是他统治失败的根源。到目前为止，在这部剧中，甚至在李尔疯狂时，他对周围发生的一切都极其敏感。如果说有什么不同的话，那就是他唯恐臣民冒犯他的尊严，而这种极端的敏感与李尔对正义的关注紧密相关。在第四幕第七场，他不再关心周围的环境，甚至需要有人提醒他在英国。(《李尔王》，4.7.75)李尔的"勃然大怒"代替了"高贵的愤怒"，同时也带走了他治理王国的能力和愿望。

总之，我们必须明白，李尔无法接受那种令人胆怯的真相。即便是一种他从自身习得的真相，也不能始终保持不变。第四幕第七场中的李尔与第一幕第一场中的李尔判若两人。他新获得的智慧和自我意识是以他昔日王者的高贵换来的。[①] 也许最终我们会觉得，这样的交换值得。不过，我们也不应否认，莎翁给我们出了一道难题。他的悲剧世界让我们深感不安。我们不愿思考他所展示的悲剧性分裂，反而更愿意相信，一个强大的统治者，同时也可能是一位智慧之人。或许真有其人，在《亨利五世》（*Henry V*）中，莎士比亚塑造了一位集智慧和权力于一身的典范［普洛斯比洛（Prospero）是另一个典范］。[②] 然而，即便智慧与权力可能兼备，但两者的结合也非易事，在《李尔王》中，莎士比亚充分地探讨了智慧与权力结合所面对的诸多难题。当李尔掌权时，他对自己的局限性视而不见，这并非单纯源于愚蠢、衰老或幼稚，而是像莎士比亚所说的，其根源是被王权本质中所固有的一种特质蒙蔽了眼睛，甚至让一位成功的统治者对自己处境的基本事实熟视无睹。当李尔最终抵达这些真相时，他关于总体的政治幻象也彻底幻灭，也只有通过此过程，他成为权威者的那种精神才会彻底破灭。这就是为何将《李尔王》视为悲剧，甚至是最深刻的悲剧之原因。消解李尔的困境没有捷径可走。在权力的前提与智慧的前提之间，莎士比亚揭示了一种深刻而持久的紧张关系。

四

第五幕中的李尔又恢复了理智，但他仍与我们在第一幕所看到的君王形象相去甚远。现在，李尔完全沉醉在与考狄利娅的天伦之乐中：

---

① 我们在评价李尔时必须非常谨慎。即便敏锐如布拉德雷这样的批评家（他可是比任何一个评论家都更能领会《李尔王》的悲剧性），却也被他本人的言论弄糊涂了。他说：“诚然，诗歌世界里再也找不到一个像李尔这样的国王，他如此伟大，如此悲惨，如此美丽。”（Bradley，*Shakespearean Tragedy*，p. 228）一个人很难同时表现得既伟大又悲惨。莎士比亚对李尔王最准确的刻画是，在开场时将李尔描述为一个伟大的政治人物，而在剧末他与考狄利娅团聚时却变成一个痛苦不堪的父亲。《李尔王》的情节充满强烈的戏剧性，这一前一后两个李尔形象形成强烈反差。所以，我们在评价这个结合了公共与私人形象的李尔时要倍加小心。

② 参见笔者的文章“Shakespeare's *The Tempest*：The Wise Man As Hero，”in *Shakespeare Quarterly* 31，1980，pp. 64 – 75；以及 Prospero's Republic：The Politics of Shakespeare's *The Tempest*，in *Shakespeare as Political Thinker*，John Alvis and Thomas West（eds.），Durham，N. C.：Carolina Academic Press，1981，pp. 239 – 255。关于《李尔王》和《暴风雨》（*The Tempest*）一种简单而深刻的对比阅读，参见 Lowenthal，“King Lear，”*Interpretation* 21，p. 416。

> 我们两人将像笼中之鸟一般歌唱。当你求我为你祝福的时候，我要跪下来求你饶恕。我们就这样生活着，祈祷，唱歌，说些古老的故事，嘲笑那班像金翅蝴蝶般的廷臣，听听那些可怜的人们讲些宫廷里的消息。我们也要跟他们在一起谈话，谁失败，谁胜利，谁在朝，谁在野，用我们的意见解释各种事情的奥秘，就像我们是上帝的耳目一样。在囚牢的四壁之内，我们将要冷眼看那些朋比为奸的党徒随着月亮的圆缺而升沉。(《李尔王》，5.3.8－19)

这番动人的描述，让我们为李尔和女儿重获幸福而感到高兴。但是，此处的李尔也表露出对传统政治的彻底冷漠。他曾经最关心的政治现已沦为一种闲谈，成为仅仅是“谁失败，谁胜利，谁在朝，谁在野”之类无聊的争辩。如今的李尔藐视政治，认为政治的胜利总归昙花一现。他似乎信奉了一种超然的哲学，能够从沉思的角度看待世事。但是，李尔对政治的冷漠态度继而延伸到他本人对自由的态度，因此，他似乎也乐意忍受敌人对他的监禁，而这对从前的他来说是奇耻大辱。李尔现在满足于像笼中鸟一样的生活，这幅景象看似很吸引人，但它也有一些贬损之意：狮子般威猛的国王已沦为温顺的家养宠物。[①] 这似乎是为了提醒我们，李尔对政治可以漠不关心，却无法摆脱政治权力的统治，莎士比亚以爱德蒙那声简短而专横的命令：“把他们带走”（《李尔王》，5.3.19)，打断了李尔浪漫的幻想。我们为李尔超越以前对政治生活传统的虔诚而喝彩，可事实上，他对政治的漠视将直接导致考狄利娅的死亡。如果像李尔这样正派的人都放弃政治生活，不管他们对高层腐败的蔑视理由如何充分，那么再也没有人可以继续保护这个世界上像考狄利娅那样的女子。如果李尔能明白考狄利娅至高无上的价值，他就不会轻率地把政治生活交给爱德蒙这样的恶人。这些人会把李尔在政治领域之外逐渐学会珍视的一切无情地铲除殆尽。

因此，正是通过《李尔王》中政治情节的复杂性，莎翁才使行将就木的李尔找回了政治生活的部分价值。李尔不再相信人与动物无异，相反，

---

① 布拉德雷注意到，第五幕中的李尔发生了变化。对于剧末李尔说的那些话，布拉德雷写道：“我们感觉到，李尔丧失了维系王权尊严的权力。”（Bradley, *Shakespearean Tragedy*, p. 234）但是布拉德雷试图借基督教教义重新定义崇高，从而模糊此问题：“留下来的是事物的本真，是绝对伟大的灵魂。”（Bradley, *Shakespearean Tragedy*, p. 234）

他强力断言，考狄利娅比其他的生命形式更优越："为什么一条狗、一匹马、一只耗子，都有它们的生命，你却没有一丝呼吸？"（《李尔王》，5.3.307－308）[①] 由于重新获得人类的优越感，那位在第四幕中认为没有任何理由惩罚坏人的李尔，在第五幕又变成法官，处决了爱德蒙派来刺杀考狄利娅的杀手："我亲手杀死了那把你缢死的奴才。"（《李尔王》，5.3.275）莎士比亚运用自己对灵魂学的独特理解，选择在此时激起李尔曾经的骄傲和愤怒，也唤起他年轻时的回忆，同时还回应了昔日那令人惊讶的壮举："我不是把他杀死了吗，汉子？从前我一举起我的宝刀，就可以叫他们吓得抱头鼠窜。"（《李尔王》，5.3.277－278）

这是激动人心的时刻，因为我们终于可以一睹年轻的李尔王的面容。在他生命的尽头，李尔大概会想起他早年的政治生涯，回想起他在分割国土时忘了正义须靠武力支持。李尔对杀害考狄利娅凶手的处决告诉我们正义的本质，与李尔在第四幕第六场关于权力虚无的演讲所告诉我们的一样多。这并不是说李尔最后的行为抵消了他早期所说的真相，而是李尔的行为造成了他言辞的偏激。要真正理解莎士比亚的正义观，我们不能把它与其笔下人物的只言片语等同起来，而必须考虑到整部戏剧的结构模式，包括该剧的行为和对白。

在戏剧结尾处，李尔回想起自己的青年时代，这暗示了戏剧的结构。如爱德蒙那句"天道的车轮已经循环过来了"（5.3.175）所暗喻的那样，《李尔王》首尾呼应。在该剧伊始，英国政权像李尔一样渐渐衰颓，日薄西山。而到结尾，这个政权重获新生，与李尔忆起自己年轻有力的手臂击剑一样，作为政治权力的最终保护人，这个政权也必须回到自己的武力根基上。在该剧开头，李尔由于怀柔治国以及他不容置疑的权威丧失政权，并且同政治现实隔断了关联，因此他认为，就算把军事权力移交给孩子们仍可把控局面。而该剧的第五幕将我们带到残酷的现实的政治生活中，并告诫我们，最终须得依靠战争来解决最深刻的政治分歧，但显而易见，战争不能抹平这样严酷的冲突。

如此一来，我们就不难解释，为何第五幕中爱德蒙与爱德伽的决斗在剧中如此引人注目。爱德伽本可以从法律上无懈可击地扳倒爱德蒙。我们可以想象，通过法庭解决他们的冲突。在法庭上，按照司法程序，爱德蒙

① 关于这一点，参见 Lowenthal，"King Lear，" *Interpretation* 21，p. 413。

有罪无疑。但是，莎士比亚并没有这样处理，而是采用决斗这种伸张正义的原始方式。第五幕的重点就是不断提醒我们，天使解决争端时可以不诉诸武力，但人类不行。问题的关键不在于诉诸武力可能合乎正义，我们已从康华尔（Cornwall）、里根（Regan）和高纳里尔（Goneril）以及此刻爱德蒙的毁灭里看到这种野蛮原则的局限性，他们的邪恶事业将会证明，卑劣十足的正义观最终会自取灭亡。[①] 然而，爱德伽求助刀剑以了却宿怨表明，正义不能完全脱离强权。这并不是说正义只能从战争中获得，而是因为要使正义获胜，最终还得诉诸武力（想想本场戏中的李尔最终也必然诉诸武力）。

爱德伽不得不把邪恶男女的枪口转过来朝向他们自己，以保护他生命中所珍视的一切。[②] 戏剧开始时，爱德伽还是个天真无邪的年轻人，对充满欺骗的世道毫无防备，随着剧情发展，他不得不一再乔装打扮，去应付这个世界的邪恶。尽管爱德伽与敌人打交道时仍保持着近乎可笑的谨慎，[③] 但至少不再年少无知。爱德伽在决斗中杀死爱德蒙，确立自己的统治地位，他似乎吸取了敌人身上所有的优点，如同击溃霍茨伯德（Hotspur）的哈尔（Hal）王子一样。

爱德伽只能依赖宝剑来统治，这个事实让我们想起作为政治根基的暴力。一旦我们看到，他能够用自己的残忍力量来对抗敌手的野蛮行径，我们就更加相信，这个性情温和的年轻人有能力维持好政治秩序。但是，如果对《李尔王》的结局完全抱着一种愤世嫉俗的态度，认为正义的一方必须与邪恶的一方同样残忍方可战胜邪恶，那就大错特错了。不错，戏至终局，此时的爱德伽与开场时的爱德伽判若两人，但他也并没有变成爱德蒙。总的来说，善良之人最终保留了自己善良的本性，这是因为邪恶之人往往彼此毁灭，而他们没有堕落成邪恶之人的必要。爱德伽和奥本尼（Albany）从未表露对权力的欲望，而这正是爱德蒙与康华尔的特性。他们最多也只不过明白了采取必要的政治手段对抗敌人的阴谋诡计，而这也意味着他们显然不愿采取不符合道德的行动。与爱德蒙不同，爱德伽从不以欺骗别人

① 此结果印证了奥本尼在第四幕第二场的第49–50行所说的不祥之感。关于邪恶的自毁性，参见 Lowenthal, "King Lear," *Interpretation* 21, p.413。

② 另一种对爱德伽在剧中所受教育的解读，参见 Joseph Alulis, The Education of the Prince in Shakespeare's *King Lear*, *Interpretation* 21, 1994, pp. 373–390。

③ 例如，爱德伽在打开高纳里尔写给爱德蒙的信时曾犹豫不决。(《李尔王》, 4.6. 259–261)

取乐，也不以作恶为荣。因此，戏剧的结尾与开场形成鲜明的对比：

> 奥本尼：两位朋友，帮我主持大政，培养这已经斲丧的国本。
>
> 肯特：不日间我就要登程上道，我已经听见主上的呼唤。
>
> 爱德伽：不幸的重担不能不肩负，感情是我们唯一的言语。年老的人已经忍受一切，后人只有抚陈迹而叹息。（《李尔王》，5.3.320－327）

在《李尔王》的开头，登场的许多人物都渴望权力；但在最后，我们却看到，那些大人物显然都迫不及待想交出权力。对奥本尼、肯特和爱德伽这样的正派人士来说，这显然是一段发人深省的经历。他们中没人像柏拉图所说的哲人王（philosopher-king），爱德伽或许最接近，但他们在一定程度上发展了柏拉图的哲人王无为而治的思想。正如爱德伽最后承认，他的经历虽不能与剧中李尔那段经历相比，[①] 但他对政治生活的怀疑却与李尔相当，他之所以接受王权，是因为他觉得那是他应当承担的责任，而非因为那是他迫切渴望的东西。爱德伽已意识到权力的局限，因此他的统治可能更加适宜。

经过一段时间的政治骚乱，我们在《李尔王》结尾看到纲常重整、政权重建。与所有的政权一样，新政权的根基可能仍是暴力，但鉴于重建者的性情，我们有理由期待，这样的政权不会太暴力。事实上，所有的迹象都表明，一个弱小而更驯服的时代必将到来。重建政权的前提是消除所有威胁人类传统秩序的邪恶势力。但是，代表英国的极端善良人物都被摧毁了：李尔、考狄利娅、弄人死了，肯特也命不久矣。一个政权往往会压缩人性，试图将人圈在传统里，压制他们的激情，使他们走向一个舒适的中

---

① 笔者认为，爱德伽所说的“最老的人”是指李尔，部分评论家则认为其暗指肯特。不过，这种暗示似乎不太可能。因为，莎士比亚的悲剧结束时，那地位最高的幸存者通常会提到悲剧的主人公。无论如何，剧末总有几句话圆满地结束该剧。该剧开篇讨论如何在一种政治解决方案中抹掉两个人的差异，剧末则以强调一个人区别于其他同伴的方法结束。此外，这种区别方法的标准就是他经历的深度。确切而言，就是他能“看见”多少事物。爱德伽尊重智慧，因为他更看重年龄（年龄表明阅历更丰富），该剧伊始，爱德蒙表示偏爱年轻（关于剧中年轻与年老问题的讨论，参见 Lowenthal，“King Lear，” *Interpretation* 21，p. 413）。最后，在《李尔王》的第一场戏中，伪善控制整个宫廷；而在结束时，爱德伽要求大家要坦率诚实：“说出我们的感觉，而不是说我们应该说的话。”总之，爱德伽最后的话表明他对真理的一种新看法。

心。爱德伽即将统治的是一个更安全的世界，但同时也是一个既没有李尔的威严，也没有考狄利娅的美丽的世界。换言之，它将不再是一个英雄的或悲剧的世界。《李尔王》结尾时人物的温和，甚至可以说平庸，是衡量李尔王伟大和故事悲剧性的真实标准。莎士比亚戏剧的任何结尾都不能与之媲美，再没有比这更完美地捕捉到最为本质的悲剧反差：一面是甘愿束缚在传统世界限制中的凡夫俗子，另一面则为努力超越那些限制的勇士超人。

（作者单位：美国弗吉尼亚大学；译者单位：北京师范大学文学院）

《亨利五世》与政制的合法性

蒂姆·施皮克曼（Tim Spiekerman）/文
黄兰花/译

摘　要：《亨利五世》是否回答了亨利作为统治者的合法性问题？亨利与福斯塔夫决裂后是否真的发生了转变？本文认为，在亨利五世新的道德外衣背后隐藏的是一位身经百战、精明慧黠的马基雅维里式君王。为正义而战的基督教英雄国王只是亨利的一种身份伪装，他的所作所为皆是为其非法统治建立爱国基础。战争及亨利精心策划的转变，都是为其统治合法化的设计。简言之，即一名狡猾的政客发动一场看似正义的非正义之战，目的在于让一位不合法的国王显得合法。

关键词：《亨利五世》；马基雅维里；合法性；转变

读过《亨利四世》（*Henry IV*）全剧的读者都希望《亨利五世》（*Henry V*）解决两个有争议的问题：其一是哈尔（Hal）作为统治者的合法性问题。其二是哈尔与福斯塔夫（Falstaff）公开决裂后的“转变”问题。关于前者，亨利的父亲曾提出一个解决方案——一只神鸟曾预言这一方案——发动一场转移注意力的对外战争。[①] 对此解决办法，我们还算满意，因为《亨利五世》就是一出英格兰征战法兰西的历史剧。

诚然，该剧开场，莎翁就暗示了哈尔的转变。但其性情是否真有转变？他与福斯塔夫是否彻底决裂？哈尔果真是“那人君中的圣君？”（《亨利五世》，第二幕序曲，6）这些问题仍悬而未决。有些人坚持认为《亨利四世》第二幕中的哈尔确实发生了转变。在他们看来，《亨利五世》为“所谓的转

① 参见 William Shakespeare, *King Henry IV* Part 2, Arden edition, A. R. Humphreys (ed.), Londen: Routledge, 1989, IV. v. 213 - 215; V. v. 105 - 108. ［译按］本文中出现的莎士比亚作品中译，主要参考《莎士比亚全集》，朱生豪译，方平校，北京：人民文学出版社，2009 年版。为行文方便，略有改动。

变”出示了大量确凿的证据。但是，该剧同样为像笔者这样对哈尔的转变持怀疑态度的人出示了同样多的证据。

在亨利五世新的道德外衣下面，怀疑论者也许能发现一些另类的东西。或者说，可以从中看到一位身经百战、狡猾的马基雅维里式（Machiavellian）君王。为正义而战的基督教英雄国王或许只是他的一种身份伪装，其所作所为皆是为其非法统治建立爱国的基础。① 由此看来，战争及哈尔精心策划的转变，都是为其统治的合法化而设计的。质言之，这是一个狡猾的政客发动一场看似正义的非正义之战，目的在于让一位不合法的国王看上去具有合法性。

一位征战沙场的非法国王

亨利五世是一个篡位者之子，他本不该成为国王。然而，如阿尔维斯（John Alvis）所言：“为了国家利益，即使是篡位者的后嗣也应视为合法君王，其父亲对权力的僭越可以忽略。”② 但事实上，亨利五世的统治仍不合法。因此，有人期待这部戏剧能处理统治者亨利五世那有污点的头衔，并对普遍存在的政治合法性做出反思。据普莱尔（Moody Prior）的说法，《亨

---

① 据普莱尔的说法，“对《亨利五世》这种讽刺性解读在戏剧本身看不到”，参见 Moody Prior, *The Drama of Power*, Evanston: Northwestern University Press, 1973, p. 314。里斯（M. M. Reese）则认为，这种（具有讽刺意味）的解读是“纯主观的”，并指责持此观点的评论家，说他们将对亨利的“偏见合理化了”［“在所有作品中，只有《一报还一报》（*Measure for Measure*）的伊莎贝尔（Isabel）激起这么多个人的厌恶”］。参见 M. M. Reese, *The Cease of Majesty*, London: Edward Arnold Ltd., 1961, p. 317。对《亨利五世》的批评呈两极化，温特多夫（Karl Wentersdorf）确切总结了这两个阵营的观点：

> 对一些人而言，该剧讲述了一位理想君王的故事，颂扬他的成就，他们以史诗般赞美的口吻评述这位君王的军事美德。对另一些人来说，该剧的主人公则是一个马基雅维里式军国主义者，他信奉基督教，其行为却虚伪而无情。这些人认为，“《亨利五世》有预谋的沉默”主要是一种讽刺。［*Shakespeare Quarlerly*, 27, (Summer 1976): 264.］

拉布金（Norman Rabkin）认为，这两种观点都有道理，难分伯仲。参见 Rabkin, *Shakespeare and the Problem of Meaning*, Chicago: University of Chicago Press, 1981, Chapter 2, pp. 33 – 62。

② John Alvis, *Shakespeare's Understanding of Honor*, Durham: Carolina Academic Press, 1990, p. 223.

利五世》让这样的期待落空：

> 如果《亨利五世》一直的构想就是前几部历史剧的主要前传……我们希望从《亨利五世》中找到一个主要特征，即它接着探究亨利四世对继承危机的警告以及哈尔接受统治必然引发的结果，并因此证实他顶着有问题的名号说服民众相信其作为国王的卓越功绩。不过，亨利有争议的头衔并非《亨利五世》的主要问题。[①]

普莱尔的结论完全错了，不过它指出了一个值得注意的思考取向。如果说，亨利非婚生子女的身份不是该剧的主要关注点，那也只是因为亨利不希望如此而已。他成功地“说服民众相信其作为国王的伟业丰功”，这使他的出身变得无足轻重。换言之，亨利的政治权术遮蔽了该剧事实上的焦点。

亨利对他的身份耿耿于怀，最明显的表现是，他总盯着拥有绝对合法身份的理查二世（Richard II）。当《亨利五世》中统治者与臣民的关系出现问题时，人们无疑能听到《理查二世》的回音：

> 戴上你们的帽子，不要把严肃的敬礼施加在一个凡人的身上。丢开传统的礼貌，仪式的虚文，因为你们一向都把我认错了。像你们一样，我也靠着面包生活，我也有欲望，我也懂得悲哀，我也需要朋友……（《理查二世》，第三幕第二场，171－176）

> 皇上就跟我一样，也是一个人罢了：一朵紫罗兰花儿，他闻起来跟我闻起来还不都是一样；他头上和我头上合顶着一方天；他也不过用眼睛来看、耳朵来听啊。把一切荣衔丢开，还他一个赤裸裸的本相，那么他只是一个人罢了……因此，当他有理由害怕的时候，他就像我们一样，感到了害怕。不用问，那心头的滋味也跟我们的感觉差不多……（《亨利五世》，第四幕第一场，101－110）[②]

两位国王都基于同一种信念，一种他们从不急于否认的信念　　自己是卓

---

① Moody Prior, *The Drama of Power*, p. 264.

② 亨利对他的部队发表这番讲话时是乔装打扮的。

越人物。理查不时将自己与基督相提并论，[①] 而亨利五世还经常暗示自己就是神明：

> 而人君所享有的，有什么是平民百姓所享受不到的——只除了排场，只除了那众人前的排场，你偶像似的排场？你比崇拜者忍受着更大的忧患，又是什么神明？（《亨利五世》，第四幕第一场，244－248）

当伊莎贝尔（Isabel）王后无意中从园丁那听到她丈夫即将堕落的预言时，她指责园丁危言耸听，造成“被诅咒的人类的第二次堕落”。（《理查二世》，第三幕第四场，76）借用理查君权神授的观念，亨利五世谴责造反者犯了相同的罪责：“你这种叛逆的行为，在我看来，就像是人类的又一次堕落。”（《亨利五世》，第二幕第二场，141－142）当然，我们不需要依靠文学的纽带也能建立理查二世与亨利的关系，因为亨利公开承认：

> 别在今天，神啊！请别在今天——追究我父王在谋王篡位时犯下的罪孽！我已经把理查的骸骨重新埋葬过，我为它洒下的忏悔之泪比当初它所迸流的鲜血还多。我长年供养着五百个苦老头儿，他们每天两次，举起枯萎的手来，向上天呼吁，祈求把这笔血债宽恕。我还造了两座礼拜堂，庄重又严肃的牧师经常在那儿为理查的灵魂高唱着圣歌。我还准备多做些功德！虽说，这一切并没多大价值，因为到头来，必须我自己忏悔，向上天请求宽恕。（《亨利五世》，第四幕第一场，298－311）

亨利五世的悔悟超过了理查的证词；同时，他对理查王权观的惊人模仿表明，亨利非常清楚他本人身份的合法性问题。简言之，亨利想要的是理查拥有的合法身份，而这恰恰是他们父子所缺少的：成为英格兰合法的统治者。我们还记得，理查把握着双重统治权。他是王位的法定继承人，更重要的是，他的统治被认为是神授的。作为一个篡夺王位并杀害神授王权国王的叛臣之子，亨利五世根本无法获得理查那强力的统治权。亨利打算另谋他策，重新树立理查所拥有的合法权威，这也是该剧的主题。

那么，通过何种方式重树合法权威？正如前文所述，亨利四世建议发

---

① 理查称他的敌人为“犹大”和“彼拉多”，并把自己的遭遇比作基督的受难。参见《理查二世》，第三幕第二场，132；第四幕第一场，167－171；第四幕第一场，239－242。

动对外战争：

> 你的策略应该是多多利用对外的战争，使那些心性轻浮的人们有向外活动的机会，不至于在国内为非作歹，旧日不快的回忆也可以因此而消失。（《亨利四世》下篇，第四幕第五场，213－215）

亨利接受了父亲的建议，因此就《亨利五世》的大部分剧情而言，他不是在准备对法宣战，就是在与法作战。亨利四世的策略主要是转移贵族的注意力，这些贵族本可利用哈尔的弱点进一步伸张自己的政治野心。亨利四世主张让他们卷入战争，这样一来，他们就没时间也没精力密谋造反。一旦战争爆发，那可疑的头衔自然被遗忘。实际上，哈尔入侵法国的决定并没有阻止他们发动政变的计划。只不过阴谋很快暴露，密谋者立即被处决，对一个完全被即将到来的战争吸引的国家来说，这只是个小插曲。致辞者告诉我们："全英国的青年，心里像火一样在烧。"（《亨利五世》，第二幕序曲，1）在此情况下，"叛徒"很难赢得观众同情。被抓获的叛军也承认这点：事实上，他们只字未提任命理查二世的真正继承人为国王的计划。

哈尔肯定清楚父亲的策略所隐含的逻辑。不过，他对战争带来的利益抱有更大野心。战争除了让人们把注意力从他那不洁的头衔上移开，还可以使整个国家同仇敌忾，为支持国王的军事作战直至肝脑涂地。亨利五世明白，理查的权威本质上具有非理性的基础。理查的合法性建立在习俗、传统和宗教之上，所有这些都与情感和信仰有关，而不是靠领受理性。一场精心策划的战争可以激发类似理查赖以维持权威的情感。[①] 战争的场面以及随之而来的爱国主义，可以为亨利五世带来他父亲所不曾拥有的耿耿忠心。亨利五世从理查的王权得到启示，他选择与法交战以重塑自己的政权，并以此掩盖父亲留下的祛魅形象，统治的权力属于任何有实力之人。亨利打算用证实自己是一位合法的英雄来证明自己是一位合法的国王。

如果该剧没有让人立即断言战争并非亨利的主意，那么，把他看作一位精明的政治家，出于功利目的发动一场道义上可疑的战争会更容易一些。因为确切地说，战争的提案是由一个自私的教会领导发起并执行的。如果

---

① 当然，强烈的激情与习惯截然不同，不过随时间的推移，前者可能会变成后者。此外，如笔者在其他论文里所论述的，理查过于依赖传统而非武力。但从来没有人公开质疑他的王权，大多数人都接受他的统治乃上帝所赐。

国会通过一项法案，教会将失去大量土地。该法案会让教会损失“一大半”财产（《亨利五世》，第一幕第一场，8），因为一心敬神的信士所捐赠的土地将充公。这笔财产足以让国王供养8000个新贵族——此法案的实质就成了利用教会资产创建一个新的贵族阶层。为反对该法案，大主教为入侵法国提供道义和财政上的支持。一场成功的征服之战不仅保全供养新贵族的领地，又不危及教会的财富和权力。如普莱尔所言，“剧幕还未拉开，我们就发现自己仿佛置身于受《君主论》（*The Prince*）和培根（Bacon）的《论协商》（‘Of Negotiating’）所熏陶的人群中”。但“忙于从政的是那些牧师，并非亨利”。[1] 亨利五世的一位传记作者表示，“假如莎士比亚所言不假，我们现在所谓的‘百年战争’（The Hundred Years War）复兴的根源在于英国牧师犬儒主义的建议”。[2]

即使大主教是亨利及其战争的伟大倡导者，但威尔逊（John Dover Wilson）并不认为亨利具有上述的某种政治阴谋：“并非大主教唤起国王的战争欲念，而是国王唤起大主教的……”[3] 仔细阅读第一幕第二场，我们发现，实际是亨利利用教会来实现自己的目的。或者，更准确地说，他们相互利用，彼此互补，以实现各自的目的。若果真如此，那么对外战争的最初提案者就不是某位教会官员，而是亨利四世本人。在《亨利四世》下篇结尾，约翰王（Prince John）曾预言与法兰西的战争：

> 我可以打赌，在这一年终结以前，我们将把国内的刀剑和民族的战火带到法国去。我听见一只小鸟这样歌唱，它的歌声仿佛能使王上听了十分快乐。（《亨利四世》下篇，第五幕第五场，105－108）

当然，令亨利欢喜的“鸟鸣”可能是坎特伯雷（Canterbury），也可能是约翰王本人或任何同意亨利四世此举之人。凡是对战争有好处的建议，无论从谁那里来，都只是重复哈尔念兹在此处的东西而已。坎特伯雷谈到他向国王所提出的“建议”[4]，即以对战争的财政支持来换取对该法案的否决。

---

① Moody Prior, *The Drama of Power*, pp. 270－271.

② Harold Hutchinson, *Henry V: A Biography*, London, 1967, p. 36，转引自 Moody Prior, *The Drama of Power*, p. 270。

③ John Dover Wilson, *King Henry V*, Cambridge: Cambridge University Press, 1947, p. xxi.

④ “还有一个同样由五个字母组成的词，它将更准确地阐明该建议的性质……”参见 Harold C. Goddard, *The Meaning of Shakespeare*, Chicago: University of Chicago Press, 1988, p. 219。

在这个环节上，他断言此乃“鉴于当前的局势”（《亨利五世》，第一幕第一场，78）。国王已决定对法国采取行动。坎特伯雷和亨利试探性的谈话中断了，因为亨利必须与法国大使会晤，法国大使前来回应亨利先前提出“割让某些公国的要求，凭着您伟大的祖先爱德华三世的权益”（《亨利五世》，第一幕第二场，247－248）。坎特伯雷也许有责任说服国王扩大战争的范围，不过仍难想象亨利会忽略这一点。果不其然，在坎特伯雷与亨利就是否有权获得法国王位的长篇大论中，亨利首先顾虑的是，一旦他的军队进兵法兰西，苏格兰人将大举入侵英国。（《亨利五世》，第一幕第二场，136－139）这表明，亨利对兵进法兰西已深思熟虑。他不是教会的工具，也不会是任何人的工具。

那么，亨利如何既利用教会的好处又看起来像是教会的工具呢？这正是亨利的意图：“亨利似乎已煽动本想煽动他的主教。”[①] 亨利清楚地知道是什么驱使着教会，而教会仍是一个强大的道德机构，亨利希望他们能为己所用。通过允许教会对战争的正义性进行公开辩护，亨利让自己看起来像是迎合了最高道德权威的意愿。为确保万无一失，亨利特别强调：

> ……我请求你讲一讲——要公正、虔诚地讲——法兰西所奉行的“舍拉继承法”（Salic Law）究竟应不应当剥夺我们的继承权。上帝明鉴，我的忠诚的爱卿，你就这问题做解释的时候，千万不能够歪曲、穿凿，或牵强附会，更不能凸着自个儿精明，就明知故犯，叫自己的灵魂负上了罪名，竟然虚抬出一个不合法的名分，经不起放到光天化日之下，叫大家评一评……
>
> 我们要好好地听着，注意着你的一番话，而且深深相信，凡是你所说的，都出自一颗洁白得就像受过洗礼、涤除了罪恶的良心。（《亨利五世》，第一幕第二场，9－17；30－32）

亨利坦言：说实话，我们会相信你的。因为亨利已知晓坎特伯雷对战争的迫切需要，清楚他的来意。在此，他的意图非常明显，他所看中的是这位与他不谋而合的说客的道德资质。有人认为，亨利对坎特伯雷的主张很感兴趣，因而雇佣大主教及其随从为执政官。这种想法很荒谬：

---

① John Alvis, *Shakespeare's Understanding of Honor*, p. 224.

> ……不能一味主张这一历史背景，即亨利个人需要圣公会的指导乃因他有更大野心：他既需要世俗贵族的公开支持，也需要教会的公开庇佑，不管其入侵的确切目的为何。①

然而，正如前文所述，亨利想要的不仅是教会的庇佑，他还想让发动战争看起来像他们的主意。为什么呢？

笔者试图证明，亨利是出于自己的原因而发动战争，与教会无关。但比起谁挑起战争（谁利用谁）更重要的是战争是否正义。对法作战正义吗？如果不正义，亨利本人是否清楚？倘若亨利清楚这是场不义之战，可他还想让战争看起来是他人的主意，其目的便昭然若揭了。还有谁比教会更适合为一场不义的军事冒险打掩护？事实上，战争是不义的，亨利也深谙此意。

称战争不义，笔者的意思很明显：夺取不属于你的东西就是不义，法兰西不属于亨利五世。大盗窃国。照笔者所见，亨利也清楚这是场不义之战，因为他经常谈论战争的伟大，却从未言及战争的正义。唯一提到这场战争是否正义的是坎特伯雷，在他冗长乏味的说辞中，几乎完全肯定亨利继承法兰西王位的诉求。戈达德（Goddard）将此番言论称为“教会诡辩术的大招”，并用一句话唾弃之：

> 以某种扭曲的教会逻辑证实法兰西国王王权的不合法，即法兰西国王通过女性获取王位继承权，进而用这一点证明由英格兰国王来继承王位的合情合理。②

在为战争的正义辩护时，瓦尔特（J. H. Walter）称大主教的推论“无懈可击”，但仍觉得有必要倚重权威以支持自己的论点：“根蒂利（Gentilli），十六世纪最伟大的法学家……不请自来地表达他的观点。他认为，英国国王对法兰西王位的要求合理且正当。”③ 对于那些没能理解大主教逻辑的读者

---

① Karl Wentersdorf, *Shakespeare Quarlerly*, 27, (Summer 1976): 267.

② Harold C. Goddard, *The Meaning of Shakespeare*, pp. 220 – 221. 温特多夫称大主教的讲辞是“一篇含糊其词且冗长的杰作”，参见 Karl Wentersdorf, *Shakespeare Quarlerly*, 27, (Summer 1976): 266。

③ William Shakespeare, *King Henry V*, Arden edition, J. H. Walter (ed.), Londen: Routledge, 1990, p. xxiii. 温特多夫认为，“瓦尔特未表明……根蒂利是在英国避难期间写作此书，因此他的证词并不可信”。参见 Karl Wentersdorf, *Shakespeare Quarlerly*, 27, (Summer 1976): 265, note 2。

和观众而言，他们不相信根蒂利所言，至少这个唯一谈及战争正义与否的说辞未能让人满意。与瓦尔特一样，里斯（M. M. Reese）也是亨利五世的忠实拥趸，他认为现代观众也许很难看到战争的正义一面：“然而，在我们今天看来，出兵法兰西是一场正义之举，一位善良的国王为荣誉必须发动这场战争。”[①] 可是，为何这场正义善良的荣耀之战在今天却显得如此异样？

不管是由于对历史复杂性缺乏认识，还是出于其他原因，那些无法证明这是场正义之战的观众与亨利结成了盟友。亨利别无选择，他伪装成一名普通士兵，以便暗中估量军队的士气并适时鼓舞人心。他表决心说：“无论我死在什么地方，都没有像跟国王死在一块儿那样叫我称心了，因为他是师出有名的，他的战争是正义的。”（《亨利五世》，第四幕第一场，127－129）当一位名叫威廉斯（Williams）的士兵回答：“这就不是我们所能了解的了”（《亨利五世》，第四幕第一场，130），亨利便立即诡辩起来。他的回答并没有急于证明发动战争的正当性，而是提出两项（糟糕的）说辞，试图为国王开脱，免除他对横尸沙场的将士之罪责。一开始，亨利说，如果船沉了，或仆人被抢劫杀害，无论是派儿子出海做生意的父亲，还是命令仆人运钱的主人，都没有责任。由此，亨利总结道：

> 国王手下的兵士们一个个怎样结局、收场，国王用不着负责。做父亲的对于儿子，做主人的对于奴仆，也是这样；因为他们派给他们任务的时候，并没有把死派给他们。（《亨利五世》，第四幕第一场，159－163）

其实这二者这根本没有可比性。货物运输是一种“道德清白”[②] 的活动，而战争肯定不是。如果海洋和公路是潜在的危险之处，那么战场更是如此。亨利后来向将士承认：“不用说，我们有好多人会安葬在故土。”（《亨利五世》，第四幕第三场，95－96）

亨利第二个说辞比第一个更精彩。他声称，没有一支军队是由“所有免除了罪孽的士兵”（《亨利五世》，第四幕第一场，165）组成，他们当中有杀人放火之徒，有作奸犯科之流，也有偷鸡摸狗之辈。假如这些人中任何一个战死沙场，那也只是上帝对他们罪行迟来的惩罚。这也许可以相提

---

① M. M. Reese, *The Cease of Majesty*, p. 343.

② John Alvis, *Shakespeare's Understanding of Honor*, p. 243.

并论，但那些无辜的牺牲者呢？在该剧的早些时候，亨利恳求坎特伯雷实话实说时，曾动摇此处所使用的托词，转而完全同意威廉斯的说法："如果这不是师出有名，那么国王头上的这笔账就有得算了。"(《亨利五世》，第四幕第一场，135-136)

> 你这是在用我们的生命做赌注，你这是要惊起那睡着的干戈。
>
> ……
>
> 像这样两个王国，一旦打起仗来，那杀伤绝不是几十个人或几百个人。在战争里流出的每一滴无辜的血，都是一声哀号、一种愤慨的责难——责问那个替刀剑出鞘、叫生灵涂炭的人。(《亨利五世》，第一幕第二场，21-22，24-26)

谈到亨利复述威廉斯的观点，戈达德认为，"如果需要任何证据证明他深谙这场不义之战，我们就会发现这不过是一场狡辩——几乎称得上是潘多拉魔盒（Pandulf），他徒劳地试图反驳威廉斯赤裸裸的质问"。[①]

如果说亨利在战争的正义问题上令人生疑，那他在战争的荣誉问题上却深得人心。他的战争演说不禁激起所有人的热情，唯独最顽固的怀疑论者除外。亨利在哈弗娄（Harfleur）城门前的讲话很有名，头几句令人印象深刻：

> 城上的总督现在又怎样决定啦？这一次，是我们最后一次的谈判了，所以趁早接受了我们最大的恩典吧！要不然，你们就像自寻死路的人，休怪我们太毒辣无情。(《亨利五世》，第三幕第三场，1-6)

他在阿金库尔（Agincourt）之役前夕的演讲更令人心潮澎湃，尤其在他将军队送往战场，让他们预先体验胜利带来的永恒荣耀时。在此，笔者将摘录讲辞的大部分内容。这个演讲之所以振奋人心，是因为亨利在其中细致描述了一个可能发生在资深老将圆桌会议的场景：

> 今天这一天叫作"圣克里斯宾"这名字，精神将会为之一振。谁

---

① Harold C. Goddard, *The Meaning of Shakespeare*, p. 242.

> 只要度过今天这一天，将来到了老年，每年过圣克里斯宾节的前夜，都会摆酒请他的乡邻，说是："明天是圣克里斯宾节啦！"然后，他就翻卷起衣袖，露出伤疤给人看，说："这些伤疤，都是圣克里斯宾节得来的。"老年人记性不好，可是他即使忘却了一切，也会分外清楚地记得在那一天里他干下的英雄事迹。我们的名字在他的嘴里就像家常话一样熟悉：什么英王亨利啊，培福、爱克塞特啊，华列克、泰保啊、萨立斯伯雷、葛罗斯特啊，到那时他们在饮酒谈笑间，就会亲切地重新把这些名字记起。那个故事，那位好心老人家会细细讲给他儿子听，而圣克里斯宾节，从今天直到世界末日，永远不会随便过去，而行动在这个节日里的我们也永不会被人们忘记。我们，是少数几个人，幸运的少数几个人，我们，是一支兄弟的队伍。(《亨利五世》，第四幕第三场，40－60)

亨利强调，他一直试图在军队中树立自豪感和精英主义。在讲演结尾，他还描述了那些如今没有资格与他并肩作战之人所要遭受的屈辱：

> 而这会儿正躺在床上的英格兰的绅士以后将会埋怨自己的命运，悔恨怎么轮不到他上这儿来，而且他以后只要听到哪个在圣克里斯宾节跟我们一起打过仗的人说话，就会面带愧色，觉得自己够不上当个大丈夫。(《亨利五世》，第四幕第三场，64－67)

苏利文（Vickie Sullivan）称亨利在阿金库尔之役中的演讲"震撼人心"，不过也觉得它到底"痴人说梦"，因为"亨利没有提及他出师法兰西的价值……"[①] 亨利在哈弗娄的演说适用于任何军队去围攻任何城市，他在阿金库尔的演讲则适用于任何以压倒性优势对抗劲敌的军队。这些军队出征根本不需要理由。他的讲辞妙语连珠、天花乱坠，因为他只谈论胜利的荣耀，而对胜利是否值得三缄其口。亨利的修辞天赋令人印象深刻，也令人惶恐不安：他能在蛊惑人们遗忘正义的同时，触动他们的灵魂。

莎士比亚本人通过隐微地提出法国是否属于英国的问题，对战争正义与否进行了连续的论说。他倾向于认为，要说法兰西属于英格兰，除非说

① Vickie Sullivan, "Princes to Act: *Henry V* as the Machiavellian Prince of Appearance," in Vickie Sullivan, *Shakespeare's Political Pageant: Essays in Politics and Literature*, Lanham, MD: Rowman and littlefied, 1996, p. 231.

的是一个拥有本国语言、边界分明、[1] 具有鲜明民族性的国家，正是那个咄咄逼人、雄心勃勃的邻国。此处，笔者可能有些言过其实，不过莎士比亚在《亨利五世》中显然特意强调，这场战争是由两个独立国家共同挑起，与族谱以及君主世袭制无关。即使证明亨利五世可以名正言顺地继承法兰西王位，“法兰西非法占有财富的时间也比亨利五世父亲非法获得统治权的时间更长”。[2] 莎士比亚不断提醒我们，法国人与英国人分属不同民族，并且不断让我们思考，为何一个国家要属于另一个国家。《亨利五世》中有三个有趣的场景（《亨利五世》，第三幕第四场，第四幕第四场，第五幕第二场），或多或少与语言误解有关。这些场景很有意思，且都与战争直接相关：法国人不讲英语，英国人不说法语。他们分属两个不同国家，操着两种不同语言。更有意思的是，他们彼此抨击和讽刺对方的民族性。（《亨利五世》，第三幕第五场，第三幕第七场）英国人冷漠、缺乏想象力、沉闷，法国人娘娘腔、轻浮、胆小。法国人溃不成军（他们甚至拿自己开涮），这无疑让莎士比亚的英国观众感到高兴。但关键是，没有父权就没有爱国精神，也就不能讽刺一个缺乏特性又含混不清的民族。《亨利五世》生动展现了这两个风格迥异的国家。战争支持者必须证明一个国家统治另一个国家的合法性。因此，在这一点，亨利显得力不从心也不足为奇，这也是他希望这场战争看起来像别人授意的原因。

让自己的决定看起来像别人授意，这是亨利固有的伎俩。[3] 他一向表里不一，口是心非。在战争中，他重复自己两面派的行为，屡试不爽。例如他欺骗叛乱分子，让他们自己判处自己死刑，仿佛罪有应得，而自己却置身事外。（《亨利五世》，第二幕第二场）正如苏利文指出的那样，亨利试图让哈弗娄的公民为他的士兵可能犯下的一切罪行负责，而此举“极为荒谬”：[4]

> 如果是你们自己害得自己的闺女落在那火热的奸淫者的手中，那跟我又有什么相干？（《亨利五世》，第三幕第三场，19－21，这里要重点强调）

---

① 诚然，法国部分地区经常成为兵家必争之地，但亨利想要的是整个法国。

② John Alvis, *Shakespeare's Understanding of Honor*, p. 223.

③ 苏利文对此主题做了经典阐释。

④ Vickie Sullivan, *Shakespeare's Political Pageant*: *Essays in Politics and Literature*, Lanham, MD: Rowman and littlefied, 1996, p. 223.

最终，亨利佯装追求凯瑟琳（Katharine）则成了一场闹剧。她是亨利的战利品——他的“资本需求”（《亨利五世》，第五幕第二场，96）——因此只能“同意”战场上已决定的事情。

亨利一再撒谎的原因很简单：他必须如此。他是位不合法的国王，正发动一场不义之战，以进一步拓展自己政治野心。他不诚实乃因为这本是场不义之战，敌军确实有更正当的理由夺取英国王位，哈弗娄人非常无辜，凯瑟琳则成了战利品。如果亨利坦诚面对这些问题，显然不明智。然而，有人也会反对，认为把自己当成别人的走卒同样不明智。假如亨利总是被认为在执行别人的命令，他可能会显得软弱和优柔寡断。亨利以上帝仆人的姿态预见并规避这种批评，他宣称自己执行的是神的旨意。亨利把他所有的行为都归功于上帝，如此一来他不仅不软弱，反而战无不胜。然而，若把亨利的行为理解成他在为未来的统治生涯寻找道德掩护，那就大错特错。这样的借口（教会批准了战争；叛乱者上吊自杀；强奸或抢劫哈弗娄人；凯瑟琳说她想要我……）说服不了任何人。而这也非亨利本意。他希望以后不怪罪于人，但又拒绝审视现在。亨利的高明策略是转移他的真实动机，让战争的胜利来处理其余事情。简言之，亨利希望被当作谨慎、公正、道德严谨的化身，即便他本人浮躁、不义且极不道德。

然而，若事实果真如此，为何又有如此多评论家和观众视亨利为“史诗英雄”“理想君王”“最率真、最坦率的政治人物”?[①] 究其原因，是部分《亨利五世》的致辞者所致。致辞者盛赞亨利为“人君中的圣君”（《亨利五世》，第二幕序曲，6），宣称他“没有虚荣，没有那目空一切的骄傲”（《亨利五世》，第五幕序曲，20）。我们首先假设致辞者所言乃是单纯的事实。但亨利本人的言辞乃至行为，[②] 让致辞者所说的真实性遭到质疑。亨利确实曾自诩“不是什么暴君，而是一个基督徒国王”（《亨利五世》，第一幕第二场，241），不过此话是针对当时法国大使不敢如实传达法兰西皇太子冒犯之词所说。亨利告诉他们，自己不杀来使。如果这就使他成为一个基督教国王，那么致辞者所言不假。要是相反，这就是致辞者的一个笑

① William Shakespeare, *King Henry V*, p. xvi; M. M. Reese, *The Cease of Majesty*, p. 343; Moody Prior, *The Drama of Power*, p. 271.

② 戈达德表示：“谁能相信莎士比亚本人竟然将亨利称为‘人君中的圣君’，尔后又让他威胁说，要让他的士兵用长矛刺穿法国婴儿，让老人的头撞向墙壁。他还将亨利称为‘国王的恩典’，却又让他对俘虏说：‘我们会割掉他们的喉咙，我们连一个也不带，将品尝我们的仁慈……’”，参见 Harold C. Goddard, *The Meaning of Shakespeare*, p. 217。

话——也是莎士比亚的一个笑话。后来，亨利公然反驳致辞者："可要是渴求荣誉也算是一种罪恶，那我就是人们中最罪大恶极的一个了。"（《亨利五世》，第四幕第三场，28－29）戈达德认为，"通过致辞者，作者让我们了解了他心目中的英雄"。[①] 在笔者看来，确切地说，致辞者的言辞本身并不代表公众意见，它只是一种愿望，希望得到公众的如此认可，就像电视竞选广告一样。致辞者给了我们一个理想国王，尽管"真理队"在深入挖掘时也许会发现一些不同的东西。

莎士比亚并未塑造一位自相矛盾的国王形象。如果说该剧的重点之一是展示一个国王需要表现得比他本人还好，那么它必须表明他并非他所假装的样子，也不是他希望别人所看到的那样：

> 然而，莎士比亚如何能刻画出这样一个人物形象？如果他要塑造一位与本人真实面目相反的人物，除非他先刻画一位看似与其本来面目相反的人物。伏尔泰（Voltaire）在《回忆录》（*Memoirs*）中写道："如果马基雅维里有传人的话，他会建议该传人做的第一件事就是写一本反马基雅维利主义的书。"[②]

因此，将致辞者与戏剧主体分离，对于完整理解剧本来说很有必要。这两种叙述中，或许一种比另一种更真实，不过亨利能否成功取决于臣民接受哪一种描述为真相，这臣民可是他唯一的观众。如果亨利的大多臣民都像持怀疑态度的威廉斯一般，那他就有麻烦。但如果他们像保护国王不受威廉斯攻击的贝茨（Bates），或像将亨利与亚历山大大帝相提并论的弗鲁爱林（Fluellen），又或者像恳求国王带兵出征的约克（York）公爵，那么凯旋的亨利无疑与致辞者所唱颂的恺撒一样，大胜之后班师回国（《亨利五世》，第五幕序曲，28）。

基督教国王还是马基雅维里式君主？

前文有论，出于国内政治原因，亨利发起一场不义之战，实属蓄意为之。在笔者的整个论证中，始终隐含着一种假设，即《亨利四世》下篇临

① Harold C. Goddard, *The Meaning of Shakespeare*, p. 218.

② Harold C. Goddard, *The Meaning of Shakespeare*, p. 267.

近结尾处亨利所宣布的改变和《亨利五世》一开场大主教的评价都不是真的，这些只是亨利为提高自己政治地位所摆出的政治姿态而已。亨利年轻时轻浮堕落，加冕为王后，他刻意以一种严肃的道德风范来发动战争，通过此等壮举欲使他的政权合法化。笔者还在前文中指出，致辞者及许多杰出的评论家对亨利所言深信不疑。在他们眼中，他已洗心革面，是一位负责任的政治家，一位英雄。那些对亨利持此看法的人无疑认为，笔者前文的论述画蛇添足，甚至有意刁难。假如他们对亨利的宽容言之有据，笔者的论点就不成立。因此，有必要更仔细地考辨亨利转变的本质。

在《亨利四世》下篇，哈尔宣告他的转变，而他的亲密伙伴福斯塔夫正蒙受羞辱。福斯塔夫立于欢呼的人群，等待刚刚加冕的哈尔垂青，不想遭到残酷的嘲弄："我不认识你，老头儿。跪下来向上天祈祷吧。"（《亨利四世》下篇，第五幕第五场，47）哈尔显然非常了解福斯塔夫，但他却以一种极顶嫌恶的方式描述福斯塔夫，说他是一位享乐之徒的滑稽模仿者，一个满脑肥肠、年迈却邪恶的弄臣小丑。这位新晋国王只能"谐谑""这种放荡者"（《亨利四世》下篇，第五幕第五场，51、49）。这表明哈尔已洗心革面：

> 不要以为我还跟从前一样，因为上帝知道，世人也将要明白，我已经丢弃了过去的我，我也要同样丢弃过去跟我在一起的那些伴侣。（《亨利四世》下篇，第五幕第五场，56－59）

哈尔已远离福斯塔大及其代表的 切，且已开始转向上帝。正如亨利的语气表明的那样，他是上帝的审判者。此乃一种道德上的转变。

《亨利五世》开篇是一个主教与大主教就亨利的"宗教改革"展开的冗长谈话（《亨利五世》，第一幕第一场，33）。不过，正如威尔逊观察到的那样，这些官员的转变，其宗教色彩并不浓厚：

> 正如布拉德雷（Bradley）指出的那样，亨利"比莎士比亚笔下绝大多数主人公都更具宗教信仰"，因此我们会认为，主教们要把亨利的人生转变看作其宗教信仰的转变。然而，他们对宗教只字不提，只说他"诚心诚意敬爱着神圣的教会"，能够"宣讲神圣的教义"。他们余下的谈话，约70行，都是关于亨利学习和治国之道。事实上，这些世

> 俗教士的谈话表明，亨利的这种转变并非旧时对罪的忏悔……而是文艺复兴时期的忏悔，它把一个浮而不实的王子改造成一位超群拔萃的将领和君王。①

甚至，人们根本无须把它看成一种忏悔。② 坎特伯雷和伊里（Ely）的本意是指王子成熟了，或者说得更直白一些，如今的亨利爱江山更胜美人。要注意，必须把亨利的转变置于研究如何应对削弱教会财政的提案这一背景中讨论。感谢上帝，我们现在面对的是一位成熟的政治家——坎特伯雷的言外之意是亨利能理解他们。坎特伯雷之所以敢奉承国王，支持战争以换取提案通过，盖因他知道亨利已成为一名政治家，而非道学上的古板之徒。坎特伯雷清楚，教会与亨利的政治生涯一荣俱荣，亨利对此也心知肚明。这些教会官员的说法与笔者此前的观点不谋而合，即哈尔在《亨利四世》下篇中的“转变”并非完全表里如一，实际上它只是一种政治姿态，而非道德醒悟。

然而，亨利后来的言辞又让我们怀疑他是否真的发生了转变。在那两段独白中，亨利没把自己描述成一位野心勃勃的马基雅维里式君主，而是一个忧心忡忡、人在江湖身不由己的政治家，一个虔诚忏悔的宗教信徒。在第一段独白中，亨利像他父亲从前一样（例如《亨利四世》下篇，第三幕第一场），抱怨统治的责任重大。他说，所谓的国王“得一股脑儿担当下来”。为人君者就得“宵旰图治”一世忙。亨利甚至暗示说，他宁愿做一个“村夫”或一个“奴隶”（《亨利五世》，第四幕第一场，279、290、287）。此外，他还操心得夜不能寐。格林布拉特（S. Greenblatt）对哈尔父亲抱怨失眠的评论同样适用于亨利五世：

> 谁知道呢？也许这是真的；在一个绝大多数人一无所有的社会里，少数有钱有势的人在夜里确实会睡不着……我们曾去衡量他的痛苦，去理解……权力的代价。我们了解到这些代价是为了获取权力，为了

① John Dover Wilson, *The Fortunes of Falstaff*, Cambridge: Cambridge University Press, 1943, p. 140.

② 当亨利责怪皇太子低估他的价值时，他似乎对自己年轻时的所作所为毫无悔意：“他这是在取笑我少年时代的放浪，却不曾理会，在这一个时期，我们有些什么收获。”（《亨利五世》，第一幕第二场，267－268）

> 接受荒谬、残酷、不平等的财产分配：少数人把控一切，大多数人一文不名。统治者通过苦难，或者至少为苦难付出代价而获得尊贵的地位，而这种苦难会使权贵之人更高贵，如果这种苦难不能完全净化，这种地位就必须依赖谎言和欺弄。[①]

格林布拉特在此或许言过其实，不过笔者同意他的观点，亨利（不管是父亲还是儿子）不值得我们同情。若亨利五世因担心战争而夜不能寐，我们可别忘了是谁又为了什么发动这场战争。

如阿尔维斯曾指出，亨利的演说类似于“反绝对的经典之作”，它“告诉我们，相比于平民，暴君要经受更多苦难，明白这个道理有助于遏制暴政”。[②] 不过，莎士比亚在此无意强调这一经验：他让亨利的丰功伟绩震古烁今。亨利失去一些睡眠，但他最终赢得整个法兰西。莎士比亚没给我们上暴政的一课，而是试图告诉我们一些关于亨利的事情。尽管如上所述，亨利否认自己是一位暴君，不过此处他并没有像古典作家那样区分暴政和王权：

> ……适用于好君王。……如此言辞揭示了一个不言而喻的答案：国王与暴君的区别在于，国王应欣然接受亨利所谓的“师出有名”，因为他们的目的是正义。他们满足于了解正义并致力于正义。然而，亨利并没有想到这个答案，他也没有想到，正义也许足够补偿治国的负担。[③]

亨利没有想到“正义的答案”，这应该让那些视他为政治型圣人的人驻足反思。不过，另一个或许更令人不安的答案，亨利也没有想到。那就是王权的负担可通过行使权力的纯粹喜悦来补偿。[④] 事实上，他对统治艰难的抱怨说明了一些问题。例如，我们会认为，理查三世会因不是国王而失眠，但他绝不会因身为国王而失眠。一位心系政府职责的统治者，拥有一种毋庸

---

① Stephen Greenblatt, *Shakespearean Negotiation*, p. 54.

② John Alvis, *Shakespeare's Understanding of Honor*, pp. 200 - 201. “做了国王，他就得放弃多少民间所享受的人生乐趣！”（《亨利五世》，第四幕第一场，242 - 243）

③ John Alvis, *Shakespeare's Understanding of Honor*, pp. 200 - 201.

④ 莎士比亚非常清楚他的这一动机，但并不完全蔑视它。

置疑的非凡魅力。但格林布拉特却认为，其政治结果没什么两样，只是人们被毫无意义的苦难欺骗，因而更容易接受罢了。在笔者看来，莎士比亚倒认为这结果并不一定相同，相比于胸无大志的统治者，那些具有雄心壮志的统治者所担忧的东西危险性较小。因此，第一段独白就让我们看到一幅复杂的国王画像：亨利既不是自我满足的权力贩子，也不是无可挑剔的好政府代言人。亨利的演说首先会让人觉得，这是位忧心忡忡、身不由己的政客。不过，这是用来迷惑人的。人们或许可以在对法战争取得巨大胜利后，亨利（不成文）的独白中来缓和这种印象。所以说，这幅画像也没那么复杂。无论如何，亨利在与劲敌作战前夜的失眠和自我怀疑乃人之常情，不该称其为道德转变的证据。

在他那臭名昭著的第二段独白中，亨利确实驳倒了笔者对他的描述。他在第一段独白没有想到"正义的答案"，因为他知道这是场不义之战，而威廉斯的直言不讳也让他明白实现自己的政治野心要付出的代价。他只是感到内疚。尽管感到内疚不是道德正直的同义词，但这也不意味着就是马基雅维里式的漠视道德。假如亨利如笔者所理解的，是一位诡计多端的政治家，明知自己出于私心发起一场不义之战，为何现在又转向上帝，为父亲篡夺理查二世的王位而祈求宽恕？

> 别在今天——神啊，请别在今天——追究我父王在谋权篡位时所犯下的罪孽！
>
> ……
>
> 因为到头来，必须我自己忏悔，向上天请求宽恕。（《亨利五世》，第四幕第一场，298－300，310－311）

此处亨利既是一位正统的基督徒，又是一位正统的"伊丽莎白朝臣"（Elizabethan）。他既相信活跃着一位道德的上帝，能够干预人类事务，又痛恨推翻一个神授王权的合法国王。此外，我们不能将他的感情解释为表演，因为此处只有亨利一人，不需要他去愚弄或打动的观众。

那么，这位向上帝祈祷（用马基雅维里的观念来说，受命运所控）、为自己父亲政权的成功忏悔之人，又怎么同时是马基雅维里式君主？根据这段独白，戈达德对亨利五世的刻画似乎也需要修正：

> 巴特勒（Samuel Butler）以令人信服的细节证明，没有一种艺术或心理过程是完美的，除非它变得无意识。完美的小偷是一个盗窃癖者，他偷东西乃本性使然。从这个意义上说，亨利五世也许是一位完美的马基雅维里式君主。若真如此，理查三世就略逊一筹，因为他仍能意识到自己的邪恶。①

此处，戈达德几乎断言，马基雅维里更喜欢那些不知道自己在做什么的人，而不是知道自己在做什么的人，这肯定是错的。即使他的意思是说亨利已学会不带道德考量地采取必要的政治手段，亨利私下所表达的道德怀疑则表明他并没有完全接纳这一准则。

诚然，亨利的悔恨非常有限。他只为父亲的行为忏悔，而没有为自己忏悔。他也从未想过要放弃王位。假如他真的信仰活跃着的上帝，他却从未像理查二世那样依上帝的指示行动，而是在没有上帝协助的情况下按自己精心策划的计划行事。② 事实上，亨利良心上的谴责没有改变什么。如果亨利并不像我们所预想的那样精于算计，那么他道德上的疑虑丝毫未影响他的计划。亨利也许偏离了马基雅维里的脚本，但他的实际所得并没有因此减少。

因此，如果把亨利的两段独白当作其道德转变的证据，未免太浮于表面，因为它们并不曾影响他的行为。尽管如此，这些独白还是揭示出亨利性格中令人费解的矛盾性。亨利最隐秘的部分，与其说是在启迪人，不如说是在迷惑人，原因不仅在于他出格的言辞，还因为其言辞出乎意料的浅薄。事实上，亨利四世“谋王篡位”的“罪孽”之所以没波及哈尔，乃因亨利五世别有用心的选择：他批评父亲的统治主张腐朽，但他从未想到，如果父亲的政权腐朽，他本人的政权亦然。然而，假如亨利自认为是一位值得尊敬的国王，③ 为何这位能赢得尊敬的人还要遭受批评？亨利表现得像一个忘恩负义之人，还是一个轻虑浅谋的忘恩负义之人。为何他突然开始尊重传统？亨利四世认为，理查二世的统治主张缺乏理性基础，尽管这看法并不全面。谁能想到他那个比他更清醒的儿子，会屈服于一个荒谬的传

① Harold C. Goddard, *The Meaning of Shakespeare*, p. 267.

② 从此，他不再受命运驱使。

③ 就像他在《亨利四世》下篇所想的那样：“你所要交付我的，就是这一顶王冠……”（《亨利四世》下篇，第四幕第五场，40）

统，这种传统认为，像理查这样可悲的国王是上帝的选民？最后，亨利的祈祷简直不值一提。实际上，就在这一次，为了使这位篡位的继承人赢得一场不义之战，他需要道德的上帝忘记正义。

考虑到亨利与福斯塔夫过从甚密，他并没有表现出人们所期望的思路清晰和性格一致。福斯塔夫在战场上酗酒、狂欢、偷窃和怯懦，这些行为也许让人觉得他是一个生活放荡、玩世不恭的浅薄之徒。但福斯塔夫一点儿也不浅薄。一般的堕落者知道自己犯了错，因太软弱或太懒惰而无法改过自新，与他们不同，福斯塔夫是自甘堕落的。他慎重考虑并反驳了阻止他堕落的观点。在对战场上荣誉的著名批判中，福斯塔夫表现出对流行观点的强烈质疑。他理直气壮地为自己的懦弱辩护，一副义正词严的样子。人们原以为，这种严厉的态度多少能传染给哈尔，因为他一开始就桀骜不驯，难与人共处。这两人当然开了不少毫无神圣可言的玩笑，足以使哈尔习惯处事极端。一个惯于批评而无须接受惩罚的人，到头来竟然如此缺乏理性，把对道德和政治传统的尊重与一己野心混为一谈，实在令人难以接受。

然而，如果要批评亨利不如福斯塔夫那般严厉，应指出的是，福斯塔夫在《亨利五世》也发生了转变，其方式也惊人相似：他与亨利一样愧悔，而后也像亨利一样转向上帝。福斯塔夫在《亨利五世》中只出现在汇报中，先是说他命在旦夕，不久便一命呜呼。从这些汇报中，我们知道临终的福斯塔夫嚷着“上帝呀！上帝呀！上帝呀！”“连嚷了三四遍”（《亨利五世》，第二幕第三场，20－21），还诅咒了白酒和女人。福斯塔夫临死时悔过自新，他惧怕上帝，惧怕那个人们认为他早就不承认的上帝。布拉特（Michael Platt）认为，福斯塔夫死前的样子揭示了他过往的所有生活：

> 福斯塔夫死时是一位基督徒，对来世充满恐惧。他内心最强烈的感受不是对生活甜蜜的渴望，也不是对单纯享受存在的渴望，而是对超自然惩罚的恐惧。虽然这种恐惧不足以使福斯塔夫或者他善良的同类变得温和，但这种恐惧确实使他毫无节制……福斯塔夫无法摆脱基督教的恐惧，结果是让他变得只懂得饕餮大餐和极度恐慌。为逃避恐惧，他酗酒、玩弄女人、寻欢作乐，但花天酒地、寻花问柳的生活让人更惶恐不安——因此，他继续酗酒、玩弄女人、寻欢作乐。每当福斯塔夫的智慧通过《圣经》典故出现时，就暴露出对《圣经》的恐惧。

他似乎成了资产阶级享乐与基督教恐怖主义的结合体。①

但是，福斯塔夫之死，真的能盖棺定论吗？我们可否据福斯塔夫临终时的恐惧重写他的命运？笔者认为，二者的答案都是不能。要是没有这些记述，几乎没人想到福斯塔夫竟然会满心“恐惧”或害怕“超自然的惩罚”。无论福斯塔夫此前进行过怎样的道德或宗教斗争，当我们和哈尔见到他时，他几乎已安于一种生活方式，也没有证据显示他的灵魂饱受折磨和分裂之苦。面对死亡，如果福斯塔夫感到恐惧，他也不是首个质疑自己赖以生存的原则的人。也许福斯塔夫临终时的软弱应这么来解释——这并不意味着他总是恐惧，因为他的生命就是一次躲避恶魔的漫长试炼。

笔者想就亨利的情况提出类似观点，即在危机时刻，他的行为异常平凡，但我们不应根据这一时刻就重组他的一生。要求亨利永远不许害怕，永远不会良心不安，在危急时刻永远不要向上帝祈求帮助，如此严苛未免太强人所难。我们对亨利的独白感到惊讶，只是因为他看上去如此勇敢，如此坚定地追求自己的目标。他比笔者见过的任何一位莎士比亚笔下的国王都要勇敢，几乎不需要来自上帝或其他任何人的指导和忠告。亨利一直以来所表现出的近乎不人道的自主在此缺席了。② 当亨利表现得像个有缺陷的普通人时，我们便措手不及。但正如笔者上面所指出的，亨利在这些独白中所展示的自己并没有引起外界的共鸣。他在战争中保持着和从前一样的警惕，他仍然没有朋友，仍然独断专行，到底还是那个自私的算计者。他总把上帝挂在嘴边，也只是为了获取道德上的信任，或是为他的自作主张寻找合法性，肯定那些出于政治效力而非正义做出的决定。因此，亨利的独白令人不得要领，不仅是因为它们揭示了他矛盾的性格，还因为它们如此局限，与他所处的尔虞我诈的现实政治世界如此隔绝。

笔者并不是说，亨利个人的想法异乎寻常且无关紧要，而是觉得这些在危急时刻因精神紧张而产生的念头不足为奇，可以置之不理。不过，亨利的这些想法倒揭开他有意思的一面：他前后矛盾，且拥有一种特殊的政治术。在笔者看来，亨利第二段独白的关键之处就是笔者于前文指出的

① Michael Platt, “Falstaff in the Valley of the Shadow of Death,” in *Falstaff*, Harold Bloom (ed.), New York: Chelsea House Publishers, 1992, p. 185.

② 例如，在追求他“期望”的策略时，他把自己对政治形象的关注置于父子关系之上，或在与福斯塔夫决裂的能力之上，后者还是他最亲近的人。

“选择性”。他只谴责父亲，对自己则网开一面，还请求上帝对他另眼相看。概括地说，亨利因自己的成功而自认卓尔不群，却对自己所谓的成功本质有意忽略。亨利之所以肯定自己是最值得敬佩的国王，其原因不仅在于他父亲把王位传给了他，也不单因为他兢兢业业地维持并增强了统治，还因为从某种层面来说，他本人与众不同。据米德（Mindle）的说法，马基雅维里教导：“一个君主首先必须抛弃自己的骄傲，以免想当然地认为自己有权统治，有权把控只有‘通过武力或欺诈’才能得到的权力。”（马基雅维里《佛洛伦萨史》［*Florentine Histories*］，第三卷，13）[①] 亨利从不认为，为维持王位可以理所当然地采取手段，但他却坚信自己的统治乃天经地义。亨利第一次加冕时，显然混淆了现实政治与“宇宙”权力：

> 你所要交付我的，就是这一顶王冠。因为我是你的最亲近的骨肉，这是我当然的权利。瞧！它戴在我的头上，（以冠戴于头上）上天将要呵护它。即使把全世界所有的力量集合在一支雄伟的巨臂之上，它也不能从我头上夺去这一件世袭的荣誉。（《亨利四世》下篇，第四幕第五场，40－45）

后来，如前文所述，亨利把对他的忤逆等同于反叛上帝的罪行：“你这种叛逆的行为，在我看来，就像是人类的又一次堕落。”（《亨利五世》，第二幕第二场，141－142）不过，正如亨利在思想和行为上所展示的，神的支持不能取代武力和欺诈。亨利看起来像精神分裂者：他清楚什么是政治上必需的，并付诸行动，但他的成功并不仅仅归功于这种认识和行动。笔者把亨利的前后矛盾解读为一种特殊的政治术，就像许多一度比亨利更清醒的精明政治家一样，亨利也开始相信他应该掌权，并为此骄傲。

也许，亨利将马基雅维里的现实政治与他认为自己有权统治的信念结合了起来，这比两者本身更可怕。《理查二世》展示了单纯依赖权力的局限性：它导致懒政和可怕的自我满足。《理查三世》则揭示了现实政治的局限性。亨利有时会对其权威的真正基础缺乏洞察力，这可能是一种政治上的优势：他骄傲地认为，自己应该当权，这使得人们更容易相信这一事实。因为如果一个人确信自己应该称王，那么他自然更容易显露出王者风范。

① Grant Mindle, “Shakespeare’s Demonic Prince,” in *Interpretation* 20, No. 3 (Spring 1993): 266.

但事实确乎如此吗？有意识的说谎者难道不比无意识的说谎者更有说服力？① 莎士比亚的戏剧不乏蓄意欺诈成功的惊人之笔。例如，理查三世无权却想建立一个觊觎已久的政权，于是他去说服被他谋杀了丈夫的寡妇，声称爱她，说她应该嫁给他，以此获得王位——在这位寡妇公公的葬礼前后，他承认她夫家父子都为他所杀（《亨利三世》，第一幕第二场）。人们可以批评亨利目光短浅，但另一方面，从政治的角度来说，他与理查三世的不择手段和残暴不仁如出一辙。亨利当然也非常残忍，只不过他不用理查三世那一套而已。在处决密谋反叛的贵族之前，亨利让他们听了一场让人难以忍受的道德说教（《亨利五世》，第二幕第二场）。亨利没有把他们当作尔虞我诈的政治游戏中的不幸对手，而是把他们视为真正的叛国贼、侵犯神权的罪人。最虚伪的是，亨利为了向法国人展示他的公正，以战时偷窃罪处死了他旧时的酒友巴道夫（Bardolf，《亨利五世》，第三幕第六场）。亨利本人对偷窃并不陌生，他现在正参与一项最大的盗窃，以处决一位老友来证明自己可以掌控一场高尚的战争。② 如果一个人以政治野心之名做伤天害理之事，只凭单纯的正义犯下滔天罪行，这难道不令人心惊胆战吗？睁大眼为了政治利益而杀人并不比用虚假的正义感杀人更值得原谅。但笔者也不得不得出这样的结论，莎士比亚认为，亨利缺乏自知之明，这在某种程度上削弱了他的与众不同。③

在战争中胜利

随着亨利在法兰西的胜利，他从少年起长期不合法的政治身份终于了结。亨利仅带着一万两千名英格兰士兵，就击溃六万法军。（《亨利五世》，第四幕第三场）法军有一万具尸首横陈沙场，而英军只损失二十九人。（《亨利五世》，第四幕第七场）从多佛（Dover）到伦敦，大批民众簇拥着英雄亨利凯旋。习惯上，为歌颂他的伟大，致辞者必须到古罗马寻找合适的形象：

① 当然，亨利两者兼而有之，但笔者担心他有些自欺欺人。

② 这两种情况都是真的：亨利在向观众表演，但我们明显觉得，亨利对自己所说的某些部分深信不疑，他也被自己的表演迷惑了。

③ “……亨利五世比他父亲更可恶，这位政治人物至少具有自知之明。”参见 Moody Prior，*The Drama of Power*，p. 331。

> 看哪，这儿就是英格兰的海滩——跟海洋划分界线，沙滩上密密层层排列着男女老少，他们的欢呼和掌声压倒了海洋的吼声……（《亨利五世》，第五幕序曲，9－11）

> 我们只见伦敦吐出了人山人海的臣民！市长和他全体的僚属穿上了盛服，就像古罗马的元老走出城外（黑压压的平民跟随在他们的后面），来迎接得胜回国的恺撒。（《亨利五世》，第五幕序曲，24－28）

关于亨利统治的头衔问题早已被遗忘。在最真实的意义上，他是合法的，因为人们对他统治的合法性深信不疑。但是，在这场庆祝活动中出现的，究竟是英格兰的胜利，还是一件具有历史意义的真实事件？在本质上，是某人的个人胜利，还是一个临死之人的胜利，并且这个人所获得的一切即将被他的后嗣败光？亨利的胜利比老亨利的更重要？

请别忘了，这场战争因保卫亨利的王位继承权而起。整个英格兰上下都在为这位篡位者之子的一己政治野心弹冠相庆。亨利为保卫王权必然牵连他人，因为他（出于私心）要使最自私的东西看起来不那么自私。战争并非他的主意，而是教会的；胜利不属于他，而属于上帝：

> 可赞美的是上帝，不是我们的本领！（《亨利五世》，第四幕第七场，89）
>
> 当众宣告，谁要是把胜仗夸耀，或者是剥夺了那原只应该属于上帝的荣耀，就要受死刑的处分。（《亨利五世》，第四幕第八场，116－118）

> ……众大臣向他请求，让他们把他那打瘪了的头盔和打弯了的刀子在他面前抬着，穿过那城市。他不答应。他没有虚荣，没有那目空一切的骄傲。他放弃了那耀武扬威的凯旋，把荣光归给了上帝。（《亨利五世》，第五幕序曲，17－22）

阿尔维斯指出，亨利将胜利归于上帝，他因此也将获得双倍荣誉：既赢得战争，又谦虚地放弃这份荣耀。[1] 亨利的军队及其支持者也从此举中获益：

① John Alvis, *Shakespeare's Understanding of Honor*, p. 241.

胜利同属于他们，因为上帝站在他们身后。这场战争兹事体大，作为参与者，他们也超越了自身。如果说上帝偏爱英国人，英国人也受之无愧。亨利将人类的骄傲转移给上帝，实际上更增添人类的荣光。

为了让自私看起来像无私，亨利实实在在地与他人分享成功。他让英国人相信，他们获得一样的荣耀。在某种意义上说确实如此。他还使英国人相信，倘若他不自私，不野心勃勃，他们就不可能拥有这份荣耀，亨利给他们带来参与伟大战事和政治胜利的喜悦。他由此建立起广泛的民族自豪感，这民族自豪感不仅影响参与者，还影响到他们的子孙后代。每年的圣克里斯宾节，整个英格兰上下都会听到英国人战无不胜的故事，这个基督教的节日将用来回味亨利在阿金库尔之役前夜的壮举。致辞者巧妙地抓住亨利发动战争的意义，它把亨利自私的动机与慷慨的效果巧妙混合："在这片刻里，照耀着一颗英国的明星……"（《亨利五世》，第五幕终曲，5－6）亨利成了明星，而其他人在他发出的光芒下闪耀。阿金库尔之役的退伍老兵和国内臣民也可以说，我们与有荣焉，我们生活在一个英雄辈出的年代。

莎士比亚还指出，爱国情操和对过去荣耀的回忆是有限的。还有一个恼人的问题在胜利的光环下若隐若现，那就是战争的正义问题。在经历了战斗的兴奋和胜利的自豪之后，人们的生活还得继续。毕斯托尔（Pistol）在法兰西战场上得知，留守的妻子死于花柳病，等待他回家的只有无聊、偷鸡摸狗的生活。（《亨利五世》，第五幕第一场，84－91）对此，拉布金指出，莎士比亚"让人强烈地想起""战后的现实世界"："战士返回家园，发现自己被失业，便过上作奸犯科、穷困潦倒的下层生活，全然忘了当初舍身杀敌时的热血。"① 普通士兵威廉斯在阿金库尔之役前夜曾质疑战争的正义，战争胜利后他重新出现，似乎是在提醒我们，他早些时候的保守意见如今还适用。当威廉斯得知自己与之勇敢争论的战争辩护者就是国王本人时，他不卑不亢地指责亨利弄虚作假。亨利想让事态和缓，表明自己没有恶意。他用钱收买威廉斯，但这个硬气的战士拒绝了："我一个钱也不要你的。"（《亨利五世》，第四幕第八场，70）在笔者看来，威廉斯代表了该剧的道德核心，在与国王一对一的对话中，他让亨利显得渺小又愚蠢。

要判断这场战争是否值得，我们必须考量所有皮斯托尔们的命运，考

① Norman Rabkin, *Shakespeare and the Problem of Meaning*, Chicago: University of Chicago Press, 1981, p. 57.

量法国人的命运，考量英国阵亡士兵的命运，还有威廉斯道德上的保守意见——反对参加一场伟大军事胜利的鼓舞人心和令人振奋的经历。这个判断不难。莎士比亚本人如何判断尚不明确：这部戏剧既没有明确支持战争，但也不反对。这可一分为二来理解。假如说莎士比亚是“亲战的”，可是剧中人物缺乏普通爱国者那种豪爽直率的热情。正如我们所见，他对所有促成战争的自私、野心、欺骗都瞠目结舌——但哪种战争不依附这些？如果说莎士比亚是“反战的”，我们又希望他能打开天窗说亮话，而不是将战争的很多方面描绘得如此具有感染力。我们无法确定莎士比亚的真实想法，不过这部剧倒因此为我们提供了实事求是的基础。倘若我们要庆祝这场战争，我们将看到它的负面影响，如果我们谴责这场战争，我们又会认识到类似的战争还会发生，因为发动这场战争的野心在政治生活中普遍存在。

在笔者看来，莎士比亚的《亨利五世》是一部关于政治高峰的作品，它可能是一次演习。我们看到一个国家确定了统治者，拥有一个绝对统一的目标，通过战时的战友情谊和征服的喜悦，表现出骄傲自豪，赋予人们生活在一个历史时刻的幸福感。简言之，亨利让人们因他的统治而自豪。但如果仔细想想，这个政治高峰基于欺诈、野心和自我欺骗，假如它表现出党派之争，这异乎寻常；如果它只是昙花一现，那也是因为这本身就是政治生活的样子。换言之，这是政治的最佳或接近最佳的状态——但并不是说我们只看到这些，不妨还看看其他东西。

除了政治，另有他物。莎士比亚在他的历史剧中告诉我们，政治生活总是有野心勃勃的人争权夺利，总会发生内战或外战。这是政治生活的规则，从不例外。他似乎拒绝一种更为温和（对我们来说更为熟悉）的政治观，并认为这种政治观过于乐观，不切实际。反映在这部剧中，战争成了政治真正目标的麻烦和不幸，这目标指的是和平、繁荣和安宁。从这个角度看，无论军事上的荣耀和战争中的英勇多么令人难忘，其本身皆非战争的目的；只有战争的胜利才能证明它的正当性。《亨利五世》最后一幕就是用这个标准来衡量这场战争，并认为它可以接受。法英友好和解，英国国王与法国公主相恋，很快喜结连理——至少，这场战争有一个圆满结局。在这甜蜜而光明的氛围中，前四幕中的背信弃义、野心勃勃和血腥暴力都随风而逝。经常有人诟病《亨利五世》最后一幕与莎士比亚的历史剧格格不入，说它是这部严肃战争剧的童话式结尾。不过，这种批评的前提是莎士比亚相信童话，但剧中种种迹象表明，事实并非如此。

在一次演讲中，一位评论家称《亨利五世》“真诚、深刻、富有想象力，可以作为一种试金石，通过这种试金石，人们可以尝试所有的言语和行为”[1]，法国勃艮第公爵为上述温和的政治观提供有力的说明（《亨利五世》，第五幕第二场，24－67）。勃艮第公爵是“美好和平”的代言人。照他的说法，和平是最基本的政治利益，是其他政治利益的基础：“艺术”、“科学”、“人丁兴旺”和“丰衣足食”，没有一样可以在战争的“非人性”和“重重苦难”中富饶。但是，亨利很快就用政治现实戳穿勃艮第的自由主义布道：

> 勃艮第公爵，假如你们需要和平，失去了她，就招来了像您所说的种种祸害，那么你们必须全部接受我们的公平合理的要求来把和平交换……（《亨利五世》，第五幕第二场，68－71）

亨利认为，只有强者才能享有和平，其他任何说法都是天方夜谭。[2] 亨利和凯瑟琳的爱情也如此。亨利在战场上赢得凯瑟琳的芳心，这一事实掩盖了国王孩子般笨拙、痛苦而真诚的表白，掩盖了凯瑟琳表面上优柔寡断的喜悦。这部戏剧也许可以以政治团结和国内安宁的结局结束，但莎士比亚不允许我们对其真实的基础抱有任何幻想。

在上文中，笔者试图说明亨利将他的野心诉诸国家，把自己的事业变成英格兰的事业。但亨利非凡的统治是否能长治久安？人们肯定会说，他克服了政治传统的重压，向他的臣民证明，他有权统治国家，即便从技术层面来说他无权如此。他继承了父亲的衣钵。亨利四世是真正的革故鼎新者，是挑战世袭继承制第一人。然而，亨利四世英年早逝，没能给他的臣民一个代替传统的权力转而支持他的新理由。而哈尔做到了，但他只是子承父业，继续父亲的未竟之志。阿尔维斯承认，亨利五世影响深远，尽管这种影响可能不详：“亨利解放欲望的最终结果是，理查三世带着野心和贪

① Harold C. Goddard, *The Meaning of Shakespeare*, p. 262.

② 亨利几乎没有必要回应剧中勃艮第的演讲。该剧写于法国遭遇巨大而难堪的失败之后，与其说它是一种严肃的政治理论，不如说是一种试图粉饰糟糕局面，以冠冕堂皇的辞令掩盖法国战败这一奇耻大辱的尝试。历史上的勃艮第实际上是法王儿子和继承人的反对者，在和平条约签订的前一年，勃艮第就与亨利结盟了。莎士比亚没有提及这些，但可视勃艮第的演讲与史实一致，其目的在于说服法王接受亨利的条件（从而推进他自己的私人利益），主张和平是最明智的选择。

婪的逻辑得出，只为自我心中的决断而活。”① 但是，为何要让亨利五世为后来理查三世那人尽皆知的勃勃野心负责？他的父亲才是始作俑者。事实上，在笔者考察的四位君主中，只有理查二世是传统意义上的合法君王，其余三位都是篡位者。阿尔维斯暗示说，理查三世需要引导，但这部历史剧一再表明，雄心勃勃之人自有雄心勃勃之道。只有理查三世能为自己负责。剧中的最后一句话暗示了亨利的成功只是昙花一现：

> 亨利六世在襁褓里，就加上王冠，登上宝座，君临着法兰西和英格兰。只可叹国政操在许多人手里，到头来失去了法兰西，又害得英格兰遍地流血……（《亨利五世》，第五幕第二场终曲，9－12）

亨利六世将失去父亲在战争中获得的一切，英格兰再次陷入内战，亨利六世将面对传统之名的挑战，因为他也是篡位者之子。《亨利五世》的结局并不意味着结束。莎士比亚似乎想说，类似的结局还有更多。亨利五世真实的伟业丰功在于，有那么一瞬间，一位伟大的政治家把一个国家的人民从日常生活中解放出来，给他们一种伟大的感觉。这就很了不起。

（作者单位：美国肯庸学院；译者单位：北京师范大学文学院）

---

① John Alvis, *Shakespeare's Understanding of Honor*, p. 229.

《理查二世》、布雷克顿与政治神学的终结*

安塞尔姆·哈弗坎普（Anselm Haverkamp）/文

林振华/译

摘　要： 历史学家恩斯特·康托洛维茨以文学材料与法律材料为基础，重构了中世纪国王二身的喻说。这个喻说正是“政治神学”最有效的范例和工具。1922 年，施密特在韦伯（其“祛魅”概念明显源于神学）的纪念文集中，提出了政治哲学的核心术语——政治神学。19 世纪 20 年代，从瓦尔特·本雅明、汉娜·阿伦特，到雅克·德里达、乔治·阿甘本等诸多哲学家，围绕国家主权问题，就法律与政治学的神学基础展开持续讨论。遗憾的是，政治神学构想的方法论问题（包括从罗马帝国，经基督教的中世纪，到莎士比亚与霍布斯的现代早期）并未得到细致考察。但 1966 年汉斯·布鲁门伯格与施密特的论战，以及米歇尔·福柯的晚期作品，充分体现了方法论关切，并做了大量文学阐述。

关键词： 政治神学；法律；国王的身体；莎士比亚；布雷克顿

同“意识形态”一样，“政治神学”也有两种用法，一种强化形式，一种弱化形式。① 在弱化形式用法中，政治神学似乎仅就意识形态而言。从意识形态层面讲，政治神学具有描述宗教社会学之价值，而社会学本身是以神学

* 本文原题为“*Richard II*, Bracton, and the End of Political Theology,” in *Law and Literature*, Vol. 16, No. 3 (Fall 2004), pp. 313 – 326。

① See Karl Mannheim, *Ideologie und Utopie* [1929], 5th ed., Frankfurt: Schulte-Bulmke, 1969, 56ff., with ref. to Carl Schmitt, *Politische Romantik* [1919], 5th ed., Berlin: Duncker & Humblot, 1991. 具体情况参见 James Q. Whitman, *The Legacy of Roman Law in the German Romantic Era*, Princeton, NJ: Princeton University Press, 1990, 66ff。所有参考书均指德、法、意文原版，有译本的已标出。不过现在看来，这些译本存在种种缺憾，故如有必要，笔者均作修正。

为基础的宗教政治学的世俗化替代者或政治继承者。舒格尔（Debora Kuller Shuger）的新著《莎士比亚之英格兰的政治神学》（*Political Theologies in Shakespeare's England*），便考察了神学政治学的意识形态功用。① 不过，在强势用法中，这种社会意识形态的外在表现，则是神学与政治学之间转化或互易（translation or commerce）的历史作用。正如施密特（Carl Schmitt）所言，"现代国家学说中的一切重要概念，都是世俗化的神学概念"。② 施密特继续解释道，"从神学到国家理论，譬如无所不能的上帝便由此成为无所不能的立法者"，这固然重要，但更为重要的是转向的"体系结构"，"认清这点，将直接影响我们对上述概念的社会学考察"。③ 舒格尔满心欢喜，又阐述了"神圣性（sacrality）从教会到皇权的巨大转向"，因而看出莎士比亚在《一报还一报》（*Measure for Measure*）中，反思了"后宗教改革中从教会政体到世俗政体的宗教性交汇（crossover of the sacred）"。④ 不过，本文将另辟蹊径，检验次要但更基本更本质的论点。康托洛维茨（Ernst Kantorowicz）认为，莎士比亚的戏剧，特别是《理查二世》验证了这次检验。⑤

在《国王的两个身体》（*King's Two Bodies*，1957）中，康托洛维茨没有提及施密特。⑥ 1966年，布鲁门伯格（Hans Bloomenberg）指出，施密特

① Debora Kuller Shuger, *Political Theologies in Shakespeare's England*, New York: Palgrave, 2001, 44: 131.

② Carl Schmitt, *Politische Theologie*: *Vier Kapitel zur Lehre von der Souveränität* [1922, 1934], 5th ed., Berlin: Duncker & Humblot, 1990, 49; and *Political Theology*: *Four Chapters on the Concept of Sovereignty*, George Schwab (trans.), Cambridge, MA: MIT Press 1985, 36 (translation modified).

③ Carl Schmitt, *Politische Theologie*: *Vier Kapitel zur Lehre von der Souveränität* [1922, 1934], 5th ed., Berlin: Duncker & Humblot, 1990, 49; and *Political Theology*: *Four Chapters on the Concept of Sovereignty*, George Schwab (trans.), Cambridge, MA: MIT Press 1985, 36 (translation modified).

④ Shuger, *supra* note 2 at 44: 131.

⑤ William Shakespeare, *King Richard II*, John Dover Whilson (ed.), *New Shakespeare*, Cambridge: Cambridge University Press, 1939, quoted by Kantorowicz; see also *King Richard II*, Peter Ure, ed., *Arden Shakespeare*, London: Methuen, 1956.

⑥ Ernst H. Kantorowicz, *The King's Two Bodies*: *A Study in Medieval Political Theology*, Princeton, NJ: Princeton University Press, 1957. 此书在莎士比亚研究界仍默默无闻，而且知道后文涉及的方法讨论者也寥寥。不过，可以比较 David Norbrook, "The Emperor's New Body: Richard II, Ernst Kantorowicz and the Politics of Shakespeare Criticism," 10 *Textual Practice*, 329–57 (1996)；另见新作 Lorna Hutson, "Not the King's Two Bodies: Reading the Body Politic in Shakespeare's Henry IV," in *Rhetoric and Law in Early Modern Europe*, Victoria Kahn and Lorna Hutson (eds.), New Haven, CT: Yale University Press, 2001, pp. 166–189。

的《政治神学》（*Political Theology*）是“隐喻神学”，此举旨在抨击后者的“神学即政治学”（其“神学政治学”的“犬儒主义色彩”清晰可见）。① 不过，布氏似乎没有读过康托洛维茨。1970 年，施密特最终决定，尽己所能反驳对方言论，回避攻击的后果，可他似乎也没有读过康托洛维茨（其著作副标题“中世纪政治神学研究”似乎就取自施密特的著作）。康托洛维茨仅仅在 50 年代初期小范围研究的注释中，偶然指出自己何时开始使用这一术语——“30 年代初”，这很可能指皮特森（Erik Peterson）1935 年的论文《作为政治问题的一神论》（*Der Monotheismus als politisches Problem*），其副标题为“罗马帝国政治神学史论稿”（*Ein Beitrag zur Geschichte der politischen Theologie im Imperium Romanum*），该文与康托洛维茨之作同负盛名。② 康托洛维茨亦未曾读过皮特森，尽管他的研究的确始于帝国符号学与祭司符号学（Imperial and Sacerdotal Semiotics）之“互换”，即罗马皇帝与教宗在表现神圣权利时相互模仿，但他没有特别留意神学层面。他引用的不是皮特森，而是施拉姆（Percy Ernst Schramm）。施拉姆曾探讨祭司（sacerdotium）与国王（regnum）之间的“特权互换”，不过其方法仅限于观念史。③

另外，施密特以皮特森为挡箭牌，抵御来自布鲁门伯格的攻击。他的《政治神学续篇》（*Political Theology II*，1970），转而关注皮特森更陈旧且已过时的视角，仅仅把布鲁门伯格的论据改头换面，提出从神学到政治学的隐喻转向，肇始基督教统领罗马帝国。《政治神学续篇》的副标题是“关于终结所有政治神学的传说”（*The Legend of the Final Refutation of Any Political Theology*），其清算的目标不独皮特森。与布鲁门伯格共撰《诗学与诠释学》（*Poetik und Hermeneutik*）的陶贝斯（Jacob Taubes），在致施密特的信中，称皮特森为施的“挚友”。④ 施密特最关切的是“当今的问题情况”（一如其

---

① Hans Bloomenberg, *Die Legitimität der Neuzeit*, Frankfurt: Suhrkamp, 1966, as revised in a 3-volume edition, whose first volume includes parts I-II under the title *Säkularisation und Selbstbehauptung*, Frankfurt: Suhrkamp, 1974, pp. 113, 117. *The Legitimacy of the Modern World*, Robert Wallace (trans.), Cambridge, MA: MIT Press, 1983, pp. 98, 101 (translation modified).

② Ernst H. Kantorowicz, "Mysteries of the State: An Absolutistic Concept and Its Late Medieval Origins," [1955] in his *Selected Studies*, Locust Valley, NY: Augustin Publishers, 1965.

③ Percy Ernst Kantorowicz, "Sacerdotium und Regnum in Austausch ihrer Vorrechte," in 2 *Studi Gregoriani* 403 – 57 (1947). See also his *Kaiser*, *Rom und Renovatio*, Studien Bibliothek Warburg 17, Leipzig: Teubner, 1929.

④ Jacob Taubes, letter to Schmitt, Paris, September 18, 1979, in *Ad Carl Schmitt*: *Gegenstreibige Fügung*, Berlin: Merve, 1987, p. 43.

后记所明确指出），即“现代的正当性”。[①] 忽然之间，布鲁门伯格的书名俨然“终结”的最大威胁。为找出布鲁门伯格的把柄，并将其当作全书的靶子，施密特以皮特森为幌子，成功另起炉灶，重申自己的论点，进而令战火复燃（他发现，在布鲁门伯格的奥古斯丁晚年隐喻用法中，神秘的摩尼教色彩荡然无存）。现在，问题来了（已不仅仅是方法论问题）：一方是康托洛维茨的隐喻学主题，即国王二体的法律喻说（allegory），另一方是布鲁门伯格1974年重写《现代的正当性》时针对《政治神学续篇》提出的“终结”，这两者是如何联系起来的？

布鲁门伯格指出，“‘政治神学’本身正是世俗化产物的概念（Inbegriff）。它掩盖了‘神学即政治学’的含义”。这几乎在断定，法律实证主义必然同历史合为既定事实（dem Geschichtsfaktor），如此便将固有假设（der positiven Setzungen）逐出知觉（perception）。[②] 布鲁门伯格之终结的关键，不仅（跟以往一样）是依字面义阐释君主之神权的隐喻（康托洛维茨已重构了它的司法形象）。再者，施密特也没有通过世俗化掩盖并弥补合法性的缺失。事实上，不论是布鲁门伯格还是康托洛维茨，面对作为政治学外延之神学的死喻（dead metaphor）或讹转（catachresis），他们似乎迫切需要某种国王神权背后的政治神学，而非增加对它的欲求。[③] 国王二体的司法喻说或外延隐喻（metaphora continua）是一种主题（topos），现代政治学便是在此基础上妥协为世俗化产物。

比起施密特的隐喻神学，布鲁门伯格从第一部标题开始便开宗明义地表示，世俗化乃“历史不义（historical injustice）的范畴”，因为它具有将不正当性转化为正当性的潜能（Potentiale der Legitimität），对施密特而言，这种潜能便叫作神学。简而言之，布鲁门伯格认为，施密特更接近马基雅维里而非霍布斯。如果我们借用莎士比亚之言，通过康托洛维茨对《理查二世》（*Richard II*）的解读，便可发现布鲁门伯格所言非虚。康托洛维茨把国王二体的法律主题，解读为针对第一秩序（first order）的莎士比亚式考

---

① Carl Schmitt, *Politische Theologie II: Die Legende von der Erledigung jeder Politischen Theologie*, Berlin: Duncker & Merve, 1987, p. 43.

② Bloomenberg, *Säkularisation und Selbstbehauptung*, supra note 8 at 113; trans. 98 (translation changed). For a more detailed account see Anselm Haverkamp, “La sécularisation comme métaphore: Bloomenberg v. Nancy,” 87 *Transversalités* 15 – 28 (2003).

③ See Anselm Haverkamp, “Stranger Than Paradise: Dantes irdisches Paradies als Antidot politischer Theologie,” in *Geschichtkörper: Zur Aktualität von Ernst H. Kantorowicz*, *Wolfgang Ernst and Cornelia Vismann* (eds.) (München: Fink, 1996), pp. 93 – 103.

量："正是他（莎士比亚），使这个隐喻获得了永恒性。"[①] 所谓使之不朽，并非夸张之辞。我们应该从更严格的技法角度，将其理解为一种终极隐喻（finalized metaphor），即讹转。身为格奥尔格（Stefan George）过去的门徒，康托洛维茨也许想起了荷尔德林（Hölderlin）的"不朽文字"（veste Buchstab），或者阿甘本（Giorgio Agamben）近来引用的名言——"于旧者，诗人破而立新"（was bleibet aber，stiften die Dichter），因为诗人通过"僵化"立新，让在讹传状态下已获得永恒性的隐喻僵化（the stiffening of metaphor within the state of a catachresis that eternalizes）。[②] 康托洛维茨认为，莎士比亚展现的，乃神学隐喻在当时历史（莎士比亚与康托洛维茨各自的理查二世传）的讹传与复现，彼时神学隐喻的合法性潜能被重建，同时神学的象征逻辑及其必要性以及虚构作用即将改变。随着改变发生，舞台大幕拉开，作为理论新效果的机械降神（deux ex machina）粉墨登场，施密特美其名曰神学。

笔者相信，阿甘本对这一切了如指掌。在《牲人》（*Homo Sacer*）第一章"主权逻辑"中，他首先考察了"主权悖论"，即施密特所谓"主权既在法律秩序之内，又在之其外"。[③] 有意思的是，康托洛维茨不想参考施密特的观点，这未免自欺欺人，但又情有可原。须知，这个悖论其实始于中世纪——"王低于又高于法律"（rex infra et supra legem）。康托洛维茨以为，此乃"中世纪政治神学"之机枢并在考察时援引了13世纪法学家布雷克顿（Henry Bracton）的观点。[④] 有人严厉指责康托洛维茨借布雷克顿之口为己说张目，因为布雷克顿没提到"王高于法律"，并不存在暗示或亟待神学考量的"法律之上地位的特征"。[⑤] 的确，布雷克顿之所以有趣，原因几乎恰

---

① Kantorowicz，supra note 7 at 26. ［译按］译文见〔德〕康托洛维茨《国王的两个身体》，徐震宇译，上海：华东师范大学出版社，2018年版，第99页。

② See Giorgio Agamban，*Quel che resta di Auschwitz* [*Homo sacer* III]，Torino：Bollati Boringhieri，1998；translated as Remnants of Auschwitz，Daniel Heller Roazen，trans.，Stanford，CA：Stanford University Press，1999. 有关荷尔德林的"于旧者"母题，见 Anselm Haverkamp，*Leaves of Mourning*：*Late Hölderlin* [1991]，Vernon Chadwick（trans.），Albany，NY：SUNY Press，1995。

③ Giorgio Agamben，*Homo Sacer*：*Il potere sovrano e la nuda vita*，Torino：Einaudi，1995，21；and *Homo Sacer*：*Sovereign Power and Bare Life*，Stanford，CA：Stanford University Press，1998，15. Meanwhile：*Stato di eccezione* [*Homo Sacer* II，1]，Torino：Bollati Boringhieri，2003；and État d'éxception，Paris：Seuil，2003.

④ Kantorowicz，supra note 7 at 143.

⑤ See the fundamental essay by Ewart Lewis，"King Above Law？'Quod Principi Plaucuit' in Bracton，" 39 *Speculum* 240－269（1964），at 265.

恰相反。他向世人表明，如何把可能进入王权之法律定义的神学动机，弱化为可以操作的法律程序与规则。13 世纪末，理查二世即将泪别历史舞台。此时，布雷克顿发表了《论英格兰的法律与习惯》（*De Legibus et Consuetudinibus Anglicae*），其中体现的弱化效果至关重要。职是之故，康托洛维茨将其为我所用，不失为明智之举，因为布雷克顿条理分明地阐述了法律如何与康托洛维茨和阿甘本发现的潜在悖论共存。

在布雷克顿看来，不存在法律问题，而在博林布鲁克（Bolingbroke）那里，没有“合法诉求”。[①] 纵观理查二世的命运，其中亦无政治问题。根据康托洛维茨对莎士比亚的分析，理查二世之所以失败，是因为没有平衡国王的两个身体——这似乎是布雷克顿的观点。奇怪的是，康托洛维茨解读《理查二世》时，并未引用布雷克顿的观点。在使隐喻获得永恒性时，莎士比亚本可抹去布雷克顿的功劳。可无论出于何种原因，康托洛维茨等人未能抓住机会，指出莎士比亚笔下布雷克顿的影子。的确，即便康托洛维茨已经把布雷克顿与莎士比亚相提并论，可时至今日，情况依旧。顺着布雷克顿的思路（不管在莎士比亚时代，还是康托洛维茨的书中，其成果都至关重要），我们知道，当《理查二世》中所谓的宗教力量转化为布雷克顿的法律力量时，它其实不单展现和解释了国王二体学说，更对其进一步发现与阐释。或者，我们应该反其道而行，认为莎士比亚的观点是布雷克顿的司法实用论（juridical pragmatism）为强化世俗的法律制定，借理查二世的废黜唤起了某种残念，即这位国王必将不然，可身为国王，他又如何以自己的废黜遭遇，完美地说明并揭示法律的超法律基础（law's supra-legal foundation）？简而言之，在舞台上，也唯有在舞台上，国王是“高于法律的”。哈姆雷特在自我废黜的矛盾表演中，自称为“戏剧的”代理人，其义恰在于此。[②]

不管我们如何解读（不必像康托洛维茨那样），布雷克顿的见解都可谓惊世骇俗。这些见解散落在莎士比亚戏剧中，无处不在。要想将其搜集

① Thus John Dover Wilson's notes to *Richard II*, IV. i. 113, supra note 6 at 204. Derek Traversi 在理查二世身上，看到了“自然公认的王权概念的坍塌，以及被取而代之”，这也解释了为何命运的车轮带着马基雅维利的君主到来。有关“可怕却不可接受的政治能量”，见其著作 *Shakespeare from Richard II to Henry V*, Stanford, CA: Stanford University Press, 1957, p. 12。莎士比亚历史剧的循环结构（E. M. W. Tillyard 的 *Shakespeare's History Plays*, New York: Macmillan, 1944）也好，Wolfgang Iser 的（*Shakespeares Historien*, Konstanz: Universitätsverlag, 1988）也好，似乎是命运的回响，正如 Jonathan Bate 指出，《理查二世》呼应了奥维德的 *Tristia*，参见 *Shakespeare and Ovid*, Oxford: Clarendon Press, 1993, p. 167。

② Cf. Anselm Haverkamp, *Hamlet*, *Hypothek der Macht*, Berlin: Kadmos, 2001.

起来，我们需要设置某种历史主义新景观。这个历史背景不但为伊丽莎白时代的英国人所熟悉，而且可以很容易地从霍林斯赫德（Holinshed）的史书中找到端倪。莎士比亚以此为据，但我们对他的解读却不应止步于此。这里，笔者只想指出《理查二世》中一处惊人的细节，足见国王的地位高于法律。卜希（Bushy）与格林（Greene）是国王的“宠臣”。在第三幕，两人遭到处决，甚至都没机会登场。事实上，卜希还是下议院议长。博林布鲁克将他们迅速处决，绝非因上下议院内的党派之争。即使卜希在前一场戏里为女王解忧（II. ii. 1 – 27），可这场戏仍预示了最终废黜的苦情大戏。其中隐藏的政治焦点在于，庶民的忠诚终将因封建利益冲突而分崩离析。[①] 因此，海沃德（John Hayward）才会大言不惭地表示（我们不知道他受莎士比亚《理查二世》的影响有多大），“触动他（理查二世）的不是‘与之血脉相连的王孙，亦非王国里的贵族’。他任凭那些出身卑贱、品性败坏的新宠摆布，既没心思求和，又没勇气宣战”。[②] 换言之，理查二世似乎千方百计地自强势力，抵抗在莎士比亚与海沃德时代便已行将就木的封建政治。无论如何，博林布鲁克处决宠臣的做法（海沃德认为此举公正且适时）表明，一种后世称之为颠覆性的修辞业已存在了：借君王之异于常人的偏好而毁其声誉。戏剧的这个政治层面背后，其实涉及约克郡与兰卡斯特郡两议院之间的惨烈争斗。再者，《理查二世》的特色在于法律的陪衬情节，这一点虽鲜有议论，但绝不意味着伊丽莎白时代的莎士比亚同辈认为其索然无味。值得一提的是（康托洛维茨与施密特想当然地以为），该情节恰不为埃塞克斯（Essex）等觊觎伊丽莎白皇冠者所喜爱。[③]

康托洛维茨从另一层面，即莎士比亚戏剧的舞台或礼拜维度，考察了国王二体的法律概念。“按照前面的分析，伊丽莎白一世时代的法律家所使用的措辞，其要旨来源于神学词汇；并且退一步说，这种措辞本身就隐藏

---

① See Philip Lorenz, *The Tears of Sovereignty. Perspectives of Power in Renaissance Drama*, Ph. D. Diss, New York University, Spring 2004: 161ff.

② John Hayward, *The Life and Raigne of King Henrie IV*, John J. Manning (ed.), London: Royal Historical Society, 1991, 98. Cf. Raphael Holinshed, *The Historie of England* (1586 – 1587), reprinted in Appendix to *Richard II*, Peter Ure (ed.), supra note 6 at 187.

③ The last initiative in this respect to which both Norbrook and Hutson subscribe (supra note 7) was Donna Hamilton's magisterial "The State of Law in Richard II," 34 *Shakespeare Quarterly* 5 – 17 (1983). 不过，这份证明仍然待考，无法作为历史依据。

着神学意涵。”[①] 这种神学潜台词的场景含义是礼拜式的，莎士比亚使用喻体将其再现，只会强化这种要旨。因此，很多批评家把理查二世在废黜和镜子场景中的演说视为纯粹的诗。佩特（Walter Pater，斯特凡·格奥尔格的信徒康托洛维茨绝不会漏掉他）曾经“反复重申……这些单个仪式意欲营造特殊情志”，特别看重其中的审美特质。[②] 布鲁姆（Harold Bloom）有言，“宗教是坏诗”。这话在《理查二世》中倒了个个儿。抽去神学内容后，宗教空洞的修辞外壳成了诗的载体，诗的真谛并非包含其间的宗教，而是它所摒弃的宗教。这并不是说国王理查遭废黜后成为诗人。相反，失去治国之术（kingcraft）后，他成了既在法律之中又在法律之外真正施展该技艺的唯一国王——低于法律又高于法律。

康托洛维茨对莎士比亚笃信不疑，但并未亦步亦趋。他满足于永恒化的国王身体，亦准备牺牲身体这一载体，求得该永恒化观念的蕴义之绵延。尽管他深知且不断提醒，革命一经结束，身体载体就会悄无声息地返回。他敏锐地意识到，法律与诗歌拥有相同的修辞基础（以但丁为例），在此结构基础和共同的简约原则上，诗可向法律取材。虽然他有此意识，可仍始终把布雷克顿与莎士比亚分开看待。莎士比亚把本应为布雷克顿所用的内容——英格兰法律之力量，重新编写成剧，或者另起炉灶。在他看来，只有法律之内而无之外之说，国王绝对寓于其中，坐享从宗教模式转移至“普天之下唯我独尊”的丰盈权力（plenitudo potestatis）。[③] 康托洛维茨似乎忽略了这点，可这情有可原，因为他把这条悖论置于一种过于正统的“高低”（infra et supra）模式（以及“既又”结构［et-et］），即“高于并基于法律的立法者”。[④] 布雷克顿说得更简练，“非为人之下，为神之下、为法之下者也”（non sub homine，sed sub deo et sub lege）。其言外之意是“不得起诉国王”，因为国王非“为人之下”；同时，“上帝将惩罚他滥用权力”，因为他仍然“为神之下，为

① Kantorowicz，supra note 7 at 16.［译按］译文见〔德〕康托洛维茨《国王的两个身体》，第 87 页。

② Walter Pater，“Shakespeare's English Kings，” *Appreciations* [1889]，in *Walter Pater*，*Three Major Texts*，William E. Buckler（ed.），New York：NYU Press，1986，514. More precisely，Iser，supra note 20 at 106，113.

③ Gerhart B. Ladner，“The Concepts of ‘Ecclesia’ and ‘Christianitas’ and their Relation to the Idea of Papal ‘Plenitudo Potestatis’，” *Sacerdozio e regno da Gregorio VII a Bonifacio VIII*：18 *Mischellanea Historiae Pontificae* 49 – 77（1954）：66.

④ Kantorowicz，supra note 7 at 149. See his classical presentation of *Kaiser Friedrich der Zweite* [1927]，Berlin：Georg Bondi，1963，pp. 210 – 211.

法之下"。康托洛维茨紧守隐含的"既又"（et-et）（"既低于又高于"［et infra et supra］）修辞，而刘易斯则强调布雷克顿的实用主义转向。不过，布雷克顿的格言中，有一处妙笔不曾为现代实用主义所注意。他拆解了"既又"结构，把王权平衡与其神学根基相对照，以暴露其中的修辞偏见。第二个并列结构（仍然是"既又"）即布雷克顿所谓"高于"之内涵，这种"高于"乃以上帝的律法为据。不唯宁是，理查二世反过来可以在莎士比亚中，"放手自己的治国之术"。至此，我们方触及《政治神学续篇》的核心，进而触及本雅明（Walter Benjamin）《悲悼剧》（*Trauerspiel*）的议题（施密特一心将其纳入自己的论域，而阿甘本的本雅明式论著重现了其关联性）。[①]

布雷克顿的格言"非为人之下，为神之下、为法之下者也"，使康托洛维茨的悖论"王低于又高于法律"，以相关的法律形式呈现出来，几近阿甘本在《牲人》中阐述的主题——这似乎说明，凭借内含的"既又"（"既低于又高于"）结构，"高低"转向被自相矛盾地并置于剔除了"高于"的"低于"之中。本雅明发现，施密特亦主张，在例外状态（the state of exception）中，它们"自身是互在其内的"，而且越来越可能"在绝对的无区分性中重合"。[②]《理查二世》率先预感到这种趋势，虽然是以施密特借霍布斯之言刻意回避的形式——内战。理查自己和为其辩护的卡莱尔主教（Bishop of Carlisle，他因此遭监禁），预见到"流血战争的紫色圣约"（*Richard II*, at III. Iii. 94）。独白伊始，理查看似取笑实则自嘲地质问博林布鲁克的干将兼密使诺森伯兰（Northumberland），"你的双膝怎么敢在我面前忘行大礼"（*Richard II*, at 75/76）。就在这滑稽场面之后，流血战争便接踵而至。理查二世的罪状之一（后来亦成为革命修辞之核心），是他沉湎于自我展示的仪式，其间如其所言，"等着你屈膝致礼"（*Richard II*, at 73）。[③] 面对第三份"紫色圣约"，理查二世唯有嘲讽把自己视为基督牧师并需要这种"敬畏"

---

① Carl Schmitt, *Hamlet oder Hekuba*: *Der Einbruch der Zeit in das Spiel*, Düsseldorf: Diederichs, 1956, 62ff. See also Samuel Weber, "Taking Exception to Decision: Walter Benjamin and Carl Schmitt," 22. 3 – 4 *Diacritics* 5 – 18 (1992); and Agamben, *Stato di eccezione*, supra note 17 at 72ff. (état d'éxception, 94ff.).

② Agamben, *Homo Sacer*, supra note 17 at 38. ［译按］译文见〔意〕阿甘本《神圣人：至高权力与赤裸生命》，吴冠军译，北京：中央编译出版社，2016 年版，第 58 页。

③ 这是莎士比亚戏剧中众多黑格尔式母题之一，其昔日盛世的灵性成为现代反思的审美模型，参见 Georg Wilhelm Hegel, *Ästhetik*, Friedrich Bassenge (ed.), Berlin: Aufbau Verlag, 1955。黑格尔著名讲座的评论没有提到很多不证自明的参考书目。不过，可以肯定的是，痴迷于莎士比亚的黑格尔很可能思考着《理查二世》。

的第二份圣约（testament）。

具有威胁的正是这第三份“紫色圣约”，必须不惜代价避免施密特所谓的“防护”（katechon，“den groβen Aufhalter”）。[①]《政治神学续篇》承袭了正篇的基督论要旨，并且与皮特森反其道而行之，揭示了宗教词汇过于松散的“隐喻”用法（布鲁门伯格的第一处责难）的含义。康托洛维茨解释伊丽莎白时代法律家具有“神学意涵”的词语，主要“基于基督论定义”（如上所引）。他尤其注重它们的双重本质，即国王作为基督摹像（Rex imago Christi）“而非上帝”的双重人格（persona geminata），但它并不适合作为国王二体的隐喻模型，“因为（基督的）神性就是他的存有”，绝非“职分”：“将国王视为一种双重人格是本体论性质的，是在祭坛前执行圣礼或礼仪活动的流溢效果，同时也就是礼仪性质的。”[②] 康托洛维茨抱怨，这位（诺曼无名氏）“在他的辩证推理中，无疑有一种引发二性彼此对抗、从而导致本体的统一性瓦解的危险”。[③] 这里，他的抱怨只是关系太密切而已。康托洛维茨在理论上觉察到的“危险潜质”，正是他在解读《理查二世》时所忽略的。莎士比亚将其搬到舞台上，一如布雷克顿在理查时代从宪法角度予以阐述。施密特于《政治神学续篇》对皮特森的考察，虽然与皮氏的护教立场背道而驰，却从上帝三位一体结构中，发现了“论辩推理”的本体神学起源，更确切地说，在三位一体框架内，找到律法冲突的圣父圣子之答案，即达到在第二份圣约中否认第一份圣约之效果。

布鲁门伯格自1979年起撰写的《神话研究》（*Work on Myth*），与我们关系最密切。超越神话时，三位一体展现了神话的隐匿之功——作为第一二份圣约的契约（covenant），在三位一体内，预设了另一份有关圣子使命与职分的近似契约（该使命自身的神话特性很难隐藏）。[④] 这份契约使施密特与过去的灵知派（gnostics）殊途同归。其中可见他们之间亦敌亦友的关系，由此它玷污了所有契约。于是，布鲁门伯格对施密特隐喻学论著的决

---

① 对这一教父式的论辩，参见 Helmut Kohlenberger，“Wandel des Katechon，” in 25 *Tumult*：*Schriften zur Verkehrswissenschaft*（2001）：87－91。

② Kantorowicz，supra note 7 at 59.［译按］译文见〔德〕康托洛维茨《国王的两个身体》，第139页。

③ Kantorowicz，supra note 7 at 59.

④ Hans Bloomenberg，*Arbeit am Mythos*，Frankfurt：Suhrkamp，1979，pp. 602－604；and *Work on Myth*，Robert M. Wallace（trans.），Cambridge，MA：MIT Press，1985，pp. 554－556. Cf. Ruth Groh，*Arbeit an der Heillosigkeit der Welt*：*Zur politisch-theologischen Anthropologie Carl Schmitts*，Frankfurt：Suhrkamp，1998，156－84：175－176.

定性批判，必定要解构施密特的神学内讧概念（stasiological concept），解构摩尼教的神明之战（唯神明堪承受其重）——异教的诸神之战（deus contra deum）。对此莎士比亚的先辈埃斯库罗斯已经触及，而莎翁本人也肯定心知肚明。普罗米修斯最初的内讧（stasis），把政治学一神论模型不断分割成敌与友，厄庇墨透斯（Epimetheus）与普罗米修斯，通过作为后喻象之结果（post-figural consequence）的大鳄鱼（Leviathan）与基督，来分割基督的异教喻象。身为清醒的法学家，布雷克顿澄清了当时具有神学意涵的词汇中的大神话潜势（mega-mythical latencies），这使莎士比亚得以揭示拥有国王身体的“国王”之舞台效用。

阿甘本的《牲人》比较了施密特“例外”的神话上层结构（mythic super-structure of the exception）及其在罗马法中的原型用法，并对此提出反驳。身为牲人，而且只有通过成为牲人（此乃其神圣之真相），理查二世满足了他作为国王的存在论资格。在其基督式受难中，他必须证明：在自己当政后，某些事情既无法从事实、也无法从法律上得到合法性证明。对此，在全剧末尾，当博林布鲁克（后来的亨利四世）发现自己无法金盆洗手时，一切就已大白于天下。他对自己“恐惧”的“凶手”下了禁令，将其（理查所谓的“犹大”）改造为牲人，并许诺前往圣地，“去洗掉我这罪手上的血迹”（V. vi. 30/40）。新王“哭送这一具出现太早的棺材”（全剧最后一句），由此他揭示了殁王模仿基督这一全剧的奥秘（arcanum）。此乃国家机密，堪比王侯象征的公共领域中的圣餐符号学悖论（semiotic paradox of the Eucharist）（在法国，而非改革后的英格兰）。[①] 这便是莎士比亚戏剧在伊丽莎白时代伦敦发挥的作用，它成为“刻画父母官”的戏剧工具，其犀利之处得自神秘辩证法（arcane dialectic）——圣子为总在为改革的（semper reformandum）新圣约献祭，可他的律法仍然听命于圣父的律法。（换言之，施密特偏好圣父，因为他并不信任圣子。）

至于伊丽莎白，她“是”理查，正如她并不讳言道：“朕乃理查二世，尔等可知?”[②] 有些人试图将《理查二世》解读为蹩脚的政治喻说（施密特

---

① Louis Marin, *La parole mangée et autres essais théologico-politiques*, Paris: Klincksiek, 1986; as well as Barbara Vinken, “The Concept of Passion and the Dangers of the Theatre: Une ésthétique avant la letter (Augustine and Port Royal),” *Romantic Review* 83 (1992): 43 – 59.

② 参见 E. K. Chambers, *William Shakespeare: A Study of Facts and Problems*, Oxford: Clarendon Press, 1930, II: 326。

与康托洛维茨即如此），但伊丽莎白的本意几乎与他们的理解大相径庭。就算朝中百官个个忧心忡忡，可面对埃克塞斯，伊丽莎白仍然不害怕像理查二世那样被废黜。莎士比亚是英国政界的老友，连女王的密探都认为，他与埃克塞斯的圈子走得太近。即便如此，他的戏剧并没有遇到危险。事实上，莎士比亚对女王了如指掌，《理查二世》便是明证。当都铎王朝终止那份“紫色圣约”后，伊丽莎白就是理查，但并非那个落难的君主，而是与落难之后相继显灵的先王同列的君主。归根结底，身为童贞女王的伊丽莎白，决定以放弃执政的方式，阻止《哈姆雷特》中抨击的邪恶的皇权更替。她的议会以其“弥留之音”提名了继位者詹姆斯一世。可此人是迟钝而狂热的神权鼓吹者——神权为其前任童贞女王所宣示，却让儿子殉道者查理一世（1649 年被处决）给丢弃了。正气凛然的伟人弥尔顿，指责他最不该过度解读和理解莎士比亚。① 在“好像基督那样殉道的国王”，在“以暴烈的方式分离国王二体这个最令人不悦的观念”中②，莎士比亚那道漫不经心的预言似乎应验，难怪康托洛维茨青睐该预言不可思议的历史反讽性。

最后再说说提比略（Tiberius）当政后激起所有帝国秘仪（arcana imperii，塔西佗语）的奥妙③：施密特与康托洛维茨对该词的用法，可追溯至利普西乌斯（Lipsius）以及詹姆斯一世的“国家秘仪”“Mysteries of the State”（值得特别关注）。④《理查二世》便为这一“秘密”提供了极具塔西佗式的背景。本体神学论的上帝结构为施密特所篡夺，并受布鲁门伯格和阿甘本抨击。它作用于某种替代逻辑的隐匿基础。该逻辑需要对国王角色的本体

① 此事亦有待核实。例如，Kenneth Muir 便在《论弥尔顿》（*John Milton*，London：Longman，1955，1960）中，考察了“弥尔顿嗤笑查理一世在狱中阅读莎士比亚”（22）。有趣的是，弥尔顿的“On Shakespeare. 1630”（最初以“碑文”形式刊于 1632 年的第二对开本）最后写道：“你在这墓茔（即里程碑式的对开本）里安葬，/渴望安眠于此的国王。”糟糕的措辞和韵律表明了先王作为皇室象征（包括青年弥尔顿的雄心）的戏剧作用，但在弥尔顿的写作生涯后期，该作用发生了截然不同的转变。

② Kantorowicz，supra note 7 at 41.［译按］译文见〔德〕康托洛维茨《国王的两个身体》，第 119 页。

③ “arcana imperii”的相关用法见于 Tacitus's *Annales* II. xxxvi. 1。文中隐晦地暗示了新元首制主要恶行（primum facinus）的例子，即奥古斯都的继承人提比略借杀掉竞争者阿格里帕（Agrippa Postumus）而上位。Ronald Syme，*Tacitus* I-II，Oxford：Clarendon Press，1958，I：306，399 and II：485.

④ *The Political Works of James I*，Charles H. McIlwain（ed.），Cambridge，MA：Harvard University Press，1918，332（quoted by Kantorowicz，supra note 9 at 266）. 请注意，詹姆斯一世把“arcane imperii”译为“Mysteries of the State”，由此将重点由政治语汇“arcana”的世俗层面，转移至与之相匹敌的拉丁词汇“mysterium”的神学意味。

论诉求，但更为重要的是，它以清晰可辨的方式，允许法律本身（布雷克顿的法律）存在无法分辨的可见差别——国王在下，法律在上。慈悲（mercy）是他最合理的特权。对此，黑格尔的《法哲学原理》（*Philosophy of Right*）说得极为透彻。然而，困难之处在于，国王最具理性但因此最受憎恨的特权——慈悲只施与个人，亦因此根本无法同准则调和，并按准则施与。[①] 从结构上讲，宽恕行为乃施密特之主权的另一面，是他因自己灵知趣味（他注定成为法学家）所偏好的内容的积极面。慈悲述行语式是一种元述行语式（meta-performative），一如君主在例外状态中发号施令那样。[②] 于是，慈悲不再是马基雅维里式王侯的美德（《麦克白》是詹姆斯一世的真实写照）。布雷克顿与莎士比亚的理查二世，证实了阿甘本与布鲁门伯格对施密特的驳斥，因为后者也证明了君主的慈悲日渐式微。不过，他们并不赞同与他们的（其实是我们的）后革命观点相关的革命视角。国王的代价在于其基督式的受难以及王权骤落的偶然性，此乃神学最后的见解（theologoumena）。

从某种程度上讲，日常生活环境中的每个星体命运皆然。不过，有个问题或许比深悟修行（presencing industry）的成功施行更为迫切：上帝必不在日常对律法与公义的期待之中，那么我们该寻找何种替代方案？上帝之名具有原初而致命的吸引力，以语言潜势而论，这恐怕是最适合或最深刻的例子。“遵照上帝的旨意”，博林布鲁克带着马基雅维里式新王侯所拥有的清醒头脑，宣布道，“我要登上王位”。（IV. i. 113）然而，卡莱尔呵止道：“上帝不许！”（IV. i. 114）因为上帝之名中没有法律诉求，只有空位，也就是决断之缺失。

（作者单位：德国慕尼黑大学德语－英语文学系；译者单位：深圳市福田区城市绿洲学校）

---

① Cf. Anselm Haverkamp and Cornelia Vismann，“Habeas Corpus：The Law's Desire to Have the Body，” in *Violence，Identity，and Self-Determination*，Hent de Vries and Samuel Weber（eds.），Standford，CA：Stanford University Press，1997，pp. 223 – 235，379 – 381，232 as used by Agamben，*Homo Sacer*，supra note 17 at 124.

② 更多细节可参见 Christoph Menke，“Gnade und Recht：Carl Schmitt Begriff er Souveränität，”［1997］ in his *Spiegelungen der Gleichkeit*，Berlin：Akademie Verlag，2000，173ff。与此同时，Victoria Kahn 首次认真尝试在莎士比亚研究中纳入施密特的政治性（the political）理论，“Hamlet or Hecuba：Carl Schmitt's Decision，” *Representations* 83（2003）：67 –96。

“当疯子引领盲人”(4.1.49)

——《李尔王》中埃德加的疯狂

娄　林

摘　要：莎士比亚的戏剧中，最为切题地关注到政治教育的当属《李尔王》，而《李尔王》中最重要的教育，并非李尔王自我的哲学教育，而是自我放逐的埃德加的教育。埃德加在混乱的政治秩序中，以佯装的疯狂保全自己，引导或抚慰混乱秩序中备受摧残的父亲和李尔王。这是一场深刻的自我放逐与自我教育，埃德加在此过程中认识自我、认识世界，成为引领人们走出困境的新一代引路者，一个根植于自然正义的政治人。

关键词：《李尔王》；自我放逐；政治教育

莎士比亚是一个谜。政治也是一个谜。我们需要一些理解的线索。莎士比亚绝大多数剧作皆以政治生活为戏剧场景，以其剧作的标题而言，非喜剧类的作品几乎皆以王者为主题，从这个最简单的文学表象来说，莎士比亚戏剧的本质当与政治相关，莎翁尤为关心什么是最佳政治。① 甚至有论者以为，这表明莎士比亚视君主制为最好的政体。② 我们固然不必完全同意此论，但至少可以说，莎士比亚笔下政治的核心关注是王者问题，或谓统治问题。这显然也是柏拉图的哲学戏剧的要核之一。但是，由于戏剧或者文学的外衣，研究莎士比亚的政治，尤其是研究莎士比亚与现代政治思想关系的人总非主流。2009 年，以思想史家阿米蒂奇（David Armitage）为首的三位编者，编辑了一本重要文集《莎士比亚与现代政治思想》（*Shakespeare and Early Modern Politi-*

---

① Eric Nelson：《莎士比亚和最佳政制》（*Shakespeare and the Best State of a Commonwealth*），载于《莎士比亚与现代政治思想》，第 253 - 270 页。该文的论证主要基于莎士比亚的罗马剧。

② 〔美〕雅法：《政治的局限：〈李尔王〉第一幕第一场》，载〔美〕布鲁姆、雅法《莎士比亚的政治》，潘望译，南京：凤凰出版传媒集团、江苏人民出版社，2009 年版，第 110 页。

cal Thought），他们在前言中宣称，这是在早期政治思想史的处境中阅读莎士比亚的第一次尝试。[①] 出于其剑桥学派学术背景，该书编者多在考察历史视域里对莎士比亚的思想史阅读。[②] 但这只是近五十年来持续升温的莎士比亚政治思想研究潮流中的一个较新成果。正如编者自己所坦言，这种“唯新”之举亦非全新，对莎士比亚的政治哲学解读其实发轫于施特劳斯和他的弟子。[③] 但是，即便如此，这又算什么“新”呢？阅读伟大的作品自然会有所收获，那么获得政治方面的收获，也应是收获之中的应有之义。

而所谓政治思想，就其思想内涵和政治意义来说，政治教育都是其中要义。亚里士多德早已明言：“对教育的关心是城邦共同的责任，而非私人之事”。（《政治学》，1337a 24－25）柏拉图曾经说过，荷马教育了所有希腊人，或者说荷马是所有希腊人的教师，与此类似，莎士比亚也是所有英语世界的教师。这种教育在莎士比亚研究界称之为“莎士比亚神话”：

> 研读莎剧，以了解政治与职责、爱和友谊以及人类生活的其他重要主题。这种教育是“莎士比亚神话”的要核：莎士比亚可以教育所有人——男人、女人和公民。[④]

---

① *Shakespeare and Early Modern Political Thought*, David Armitage, Conal Condren, Andrew Fitzmaurice（eds.），Cambridge：Cambridge University Press，2009。这近乎引领了此后对莎士比亚进行政治思想解读的潮流：*Shakespeare and Continental Philosophy*, Jennifer Ann Bates and Richard Wilson（eds.），Edinburgh：Edinburgh University Press，2014；另参见 Alex Schulman，*Rethinking Shakespeare's Political Philosophy*：*From Lear to Leviathan*，Edinburgh：Edinburgh University Press，2014。另外，20 世纪 80 年代，部分学者受到“文化唯物主义”影响而对莎士比亚做出的政治哲学解释，如 Jonathan Dollimore 的 *Radical Tragedy*（1984）和他与 Alan Sinfield 合编的 *Political Shakespeare*（1985），评论参见 Graham Holderness，‘Thirty Year Ago’：The Complex Legacy of “Political Shakespeare，” 载于 *Critical Survey*，Vol. 26，No. 3，*Special Issue*：*Radical Shakespeare*：*In Memory of Terry Hawkes*，2014，pp. 47－60。

② 该派的莎士比亚研究还有两本重要著作：Andrew Hadfield，*Shakespeare and Renaissance Politics*，London：Thomson Learning，2004；Hadfield，*Shakespeare and Republicanism*，Cambridge：Cambridge University Press，2005。他们的偏好是将莎士比亚同所谓共和主义联系起来。另参见〔美〕阿米蒂奇《现代国际思想的根基》，陈茂华译，杭州：浙江大学出版社，2017年版。

③ 这方面最新的著作可参见 Timothy Burns，*Shakespeare's political wisdom*，London：Palgrave Macmillan，2013。

④ 参巴克《莎士比亚英国历史剧中的自由》，包帅译，载《经典与解释 49：洛克的自然法辩难》，北京：华夏出版社，2018 年版。另参见 Michael D. Bristol，“Shakespeare：The Myth，” in *A Companion to Shakespeare*，edited by David Scott Kastan，Oxford：Blackwell，1999，pp. 489－502。

莎士比亚的剧作可以提升或者教育读者了解关于人与政治生活的基本品质，职责、爱或者友谊。因此莎士比亚神话的核心事实上正是人之为人的教育，也就是亚里士多德关于“人是政治动物”的教育。莎士比亚的戏剧中，最为切题地关注到政治教育的当属《李尔王》，而《李尔王》中最重要的教育，并非李尔王自我的哲学教育，而是自我放逐的埃德加的教育。前者是悲剧，后者近乎结局圆满的喜剧：埃德加如何“发现自己的个人身份，如何重构自己的社会身份”。[①] 尤其是，如果说“《李尔王》是关于自然状态催生出社会契约这一建构（故事或寓言）的戏剧原型，这种建构随后影响了整个早期现代政治理论”，[②] 那么倘若没有埃德加这种人的存在，《李尔王》的世界将彻底沦入现代场域。考狄利亚死亡，肯特死亡或者隐遁，奥本尼虽有担当，但终非《李尔王》中最好的可能，《李尔王》中近乎唯一与这种“自然状态”相抗的，唯有埃德加一人而已。

不过，埃德加父子的故事在李尔王（*King Lear*）原初传说中并不存在，而是莎士比亚添加的副情节（subplot）[③] ——而且，在莎翁的主要悲剧里，这是唯一具有副情节的剧作。副情节的根本目的并非改变故事的基本进程，而是与李尔王的主线形成对应，既显示出整个政治秩序的混乱，又展示出如何最终挽救这个政治秩序。尤其是引导或者抚慰混乱秩序中备受摧残的葛洛斯特与李尔王，此二者既是受苦的个体，也是政治秩序颠乱的直接象征。

埃德加在《李尔王》中初次登场时，轻信懦弱，未经世事。这也正是埃德蒙眼中无能无德的兄长，因此他要根据“自然正义”取代兄长的政治位置。[④] 埃德加落入埃德蒙圈套之前，在全剧中的第一句台词是：

---

① 参见 Russell A. Peck, “Edgar's Pilgrimage: High Comedy in King Lear,” in *Studies in English Literature, 1500 – 1900*, Elizabethan and Jacobean Drama (eds.), Vol. 7, No. 2, Spring 1967, pp. 219 – 237，尤参见 pp. 220, 234。

② 参见 Alex Schulman, *Rethinking Shakespeare's Political Philosophy: From Lear to Leviathan*, Edinburgh: Edinburgh University Press, 2014, p. 123。

③ *The Cambridge Dover Wilson Shakespeare King Lear*, edited by George Ian Duthie and John Dover Wilson, Cambridge: Cambridge University Press, 1960, pp. xxxix – xliii。

④ “自然，你是我的女神，对你的法则（law）我理当效忠。”（1.2.1）《李尔王》中译文参见《莎士比亚悲剧四种》，卞之琳译，北京：人民文学出版社，1988年版，略有修正，人名译法则从学界惯例。2.2.270 表示第二幕第二场第270行，以下引用皆仿此格式，不一一注明。英文根据阿登考订版：R. A. Foakes, *King Lear*，北京：中国人民大学出版社，2008年影印。

> 怎么了，埃德蒙弟弟！你在严肃深思（serious contemplation）些什么呢？(1.2.138 - 139)

这第一句台词概述了埃德加和埃德蒙的两个基本特质——或者新时代的剧烈冲突——伦理与哲学。前者重伦理，后者以哲学取代伦理。无论埃德加之后处于怎样的境遇，他内在的伦理感总是指引着他的行为，为人子的孝顺，为人臣的敬忠，人之为人的良善。但是戏剧一开始，他就被埃德蒙“严肃深思”的新哲学罗网笼罩。但这也恰恰暗示了，埃德加要想摆脱这样的新哲学和新政治哲学，必须要从自己的伦理和政治现实出发，必须转向可以克服埃德蒙新哲学的哲学，并最终回到伦理世界。这就是克雷格（Leon H. Craig）所谓的“埃德加的教育”与“哲人之成王”。① 埃德加剧终之时是否为王是个充满争议的论题，此处姑且不论，而他的哲学教育正是从此开始，并且系于“疯汤姆”（Tom o'Bedlam）的形象。

疯狂的汤姆是后来埃德加佯狂奔逃的面具，可谓伪装的疯狂。莎士比亚的高妙之处在于，首先以疯汤姆自居的不是埃德加，而是埃德蒙：“我现在就扮出一副邪恶的忧郁相，像疯汤姆那样唉声叹气。”(1.2.134 - 136) 所谓“Tom o'Bedlam”，是当时人对乞丐流民的称呼，其主要来源是伦敦的疯人院，“Bethlem Hospital”或“Bedlam Hospital”。汤姆在剧中和弄人一道，共同代表了某种特殊的精神类型，这是一些游离于正常政治结构之外的人。大约在17世纪早期，有一首无名作者创作的诗歌，以“Poor Tom”的口吻，描述了一种浪荡漫游的状态，诗名就是《疯子汤姆》（Tom o'Bedlam），布鲁姆（Harold Bloom）在《如何阅读，为什么阅读》（*How to Read and Why*）中称之为“英语史上最伟大无名诗歌”。这恰好与《李尔王》的创作年代相仿，我们不知道莎士比亚是否知晓这首诗，但埃德加称自己为“Poor Tom”的说法和这首诗歌如出一辙。这首民歌一共八节，第六节是：

> 我比阿波罗知道得更多，
> 因为当他躺着睡觉的时候
> 我却看见血腥战争中的群星
> 在受伤的天穹中哭泣；

---

① Leon H. Craig, *Of philosophers and kings: political philosophy in Shakespeare's Macbeth and King Lear*, Toronto: University of Toronto Press Incorporated, 2001, pp. 189 - 190.

月亮拥抱着她的牧羊人，
女王拥抱着她的战士，
纵然先是晨星，
接下来却是天上的奴隶。
而我却唱着：给点食物残渣，
给点吃的，喝的，穿的，
来吧，夫人或者姑娘，别怕，
可怜的汤姆不会产生任何伤害。[①]

这个苦汤姆或者疯狂的汤姆，虽在政治秩序之外，却比希腊理性之神阿波罗知道得更多，因为他在阿波罗沉睡时看到了更多的残酷。他似乎懂得更多，却以疯狂和乞讨示人。诗歌似乎暗示，唯有受苦才能懂得真理。从剧情看，埃德蒙只是口头言及，他并没有真正地伪装成疯汤姆。但从这里，我们开始面对《李尔王》中层次极为复杂的疯狂。假设这种疯狂与埃德蒙无关，莎士比亚为何让他说出这样的台词？对埃德蒙而言，谈论天象，谈论旧制度下人的伦常，就是疯狂之人，用他的另一句话来说就是“习俗的瘟疫”：“我为什么应该听任世俗瘟疫的摆布？”（1.2.2－3）瘟疫一词，大约是对传统礼法极为憎恶的攻击了。[②] 既然习俗是瘟疫，那就是一种不健康的状态，祛除瘟疫需要凭靠自然知识、医学技艺，而非神义。现代政治哲学对传统的各种改造，无非是将“瘟疫”换成相对不那么刺耳的词语罢了，以新的“自然”正当来更换传统、改造传统的本质则是一脉相承的。因此，在埃德蒙看来，传统的自然正义是一种疯狂。但是，若以传统自然观反观，持有这种观点岂不是一种疯狂？

这是《李尔王》剧中备受关注的“哲学疯狂”。但是，哲学疯狂又有两种，一种是埃德蒙的新哲学疯狂，另一种是李尔王被迫的哲学疯狂。[③] 李尔

---

① 著名的保守党本杰明·迪斯累利首相的父亲迪斯累利（Isaac D'Israeli）的名著《文学趣谈》（*Curiosities of Literature*）中有专章（卷三，第27篇）谈论这个疯子汤姆。另参见 Stanley Wells, “Tom O'Bedlam's Song and King Lear,” in *Shakespeare Quarterly*, Vol. 12, No. 3, Summer 1961, pp. 311－315，尤参见 pp. 313－314。

② 据说这与蒙田（《随笔集》，“论习俗”）有密切的关系，参见 Foakes, *King Lear*, Front exposure, p. 179。

③ 前者参见拙作《〈李尔王〉中的“利维坦”新政》，《甘肃社会科学》2016年第3期，后者参见拙作《〈李尔王〉中的暴风雨、哲学与政治》，《政治思想史》2018年第3期。

王的大女儿高纳里尔的僭政和埃德蒙的自然颂基于相同的新哲学根基，不仅仅是道德上为恶，他们所寻找的哲学根基以及寻找哲学根基这种行为本身，都已经表明了新时代的马基雅维里式特征，尤其是，无论在哲学层面还是以这种哲学所指引的政治行为，都具有强烈的主动特征。李尔王荒野中的疯狂，让他开始洞悉人的自然①，但他对正义的追求显然不同于新哲学的纯粹“自然”。尤其是，李尔王是被抛入荒野的，这种被动性不仅属于他，也属于埃德加。埃德加虽然主动以疯汤姆形象求生，看似与李尔王不同，但是他的生活境遇完全因埃德蒙的陷害之故，他依旧是被迫之人。换言之，与新哲学的主动性不同，古典哲学总是被动的，比如柏拉图《王制》洞穴中的囚徒：

> 让一个人获得释放并且突然被迫起身，必须扭动脖子，走向并抬头去看光亮（按：不是太阳的光，而是火的光）。再加上他是在痛苦当中做这一切，而且，由于他头晕目眩，就不可能辨识出他先前看到其阴影的那些东西。如果有人告诉他，过去他傻乎乎地什么也没有看到，现在则由于他在某种程度上离真实更近，甚至更加转向实在，他看得更加真切了，而且特意给他展示每件过往的东西，强迫他回答这些东西是什么之类的问题，你猜他会说什么？你不认为他将会茫然无措，并且相信过去看到的东西比现在展示的东西更加真实吗？
>
> 于是，如果他迫使自己看亮光本身，他的眼睛会灼伤，他还会逃跑，逃向那些他能够辨识出来的东西，还会认为这些东西实际上比展示出来的东西更加清晰，对吗？
>
> 那么如果，有人强行拽着他沿着崎岖陡峭的上升道路离开那里，并且在这个人将他拖至外面阳光下之前不让他走开，他难道不会因为被这样拖拽着而痛苦恼怒吗？而当他来到亮光下，他难道不会双眼满是光芒，甚至无法看见任何一个现在被称作真实的东西吗？（515c－516a 以下）

什么是这种强迫呢？“一种存在的逼迫”，或者说“真理的逼迫”（499b 2－3）或许是恰当的。不过，除了真理的逼迫，还可能是一种去政治化的

① Leon H. Craig, “On Philosopher and King,” 前揭，p. 187。对比柏拉图《王制》517b。

逼迫，或者说，一种政治逼迫。真理不会突然跃至一个人的面前，告诉他必须追求真理。它必然呈现于某种外在的契机，而这种契机一般是政治契机：柏拉图面对苏格拉底之死，文王拘而演周易，司马迁遭腐刑而成太史公书，孔子自卫反鲁、删定六经，不外如是。在这个意义上，哲人并不因其天性善思而必然成为哲人。[①] 更根本的道理是，被迫的政治产生了哲学，而即便哲学产生了，某个人成了哲人，这种被迫的政治并不会因此而消失。如何面对这种被迫的政治，这是埃德蒙与埃德加的区别，也是古今哲学的基本分野。

无论是真实的还是伪装的疯狂，都应该返回洞穴，继续面对被迫的政治处境。李尔王因疯狂、衰老和困苦而亡，但年轻的埃德加不仅必须活下去，还要整顿并维持政治的秩序。这种被迫或许体现于一个不起眼的细节意象，即第二幕第二场保护了埃德加的那棵老树（hollow of a tree，2.2.173–174）。[②] 埃德加说自己幸亏躲在一棵空心的树里才避过追捕。树是否有什么寓意，我们尚且不能下明确的判断，但除了此处，剧中还至少出现两次，其中一次是在第五幕第二场（5.2.11）。当埃德加伪装成农民，救了自己的父亲葛洛斯特之后，他把葛洛斯特安置在一棵树的旁边，说："老爹爹，在这儿接受这棵树影的殷勤款待，祝祷正义胜利吧。如果我能够回到你的面前来，我就会带给你喜讯。"在这两处场景里，树显然都是给人安慰的存在，为人带来护佑。我们不妨借助马基雅维里的《兵法》来做一番理解。《兵法》中的对话场景发生在一个花园里。根据著名学者皮特金（Hanna F. Pitkin）的解释：

> 因此，培养军事方面的凶猛不是一种放纵，而是对文明和"各种技艺"的保护。在"强劲严苛的事物"中复兴古代威德（virtù）的人，种下的才是真正能遮阴的树，"生活在这些树荫下的人"比在其他任何庭园都"过得更加繁荣和幸福"。（《兵法》卷一）[③]

---

① 《王制》还描述了暴风雨中另一种被迫的哲人类型，即忒阿格斯（496d–e），但在苏格拉底看来，"并不算最好"，因为这个人终究没有成长得更好，也未能更好地保卫公共事务和私人事务。（497a）

② 原初的四开本和对开本从2.2.172行往下是延续的，也就是说依旧隶属于第二幕第二场。但是，多数的版本从埃德加登场这里开始划分为第三场（比如牛津本），卞之琳的翻译也是如此。

③ Hanna F. Pitkin, *Fortune is A woman: Gender and Politics in the Thought of Niccolo Machiavelli*, California: University of California Press, 1992, p. 80.

很显然，树是一种保护，尤其意味着某种政治性的保护。马基雅维里其实继承了西塞罗的笔法，《论法律》就是以一棵橡树开始，它“将会不断世代相传，永远生长”，它象征着诗歌（或者广义的文化）对政治的滋养。埃德加此刻的空心树似乎意味着文化和此刻这个世界的凋零。但是树这个意象意味着，世界将永远是这个世界，无论其是否赤裸于自然，而人的政治生存需要类似于树这样的庇护，包括肉体层次的和精神层次的庇护。这一点将突出地体现于暴风雨中李尔王所必需的身体安慰与他渴求的哲学和正义慰藉。此处则只提及与埃德加的关系。埃德加深陷困境，不得不以疯汤姆的面目委曲求生，但即便困于葛藟，他依旧要寻找到这树一般的保护，或者成为这样的保护：保护自己、保护父亲、保护李尔王乃至于保护这个政治共同体。这才是他伪装的疯狂背后的根本原因。若从莎士比亚的角度看，其原因或许在于，一个政治体无论出于何种困境，只有在埃德加这样的年轻人有可能存在时，困境才有拯救的可能。埃德加在剧中是自我教育，而《李尔王》的读者则将接受莎士比亚的教育。

埃德加的疯狂，首先是一种自我保护。面临追捕，埃德加说要保全自我（I will preserve myself）。“保全”一词，剧中只出现两处，而且均出自埃德加之口，另外一处是在他拯救了父亲之后对葛洛斯特所言：“那么，幸运的老伯伯，想来是最清明的诸神保全了你，他们能做到凡人做不到的事情。”（4.6.72－74）——葛洛斯特之幸运（happy）也正是埃德加此刻逃脱追捕之幸运（happy），这前后的对应一目了然。

保全表面的意思当然就是保全生命，埃德加后来又保全了葛洛斯特的性命。但是，如他后文所言，“想来是最清明的诸神保全了你”，这个保全就多了一层含义，他保全了他的父亲所信任的神意世界，而试图夺去他们的生命以及其完整的政治世界的，恰恰是埃德蒙和他所代表的新人。

埃德加保全自己的方式是装疯，但首先是“最卑贱又最可怜的形状”（basest most poorest shape），也就是乞丐和疯癫的形态。“base”一词似乎表明，此刻埃德蒙达到了他的目的，高与低的政治位置已经颠倒。[①] 因此埃德加的生存形式是：“他们高声叫喊，用针哪，木锥哪，钉子哪，迷迭香的树枝哪，刺在他们麻木而僵硬的手臂上。”（2.3.15－18）柯勒律治认为：

---

① 参见 William C. Carroll，“‘The Base Shall Top Th'Legitimate’：The Bedlam Beggar and the Role of Edgar in *King Lear*，” *Shakespeare Quarterly*，Vol. 38，No. 4，Winter 1987，pp. 426－441。埃德蒙的《自然颂》里预言了这种情形。

> 埃德加装疯是为了减轻李尔王真疯引起的震动，同时又表现了两种不同的疯狂。在整个戏剧文学领域内，作家都习惯把疯狂表现为神志不清，只有《李尔王》是唯一的例外。在埃德加的疯话中，莎士比亚使你随时随地看到一种固定的目标、一种实际的目的——可是在李尔王的疯话中，这只是一种痛苦的反复，一种永不前进的漩涡。[①]

科勒律治对李尔王的偏见姑且不论。什么是埃德加疯狂背后的“固定的目标”？当他成为被侮辱与被损害者中的一员，他需要认识自己，认识世界，这将是一场深刻的自我教育与自我放逐。当埃德加成为疯狂的苦汤姆，埃德加就不再是埃德加。（Edgar I nothing am，2.3.21）这是和疯狂的李尔王一样的哲学时刻：我何以是我？人何以为人？埃德加起初在埃德蒙口中是愚蠢的兄长（a brother noble，1.2.177；foolish honesty，1.2.188），[②] 他必须要重新反思自己的整个生存情态。但这也必然触及人在世界之中生存的本质考察。佩克（Russell A. Peck）在《埃德加的朝圣之旅》文中认为，《李尔王》的核心是剧中人物的成长，或言再教育的过程，李尔王对自己的新认知是全剧的核心，与此形成最大对应的则是埃德加的精神历程。[③] “埃德加剧中的行为是人对自己在宇宙（或整体）中的身份与意义的人文主义（humanistic）努力的一个部分。”这种努力是否是“人文主义”这种术语姑且不论，但埃德加的疯狂所指向的人在宇宙整体中的位置，意味着他不会把人视为纯粹自然的动物，他的“自我保存”绝不是霍布斯和斯宾诺莎的自我保存，因为他既要在疯狂之中自我保存，也要帮助绝望的父亲生存下来。

“最坏还不是最坏，只要我们还能说‘这是最坏了’。”（4.15-6，28-29）埃德加这里所谓“最坏的”不过就是死亡。霍布斯对此所言是什么呢？正是出于“对死亡的畏惧……人们才不得不同意［条件］”，那是一种极恶（summum malum）。霍布斯以此摧毁了古典目的论和德性伦理。[④] 埃德加没

---

① ［德］歌德：《读莎士比亚》，张可、王元化译，上海：上海书店出版社，2008 年版，第 201 页。

② Andrew Cecil Bradley, *Shakespearean Tragedy*: *Lectures on Hamlet*, Othello, King Lear, Macbeth, London: Macmillan & Co., 1924, p. 244.

③ 参见 Russell A. Peck, *Edgar's Pilgrimage*: *High Comedy in King Lear*, pp. 219-237。

④ 参见［英］霍布斯《利维坦》，黎思复、黎廷弼译，杨昌裕校，北京：商务印书馆，1986 年版，第 96-97 页。参见 Alex Schulman, *Rethinking Shakespeare's Political Philosophy*: *From Lear to Leviathan*, 前揭，p. 127。另参见 Leo Strauss, *Natural Right and History*, Chicago: University of Chicago Press, 1953, pp. 166-202。

有遵循这样的自然状态论，而是采取了另一条道路。他之被骗、蒙受耻辱以及整个成长过程，既是自我成长，也在这个成长过程中理解最残酷的生活，继而帮助父亲，帮助李尔王，这才是他最后得以成为新一代伟大政治家的缘由。这个角色本身就可以成为新时代人的"引路人"。

但是，埃德只有在伪装的疯狂里才能保护自己——这种疯狂却具有某种极其真实的意蕴。或者，进而言之，只有经过疯狂或者伪装，才能成为引路人。[①] 这并不是一个普遍的道理，而是对于埃德加来说，进入真实或伪装的疯狂，他才能够最大限度地理解自己的生活，理解生活本身。很显然，如果埃德蒙陷入这样的困境，他断然不可能自助而助人——这意味着，能够成为引路人的人必定有其特殊的天性（nature），这个天性，恰恰是埃德蒙所鄙弃的"愚蠢"，即对亲人、对共同体朴素真挚的爱，一种原初的善良德性。

福克斯（Foakes）在解释埃德加的形象时非常敏锐地发现："埃德加明显具有某种象征的功能，象征着某种'不合时宜的人'（unaccommodated man），却能带领李尔王和葛洛斯特达到某种新的道德意识，作为一种善的力量克服争斗中的恶。"（第 49 页）但随后，福克斯又变得含混，认为埃德加的性格难以理解，很快就放弃了自己敏锐的发现。其实，埃德加的不合时宜就在于他对善的坚持。葛洛斯特也不明白，在自己罹逢困厄，遭受如此苦难，竟然还有人愿意帮助自己。埃德加给出的原因是：

> 一个最苦的可怜人，乖乖地受尽了命运的打击，切身体验了忧患，因此最容易动怜悯，你把手伸给我，我带你找个安顿处（I'll lead you to some hiding）。（4. 6. 217 – 219）

埃德加受了苦，所以更懂得人间之苦。这个回答最美好的地方在于，埃德加出于人子的孝顺，广及所有困苦者，对他们产生了同情——不仅仅是同情，更是感同身受。因此，埃德加不停改换自己的口音和外形，试图在多佛港口拯救绝望的父亲，这不仅仅是安慰自己的父亲，更是对受苦者的安慰。而且，正是在盲目的葛洛斯特身上，埃德加的引路者角色得以最早呈现。在第四幕第一场结尾，埃德加对葛洛斯特说："疯汤姆将领着你。"

---

① 参见 Stanley Cavell, *Disowning Knowledge: In Six Plays of Shakespeare*, New York: Cambridge University Press, 1987, p. 55。

(lead, 4.1.82)[①] 这种引领就此成为埃德加在剧中最重要的形象特征。引领的表面形态是埃德加领着双目失明的葛洛斯特前往多佛，更重要的形态则是埃德加对父亲生命的拯救。

当埃德加通过伪装的方式将葛洛斯特引至他所以为的悬崖时，自以为将不久于人世的葛洛斯特说了一段临终说辞。虽然他这一次并没有死去，但这确实是他内心真实的临终遗言——跪下的动作也说明了这一点：

> 哦，你们威严的诸神！我现在弃绝尘世，在你们的视野（sights）之内，安然摆脱我的巨大痛苦。如果我还能忍受苦痛，而不致和你们不可抗拒的意志冲突，但可厌的风烛残年的自然（nature）也还是会烧尽。如果埃德加还活着，哦，祝福他！那么，伙计，再见吧！(4.6.34－41)

葛洛斯特以对神明的吁请开始。葛洛斯特和李尔王不一样，即便遭受无端放逐与盲目之痛，他也没有质疑自己相信的诸神世界，经历痛苦并不是怀疑神义的理由。他只是想早些结束这种人生痛苦，没有更多的埋怨，只有对埃德加的愧疚。岁寒方知松柏之后调，葛洛斯特的临终之辞足以彰显其人格之高贵。也正是由于他对神明的信任，埃德加对他的保护才有可能："想来是清明无比的诸神（clearest gods）保全（preserved）了你，他们能做到凡人做不到的事情。"（4.6.73－74）埃德加对葛洛斯特的"保全"以后者能够相信的方式，这就是说，埃德加对父亲的保护首先基于对父亲的神义世界的保护。

但是，作为引路者，这里出现了一个明显的悖论。埃德加试图引导父亲度过暮年人生的昏暗，但是葛洛斯特被救之后，还是只求速死，那么这样的引路有什么意义呢？第五幕埃德加遇见奥本尼的时候，描述了葛洛斯特之死："可是他的心先有了伤痕，啊！经不起激荡，悲喜两端的情感交织，他含笑而崩裂了。"（5.3.195－198）在此之前，剧本中埃德加对葛洛斯特说的最后一句话是："来吧，老爹爹，我找个朋友处安顿你。"（4.6.281）在这两句话之间，埃德加一定告知了葛洛斯特的真相，葛洛斯特悲在自己和埃德加的处境，喜则是知道长子尚在人世，并且成为自己的眼睛。这意味着神义或者说正义的某种实现，而不仅仅是一种心理的慰藉，这正

① "Lead"是一个非常简单的词汇，但在本剧中的出现，大多与李尔王自我的引路、与埃德加的引路有关。

是莎士比亚的深刻所在。

让我们比较一下柏拉图《王制》中的说法。苏格拉底曾经说：“一个人，无论看护什么东西，他应当是一个目盲的护卫者呢，还是应该视力敏锐呢？这应该是很明白的吧？”（484c）“没有知识的意见全都很丑吗？其中最好的也还是盲目的（τυφλαί）。或者，在你看来，那些没有知识而持有某些真实意见的人，与在正确的道路上行走的盲人有区别吗？”（505c）①

那么，很显然，盲目与否不是一个简单的生理疾病，而是一个政治象征。莎士比亚这些考虑是古典时代常用的政治比喻——这实际上出自我们的生活常识。葛洛斯特的目盲，就是作为一个政治家的目盲，同时也暗示着李尔王因愤怒而导致的目盲。因此，借助柏拉图的说法，我们可以说，李尔王在剧中最后成为这样一个盲目的人，一个盲目的船主，或者一个不合格的城邦护卫者。因此，他比葛洛斯特更加需要引路人。

也正是在第四幕第六场里，李尔王头戴疯狂的花冠出现。这一场中李尔王的形象远不如暴风雨中那么知名，但正如埃德加所言“事实夹杂着胡话，疯狂中自有理性”（resaon in madness，4.6.170－171），疯狂与理性并呈，与暴风雨中的李尔王如出一辙。但是与暴风雨中的哲学疯狂略有差异的是②，李尔王此处很少谈及自然，而更关注政治与正义。他也提到自然，但这更多指向他作为人的自然：“我就是天生受命运捉弄的愚人。”（I am even the natural fool of fortune，4.6.186－187）李尔王这一段反复强调的，其实是自己的国王身份：“我是国王本身”（I am king himself，4.6.84），“完全的国王”（every inch a king，4.6.106），“我是国王”（I am a king，4.6.196）。这并不是因为他贪恋国土权位，毕竟剧本开场，他就做好政权交接的准备了（1.1.1－6）。实际上，李尔王反复追问的是：什么才是国王？假若为政之人不行正义，怎么还可以称之为“王”？所以，从台词上看，他反复追求的唯有正义而已。他悲哀疯狂的诉说，只是要实现经历种种苦难之后的正义。因此，李尔王的疯狂从来没有转向纯粹哲学，而始终是政治哲学。正是在正义的层面上，埃德加成为李尔王的引路之人。

---

① 对比488a－b：“尽管船主（ναύκληρον）身高力壮，船上的所有人都不能及，但他几乎耳聋，视力也不大好，而他的航海知识也不过尔尔。”

② Paul A. Cantor, “The cause of thunder: Nature and Justice in King Lear,” in *Poets, Princes and Private Citizens*, edited by Joseph M. Knippenberg and Peter Augustine Lawler, New York: Rowman & Littlefield Publishers, 1996, pp. 230－252.

第三幕的暴风雨一场中，李尔王频繁称埃德加为“哲人”，但是，埃德加说了一句点睛之语：“让我们正义地审判。”（3.6.40）李尔王对埃德加的称呼也同时改变，他不再称其为“哲人”，而是“最博学的法官”（most learned justicer，3.6.18），“你着长袍的法官”（Thou robed man of justice，3.4.32）。[①] 在这个虚拟的审判场景之中，埃德加成为李尔王期待的正义的政治人，一个根植于自然正义的政治人。埃德加成为一个形式性的存在，或者说是李尔王在哲学疯狂中构拟的纯粹正义形式。在这个意义上，埃德加当然是李尔王的引路人。只是，这似乎与埃德加本人没有关系，而仅仅是李尔王的意识构造。

依旧是在第四幕第六场里，埃德加实施了正义的行动。埃德加杀死奥斯瓦尔德，这是剧中第一次进行正义的复仇。埃德加杀死了高纳里尔的管家奥斯瓦尔德：“我深知你的为人，一条跑腿的乏走狗，女主人犯什么罪行，都唯命是从，要多坏，有多坏。”（4.6.247－249）如果说，李尔王暴风雨中的虚拟审判预演了第五幕的最终审判，那么此处埃德加杀死奥斯瓦尔德，则是李尔王吁求的正义的首次实现。这次实现将会预演埃德加杀死埃德蒙的正义，预演国家由战争和分裂而重回政治秩序的正义。实际上，埃德加成为李尔王的引路人，并非引导李尔王如何行为，而是成为实现政治正义最重要的行动者之一。

埃德加杀死奥斯瓦尔德之后，发现了一封高纳里尔致埃德蒙的情书。这大约是最无情的情书之一。所谓无情，是指她对奥本尼的无情，所谓情书，是指对埃德蒙的情话。“我们要记住彼此的誓约。你有许多机会除去他（cut him off）。”（4.6.256）这封信的主旨并非谈情说爱，而是强化埃德蒙刺杀奥本尼的心志。或者说，他们两人的感情是以共同的政治野心为前提或催化剂。不加节制的自然欲望必然导致非正义的政治。埃德蒙在剧中一登场，就要为自然欲望正当化提供“自然”的理据，这是历史上最早的自然权利论的文本。埃德加的疯狂和李尔王的疯狂——无论其真实或伪装，都出于这个缘故。这种自然欲望正当化的人是什么人呢？李尔王就此有一句千古传颂的台词：

> 我们出生时，因为来到这个愚人们的广大舞台，所以放声大哭。（4.6.178－179）

---

① 对比《王制》408c。

戴着花冠的李尔王喃喃泣诉。如果正义没有实现，这个世界就是一个完全不值得生存的世界：愚人遍布。从《李尔王》来看，自然状态其实既非人类生活的本然现实，也非政治哲学可以由之而奠基的思想原点，而是自然欲望正当化之后人被抛入其中的政治和思想境况。假如我们不想像海德格尔那样，为这种被抛状态做哲学合理化的论证，那么，埃德加伪装的疯狂，或许可以作为这种自然状态的某种解药。

（作者单位：中国人民大学）

“心”和“展开”：论《哈姆雷特》开场的两个词语

姚云帆

摘　要：《哈姆雷特》第一幕第一场开端的两个术语“心”和“展开”对全剧核心思想和情节逻辑有重要暗示。尽管有一些学者已经对此进行了思考，但本文试图从视觉艺术史和政治哲学史的角度，对这两个词语进行讨论。通过将“展开”概念同德勒兹的褶皱概念、沃尔夫林对巴洛克时期的研究进行参照，从而澄清“展开”概念作为“去褶皱”的意义。与此同时，通过对勘詹姆斯一世政治思想中对“君主之心”和镜像关系的讨论，结合康托洛维奇《国王的两个身体》的相关讨论，《哈姆雷特》开场中“心”的含义得以澄清。

关键词：展开；心；巴洛克；镜像；《国王的两个身体》

“展开”问题：理解《哈姆雷特》的一个视角

《哈姆雷特》第一幕第一场并非这部戏最为亮眼的部分，却是该戏不能忽略的部分之一。某种程度上，第一幕第一场既是引入整个戏剧情节的楔子，又是象征性地总结这部戏剧整个框架的总纲。从开端中“心病”（the heart is sick）到结束处金鸡报晓、基督升天的场景，这一幕以象征的方式，呈现了戏剧在复仇剧的表象掩盖下，具有根本性的救赎剧特征。而在整个第一幕中，“展开”（unfold）一词成为关键词。这一词语不仅是第一幕的关键词，而且是理解《哈姆雷特》内在主旨的核心概念。学者们对“展开”一词的用意有着诸多讨论。在《无物之物：哈姆雷特中的灾变身体》中，亨特（John Hunt）指出：“在面临灾变的埃尔西诺，政客们试图让哈姆雷特面向站立，以此发现他表面隐藏的秘密。”① 亨特的论证将“展开”看作个人身体和国家实体中阴谋和灾难的揭示。哈珀恩（Richard Halpern）则指出，这一词语暗示了后面戏中哈姆雷特激发克劳迪乌斯公开罪行所隐藏的意图，并认为，“展开”一词延伸了古希腊悲剧诗学中“制作”（poesis）概念的逻辑：制作不仅再现曾经出现的行动，而且能激发人们响应的行动。② 瓦利（Christopher Warley）在《霍拉旭的幽灵》中则通过暗示霍拉旭逃学（truant）襄助哈姆雷特这一情节，将“展开”一词看作两者辩证关系的展开。实际上，是哈姆雷特一直在“逃学”（英语“逃学”和“逃避责任”是一个词），即便杀掉了父亲也没有作为人子履行国王的意思，“展开”一词在这里担负着通过普通言辞推延哈姆雷特实施正义行为的职能。③

值得注意的地方在于，上述研究立足于“展开”一词在整个戏剧中的暗示和隐喻价值。如果勾连“展开”一词的文化史、艺术史和政治思想史语境的关涉，仍然有些线索亟待展开。因此，本文试图通过细读第一幕第一场的开头，试图对这一论题进行深入分析。

展开和“去褶皱”：北方文艺复兴运动中的人的形象

在《哈姆雷特》开场，主角没有出现，而是出现了两个卫兵。卫兵具有非常重要的象征意义，说明国家处于一种紧张的状态，有着治安或者军事问题。接下来，我们看到了卫兵的问话：

> 那边是谁，
> 停下，回答我，展开（unfold）你自己（*Hamlet*，Act1. 1 –2）④

展开一词和“一块”（a piece of）一起形容人出现时，我们发现，敢于将自身置于人的视线中的人，是相对有尊严的，可以交流的人，而躲着的人往往是没有尊严的，甚至连人都不是。但是，即便人展开了自己，他仍

① John Hunt，“A Thing of Nothing：The Catastrophic Body in Hamlet，” *Shakespeare Quarterly*，Vol. 39，No. 1（Spring，1988），pp. 27 –44.

② Richard Halpern，“Eclipse of Action：Hamlet and the Political Economy of Playing，” *Shakespeare Quarterly*，Vol. 59，No. 4（Winter，2008），pp. 450 –482.

③ Christopher Warley，“Specters of Horatio，” *ELH*，Vol. 75，No. 4（2008），pp. 1023 –1050.

④ 所有《哈姆雷特》引文参考 William Shakespeare，*Hamlet*，Oxford University Press，1987。

然是一小块，或者一小片东西。这与寒冬夜间的寒冷和黑暗形成了鲜明的对比。在法国哲学家德勒兹晚期的著作中，“褶曲”（Fold，le pli）作为巴洛克时代的独特风格被描述。德勒兹指出，相对于笛卡儿（René Descartes）对连续平滑的直线和可分线段之间泾渭分明的论述，莱布尼茨则强调，恰恰是某些在特定处所中的扭结（cohésion）、持存（durete）和自在封闭，聚合为一个平滑的曲线或者曲面。褶曲便是世界链条打结的这一个个处所。[①]而德勒兹产生这一想法的另一个灵感来源，并非哲学家，而是艺术史家沃尔夫林（Heinrich Wolfflin）。后者将点、线和面的类型学界分，看作文艺复兴以降视觉艺术风格断代的重要依据。其中，文艺复兴时期以符合几何比例的勾线作为主要的表达手段，巴洛克视觉艺术中，团块（massen）成为视觉艺术表达的主要手段。[②] 作为复杂线头的扭结，团块最终让勾勒景色和人物的线条和色块，摆脱几何比例和光影比例的限制，成为某种消解既定视觉秩序的力量。但是，与此同时，团块之间的某种凝聚、碰撞和汇合，最终使图画中的每一个人物，成为构图秩序中的一部分。

由此看来，“褶子”和《哈姆雷特》的开场中的展开，并非完全风马牛不相及的东西，它实际上是一种世界观在戏剧中的映射，从而开启了我们对《哈姆雷特》理解的某一前提。通常，在中国文化界，谈到“文艺复兴”这一概念，往往首先想到的是一场以意大利为中心，传播至整个欧洲，并成功促进欧洲现代转型的思想文化运动。但是，这一看法，并不能涵盖整个欧洲艺术，乃至欧洲社会当时情形的方方面面。仅就怎么画人来说，就是一个非常重要的问题。众所周知，在文艺复兴视觉艺术史上，有一个很重要的事件，就是“维特鲁维人”的发现和传播。[③] 这是古罗马建筑学家维特鲁维按照几何黄金比例所勾画的一个完美男体。这幅构图在意大利重见天日时，赢得了艺术家的关注，他们中最为著名的就是列奥纳多·达·芬奇，他在手稿中临摹了这幅构图，并对它所规定的人体比例进行了计算和分析。

但是，“维特鲁维人”以及其对文艺复兴艺术家们的影响说明了一个问题，在意大利文艺复兴时期，出现了一个非常重要的倾向，即完美的人体是没有真正晦暗、模糊和无法说清楚的部分的，只要凭借“数学”“几何”

① Gilles Deleuze, *Le Pli: Lebniz et Baroque*, Minuit, 1988, pp. 5 - 6.

② Heinrich Wolfflin, *Renaissance und Barok*, München: F. Bruckmann, 1908, pp. 16 - 18.

③ Lonardo da Vinci, *Note Books*, Oxford University Press, 2008, p. 134.

等“计算工具”，人的一切可以清晰地呈现在观看者的面前。这符合我们看意大利文艺复兴盛期绘画的直观感受：所有细节的纤毫毕现，符合几何比例的人体构成，没有暗色，没有强光和彻底黑暗的对比，颜色鲜艳。但是，这种表面上让人看起来“像人”的人文主义绘画观，包含着一个极为有趣的预设，所有把人画得像人的手段，恰恰来源于可以凭借计算和实验把握的现代科学技术：数学、医学解剖学、光学。而且我们还不能忘记，这幅对文艺复兴大师们有着深刻影响的画作，其作者并非画家，而是一个工程师，他实际上是把人当成一个建筑来分析其结构的，而在当时，无论是建筑物，还是制造建筑物的器械，都被称为“机器”（machina）。因此，后来笛卡儿，以及更为激进的拉美特里（La Matire）提出的“人是机器”的问题，在“维特鲁维人”那里，都能发现端倪。

但是，将“完美的人体”，进而将“完美的人”看作“机器”，实际上产生了西方文化史上的某种潜在矛盾。按照《圣经·创世记》的说法，人是按照上帝的形象（imago Dei）被造出来的。因此，完美的人体就应该是无限接近上帝的一个被造物。但是，如果把人看作机器，无论从古罗马的语境，还是从文艺复兴的语境来看，“机器”都具有这样的特征：（1）相对于创造者上帝的封闭性和自主性，从“解围之神”（又译“机械降神”）这一戏剧－神学术语就能看出，作为创造者的上帝是外在于机器的（尽管这个神又是机器机制所产生的结果）；（2）其内部空间运行机制的自动性和自洽性，即一旦运作起来，它对外部力量的依赖就会变得很少。

这就意味着，从思想史的角度看，意大利文艺复兴时期对“完美人体”的构图逻辑不得不面对这样一个悖论：对人的形态的完美化构造，既是对以《圣经》文本为基础的基督教神－人关系的一种强化，又包含了对这种关系的某种巨大疏离。这种通过几何学、光学和生理学来把握人的构造的努力，似乎是让人通过更好地认识人来更好地理解上帝，实际上却隔绝了基督教通过《圣经》中对上帝的启示来理解人的形象这条基督教神学的正统道路。这样的结果，昭示了现代理性主义思潮实质上胜利的开端。达·芬奇素描中的“维特鲁维人”象征了现代人理想形象的合理性和透明性：头和四肢用象征圆满的圆形图案锚定，而胸腔中部上的第一点，既处于圆心位置，又是身体的黄金分割点，每一块肌肉，每一块骨骼都立体地呈现出来，没有掩饰，没有无法显示出来的东西，却彻底合乎规范，毫无旁逸、变形和扭曲。

可是，在同时期或是稍后的欧洲其他地区，存在一种完全不同的对人像的设定，即对人的形态的描述逐步逾越，甚至背离了“维特鲁维人”这一达·芬奇心目中的典范。至于这种背离的缘起是南方文艺复兴运动的自我变化，还是带有西北欧文化独有的因素，在19世纪末期艺术史家对北方文艺复兴运动的研究中，尚无定论。但是，这种对“维特鲁维人”形态的背离，却和巴洛克时期思想的独有特质有着非常密切的联系。而《哈姆雷特》的人物所具备的形态，恰恰不是维特鲁维形的，而是褶子形的。因为，所有人都将自己看作“一块”人，并且必须通过展开自身，才能和他人产生交流。

当我们查询《牛津英语大词典》时，会发现“fold”这个词的含义具有一种独特的含混性。一方面，这个词最早的义项是如下两个：“(a) 土地的表面，大地 (the surface of the earth; the ground)。(b) 干燥的土地，尘世，人所栖居的地方 (dry land; the earth, as the dwelling-place of man)。”[①] 从这两个义项中，我们发现了褶曲和土地之间的关系，一方面，它指宽泛意义上的土地，另一方面，它又特指一种失去了水分、有沟壑、不平滑的特定场所。这样一种用法在1470年之后变得日渐稀少，而第二种用法出现，这就是将“fold”一词看作家养动物，尤其是羊的围栏，并还产生了一层引申义，即教会或者统治者对民众的保护和豢养。这层引申义一直保留到19世纪，在雪莱的《突闻拿破仑往生》中，仍然将他比喻为“天豢羔羊中的最后一只”(the last of the flock of the starry fold)。接下来，我们才发现我们通常所熟悉的“fold”一词的含义：遮蔽并包裹在人和物表面的一层薄膜，它被事物的曲折所塑造和决定，能反映出这层曲折，却又束缚了事物把这层曲折绽放而展开出来。

我们无法断定莎士比亚在使用“unfold”这个词的时候，心中到底着重其词干“fold”的哪个义项。但是，这使该词所具备的含混性不仅具有单纯的修辞性和文学性，而且成为对北方文艺复兴，或者巴洛克时期个人生存状况的某种具有深度性的描述。以“褶曲”状态生存的人似乎有着三种特质。首先，他是属于土地的，在基督教中，土地的角色十分微妙，它是上帝造人的质料，又是人辛劳堕落的场所；非但如此，处于“褶曲”状态中的人，似乎与一种不平滑、贫瘠而又充满沟壑的土地场所产生了联系，这

---

① 参见 *Oxford English Dictionary*，“Fold”电子版本，Oxford University Press，2009。

意味着，他们的生存方式并不丰富，却充满了晦暗莫测的线条、团块和扭结。其次，如果从“围栏”这一义项看，以及其基督教引申义看，处于“褶曲”状态的人似乎处于一种善意的拘禁之中：主人限制群羊的活动，是为了它们的健康和安全，正如上帝照顾我们，把我们拘禁在有限的尘世之中，是为了滋养我们的精神，并保护我们不受尘世邪恶的伤害。但是，与上文中将“fold”单纯解释为土地的义项不同，这层意思蕴含了一种希冀，在围栏开放时，被上帝豢养的个体最后能够得到拯救。最后，才是“unfold”这个词最为浅表却意味深长的含义——如何将自身的褶皱去除？是像撕开面具一样，露出人表面之下深藏的鬼蜮黑暗？相反，“去－褶皱”（unfold）并非将人所处的贫瘠彻底暴露，让纯粹的黑暗统治这个世界，而是通过褶皱的展开，平滑而连续的人体与其表面幽暗而扭曲的断裂、绵延和阴影，最终构成了人的形象，用来遮蔽的障蔽成为映现真相的平面。

这样一段论述“展开”一词的文字，并非一种无关的闲话。某种程度上，在德勒兹和沃尔夫林对巴洛克风格的理解中，哈姆雷特的主旨得以与视觉艺术史的断代分期形成呼应关系。正是在被称为“北方文艺复兴”或是“巴洛克”的时代，一种被德勒兹称为“光亮蜷曲”（ondelumineuse）[①]的生存状态构成了社会秩序的重要特点：一方面，个人被整个幽暗的尘世所包围，这就好比剧本开始时那幽深凄冷的长夜；另一方面，人内秉的某种清醒的理智和他摆脱这样一种尘世桎梏的渴望又会抵抗这样一种浓稠凄冷的黑暗，使得人所在的位置成为某种黑暗中明亮的空洞。黑暗弥漫的越深，孔洞就会越来越内卷、扭曲，可是，由于个人内在力量的不断抗争，他的内在光明所接触的横截面积，就会越来越大，物质的黑暗和人性光明争斗所造就的痕迹就会越来越繁复而璀璨。而最终，这样一种光明的力量会彻底冲破坚硬的尘世桎梏，而人身心内部的光亮最终转化为照亮、净化和改造既定尘世秩序的力量。

这就是《哈姆雷特》核心的力量所在，相对于意大利画家们对人的勾勒，它并不试图勾勒一个完美的“人形机器”，用它的力量，逐步改变基督教的人神关系的论说。相反，它在更为激烈地维护了基督教一神权威的同时，抬高了人的地位，弱小者“人”的自我展开，最终会卸下其幽暗的尘世重负，用自身的力量获得救赎。与此同时，与意大利文艺复兴思潮不同，

① Gilles Deleuze, *Le Pli: Lebniz et Baroque*, Minuit, 1988, p. 105.

“人”的自我展开并不借助于某种几何或者计算科学的规范性力量，相反，必须通过和既定政治秩序的对撞，以哈姆雷特为代表的“人”才能展开自己，从而让自己的内在光亮破茧而出，而他为此所做的所有努力，并非一种形而上学-科学的计算，而是一种政治性的挣扎。

一方面，这是20世纪90年代以来，一系列英美学者借助“政治神学”(political theology) 范式，对整个莎士比亚悲剧和历史剧解读的某种重要见解，通过对“国王双身论” (king's two bodies) 在莎剧中鲜明有效的对应物，洛伦兹 (Philip Lorenz)、哈维坎普 (Anslem Haverkamp) 将莎士比亚历史剧和悲剧看作某种权力讽喻 (allegory of power)。通过展示西方主权权力的谱系，上述作者试图从中发现后“9·11”时代大国主权权力行使逻辑在思想史上的渊源，并重新理解西方政治现代性的展开逻辑。[①] 另一方面，无论是公民共和主义，还是施特劳斯派的哲学家，都试图将《哈姆雷特》看作某种“国家理由”和“个人自由”之间的张力，这种解释实际上并未摆脱《哈姆雷特》研究的“生存论”阴影，并将福丁布拉斯的继位看作哈姆雷特对国家的背叛。哈姆雷特或被看作缺乏治国能力的“哲学王”，或被看作失败的“基督教王子”，其政治秉性被彻底消解。[②]

笔者想要提出的问题是，哈姆雷特是不是一个只在乎“生存，还是毁灭”(to be, or not to be) 的吟咏者，抑或说，他的某种“生存论”的关切，是不是只有在当时某种文化-政治秩序的内部才得以澄清。换句话说，哈姆雷特所有的“哲学问题”，是否并非“哲学性”的，而是真正的政治性的。这就必须对上述两种解释路向作出自己的回应，作者虽然非常倾向于“政治神学”范式，但试图扬弃其过度“仪式化”的解释机制，因为作者并不简单将《哈姆雷特》看作一种“权力的仪式”。哈姆雷特的出现，恰恰改变了这一仪式的展开方式，从而激发了本雅明所谓现代戏剧和现代政治的全新“出路” (durchgang)。[③] 但是，与此同时，我们不能将《哈姆雷特》看作某种“反政治”的戏剧，无论对这样一种“反政治”姿态的评价是积极抑或消极。针对许多学者将哈姆雷特看作“反马基雅维里主义者”的典

① 参见 Anselm Haverkamp, *Shakespearean Genealogies of Power*, Routeledge, 2011; Philip Lorenz, *The Tears of Sovereignty: Perspectives of Power in Renaissance Drama*, Fordham University Press, 2013。

② 参见保尔·康托《哈姆雷特：世界主义的王子》，载《政治哲学中的莎士比亚》，北京：华夏出版社，2007。

③ Walter Benjamin, *Gesammelte Schriften I*, Suhrkamp Verlag, p. 334.

型代表，笔者试图通过展开“哈姆雷特”名义之下的诸多晦暗之处，呈现出一个高度政治化的丹麦王子形象，其真正的目标并非王位，而是被寄托了现代英国，乃至现代西方全新政治秩序的某种可见形式。

镜象与王者之心：《哈姆雷特》开篇中君主形象的展开

那么，《哈姆雷特》的整个故事情节是怎样展开的呢？

这时候，对面的人说话了：

> 国王万岁！（longlive the king！）（*Hamlet*，Act1. 3）

如果注意到康托洛维奇的《国王的两个身体》（*The King's Two Bodies*：*A Study in Medieval Political Theology*），就发现这样不是闲笔。康氏认为，中世纪的时候，国王有两个身体，一个是自然身体（natural body），一个是神圣身体（sacred body），死的时候，只有自然身体死了，神圣身体没有死，继位的国王享有神圣身体，只是换了自然身体。[①] 但是，这个神圣身体不是随便就附到新国王身上的，为了让继位的国王将神圣身体附着于其上，即使之“具身化”（embodiment），就必须借助符号和仪式的力量。其中，一个最重要的仪式就是“画葬”，就是将旧国王的肖像烧了，然后将新国王的肖像挂上去。这实际上模仿的是耶稣升天的过程：旧的肉身消失，新的肉身降临，而这个新的肉身还是神圣君主的具身化形式。因此，国王的葬礼是很重要的，而《哈姆雷特》开头正好是丧礼和婚礼的扭结之处，丧礼刚完，整个军队的口令就是“国王万岁！”这显然是个暗示性的反讽。

当然，还有一种可能是军队的换岗口号一直是“国王万岁！”但是，这种可能不大容易出现，因为在这种紧急状态之下，都城的禁卫如果不换口号，太容易被人蒙蔽了。实际上，我们一读就知道，“国王万岁！”这个口号是暗示新君主继位是正当的，新国王就应该成为老国王形象的替代者。但是，我们大概知道故事的话，就会发现，新国王的地位得来的方式并不是正当的，这就导致出现了一个非常复杂的继承权问题。另一个值得一提

① 〔德〕恩斯特·康托洛维奇：《国王的两个身体》，徐振宇译，上海：华东师范大学出版社，2018 年版，第 78 – 79、638 – 669 页。该书往往把“政治身体”、“共体”和“神圣身体”看作一个概念。

的是，康托洛维奇和他的学生吉赛（Giesy）提到了国王的画像（Effigy's image）在王位继承中的枢纽作用，而老哈姆雷特的“形象”，恰恰在这一应该被替换的时刻完全地展开了，这又和上文中的“褶皱/展开”问题有着密切的联系。因此，《哈姆雷特》这部戏剧，既包含了政治权力问题，又包含了艺术史和图像理论的问题，而这两个问题的交叠共振，将是我们在后面仔细解读《哈姆雷特》的一个重要路径，但是，此处，这个问题只是刚刚“展开”而已。

接下来说到，打更刚打到12点，接下来一句话比较妙：

> 多谢换岗，太冷了
> 冷到透心凉啊（sick at heart）

注意，这是第一次出现“心”（heart）这个词，对莎剧中“心”的解读，来自洛伦兹，这是美国学界写政治神学和泛欧文艺复兴戏剧关系比较重要的一个学者。其中，洛伦兹关于“心”的解读，对我们理解《哈姆雷特》具有非常重要的价值。洛伦兹首先引了詹姆斯一世（King James I）给议会的一封信：

> 因此我不得已召汝等前来，并再次破例亲临汝等跟前以酬谢汝等，缘于朕为尽善之基督之镜。此镜非凡镜，汝等由彼鉴照自身，妍媸毕现；此镜即基督，昭昭无蔽，汝等可以此见本王之心（heart）。[①]

这段话非常重要的地方在于，它指出了“王之心”（heart of king）与“镜子”（mirror）和“基督”（Christall）之间的比喻关系。詹姆斯五世和莎士比亚的“全球剧团”（globe theater）之间关系密切，甚至传闻《哈姆雷特》公演时，他说出了“我就是哈姆雷特”这样的话。而与此同时，他又是当时非常重要的神学家，不仅主持了第一个英语统一版本《圣经》（KJV）的翻译，还写了大量关于神学与政治关系的论文，并直接影响了当

① Johann P. Sommerville, ed., *King James VI and I: Political Writings*, Cambridge: Cambridge University Press, 1995, p. 179；参见 Philip Lorenz, "Christall Mirrors: Analogy and Onto-Theology in Shakespeare and Francisco Suárez," *Religion & Literature*, Vol. 38, No. 3 (Autumn, 2006), pp. 101-119。

时的宗教－政治格局。由此看来，将“王之心”和“镜子”联系起来，显然是基于詹姆斯一世对政治的重要理解，不可被轻易打发。值得注意的是，在詹姆斯王登基的40多年前，法国就出现了一本著作《政治鉴略》（*le miroirpolitique*）。法国当代思想家福柯认为，这是现代“国家理性”（ratio status）学说的开端之作。但是，我们发现“镜子”这一形象在这部作品中，同样起到了非常重要的作用。作者皮雷尔论述本书名称的含义时指出，如果一个人照镜子，他不仅能够凝视镜子中的脸，而且能够看清楚自己在整个周围环境中所处的地位；而当政治家阅读这本书时，他就必须按照这本书照出来的“政治镜像”来把握自己在整个国家中的位置，从而更好地管理臣民和国家中的其他要素。①

由此，我们可以看到，詹姆斯王将“王之心”和“基督之境”相联系，包含着自己对治国纲领的思考，即将基督形象看作鉴照君主是否符合治国标准的核心镜像，只有国王通过比较自己在镜子中的形象和基督形象之间的差别，并通过自我修身缩小，甚至消弭这种差别，他才能成为有资格治国的君王。显然，詹姆斯王的治国原则继承了皮雷尔《政治鉴略》的逻辑，只是后者可借鉴的镜像包含了古往今来一切可借鉴的治国理念，而前者则把耶稣基督的形象看作国王唯一的理想镜像。

事情到了这一步并没有了结，詹姆斯王进一步指出，耶稣基督之所以可以成为治国的榜样，是因为：

> 哲学家们认为，诸人胸中皆有基督，此事汝等尽知，只有从汝心中才能看到这个基督。而我在上次讲话时和你们说过：尽管就所有人而言做不到这一点，但我自己可以展示给你们看，这是神圣法则中真正的核心：主的手中掌握心灵的规则（cor regis），因此我会在民众的眼睛（oculis populi）中设置心的规则。②

由此，我们发现，“心”既成为人肉身中的重要器官，又蕴藏着“耶稣

---

① 参见 Michel Foucault, *Sécurité*, *Territoire*, *Population*: *Cours au Collège de France* (*1977 - 1978*), Galimard, 2004。

② Johann P. Sommerville, ed., *King James VI and I*: *Political Writings*, Cambridge: Cambridge University Press, 1995, p. 179；参见 Philip Lorenz, “Christall Mirrors: Analogy and Onto-Theology in Shakespeare and Francisco Suárez,” *Religion & Literature*, Vol. 38, No. 3 (Autumn, 2006), pp. 101 - 119。

基督”这一镜像，而且这个形象又呈现在所有人的眼前，从而让所有人了解心的法则，承认并顺服耶稣基督对人心灵的主宰。有趣之处在于，国王在这里面的作用确实耐人寻味。詹姆斯王这里使用了“展示”（perform）这个词，在15-16世纪的英语语境中，这个词的含义并不与现在完全重合，在《牛津英语词典》中，第一个义项为“完成任务，使完成，终结和完善”（to carry through to completion；to complete，finish，perfect），并举1612年的例子“I will perform it”。与詹姆斯王所用语句相同。另有一个义项为“执行、决定和实施”，并以莎士比亚《麦克白》中的句子“Murthershaue bene perform'd too terrible for the eare”为例，最后一个相关义项为“决定和实施其应做之事”，举了莎士比亚《克里奥诺斯》“Though he performe To th' vtmost of a man”为例。①

上述三个义项组合起来，至少可以揣测出“perform”这个词在詹姆斯王这段话语境中的几层意思。首先，詹姆斯王并非耶稣基督形象本身，而是通过自己的行动将这一形象以镜像的方式“展示”给我们，这也就意味着，我们所看到的镜像，并非耶稣基督的镜像，而是耶稣基督的镜像詹姆斯王所展示的镜像。其次，詹姆斯王的这种展示，实际上是耶稣基督形象的一种完成和完善（perfect），这一点让人极为费解，一个世俗君主怎么可能比耶稣基督本人的人格还完善，这显然悖谬于基督教的本旨，但是，詹姆斯王是想完善耶稣基督的形象，这不仅符合基督教教理，而且大大值得褒扬。根据《圣经·创世记》，耶稣基督虽然以人格的形态出现，却是上帝实体化的化身，而国王看到并试图呈现的东西，只是耶稣基督的形象，即上帝的形象而已，而只有通过国王自身的努力，这一形象才能完整地展示在臣民眼中，进而激发他们模仿上帝的形象，完善自身的行为，成为一个真正的“人”——在詹姆斯王心目中，这不仅是基督教君主治理国家正当性的来源所在，而且是通过进一步引发臣下模仿自己的一种治理实践，只有他越来越像耶稣的镜像，臣下越来越尽力模仿他的行动，他才能真正在实践上越来越接近耶稣形象的同时，使自己的模仿行为（同时，也是他的治理实践）日臻完善。最后，这一模仿耶稣形象的工作，是詹姆斯王的一个义务，否则，他就没法真正有效地治理国家。

通过对“展示”这个词的分析，我们发现，“心”不能被简单解释为一

① 参见 *Oxford English Dictionary*，“Perform”电子版本，Oxford University Press，2009。

个物理-生理器官，也不能单纯被引申为一种情绪或者感受，而是如詹姆斯王所述，是一种“法则”（regis cor），而这一法则的唯一载体和形式就是形象，而且是耶稣基督的镜像。《哈姆雷特》写作和首映时，恰恰是伊丽莎白女王殡天，詹姆斯一世尚未登基的“空位”时期。当时，整个英国已经完成了自上而下的宗教改革，与罗马天主教会分道扬镳，而伊丽莎白女王也因为海外殖民和欧洲政治利益与法国和西班牙这两大天主教强国为敌。在1588年战胜“无敌舰队”之后，作为英国教会最高首领和国家领导核心的伊丽莎白，几乎成为英国国家最神圣的“核心”（heart）。并且，为了英国国教的存续和阻止欧洲贵族以婚姻形式分享英国统治权，伊丽莎白终身未婚，极力强化自己“贞洁圣女”（Saint Virgo）的政治象征，实际让女王转化为一个“女神”的形象，爱德蒙·斯宾塞（Edmund Spenser）的《仙后》（*Fairy Queen*），就是这一“神化”女王的“主旋律”作品。但是，女王形象所激发的统治正当性及其对臣民的感召效果有着如下弱点。首先，女性身份使得女王形象最多只能模仿圣母，但是后者没有统治尘世的权柄，这迫使伊丽莎白不得不通过重译波埃修（Boethius）的《哲学的慰藉》，来沉思和确立自身统治的正当性；可是，《哲学的慰藉》中女神的异教色彩，显然无法让英国统治阶层中的基督教徒和普通平信徒进行模仿，而只能成为人文主义廷臣神秘化王权的手段。其次，女王转化为“贞洁圣女”形象，必然导致她必须保持自己的“无玷性”，既无法同天主教王室结婚，又无法与国内新教贵族结婚，这便是卡尔·施米特（Carl Schmitt）所谓《哈姆雷特》中“王后禁忌”（the taboo of queen）背后更为可靠的现实原因。[①] 施米特更倾向于把剧中王后吉尔托德（Gertrude）的原型看作詹姆斯的生母，是为了突出《哈姆雷特》并非悲悼剧（trauerspiel），而是悲剧（tragodie）；但从大戏公演的日期为女王驾崩的1602年来看，这个“无玷之后”最容易让观众暗自想到逝去的女王陛下，而天主教徒詹姆斯从外邦接管英格兰，更是直接对接了“福丁布拉斯”的出场。

值得注意之处在于，在《哈姆雷特》Q1、Q2、Q3和F1版本中，只有Q2为了避讳新王母亲的悲惨往事删去了母后自杀的部分，而在1623年的F1本中，这部分内容又被恢复，此时詹姆斯王尚未驾崩。可见，从单纯的年代学角度来看，甚至詹姆斯本人都并不在意《哈姆雷特》对其亲生母亲

① Carl Schmitt, *Hamlet oder Hekuba: Der Einbruch der Zeit in das Spiel*, Klett-Cotta, 2017, p. 20. 但是，施米特从悲剧史而不是政治语境的角度对此进行了解释。

的影射。因此，将《哈姆雷特》看作再现历史的“悲剧”，而不是“悲悼剧”，恰恰是施米特在《哈姆雷特或赫卡柏》反驳本雅明“悲悼剧”概念的一个论证策略，并非本剧在象征层面最为重要的因素。真正重要的地方，在于本剧反映了“空位期”（interregnum）英国上层精英和民众在神学 - 政治上的恐慌感，凸显了他们急于找到一个人替代“女神”形象，找到上帝在尘世中全新代表的渴望。而詹姆斯王日后的治理实践，恰恰连续了这一空位期上演的戏剧最为核心的思路——即将继位的王子就是“复活了”的耶稣基督在尘世中的形象，这也许并非巧合。

但是，问题在此处变得更为复杂，我们必须耐心处理“心”和“镜像”这两个相关隐喻的关系。首先，詹姆斯王使用的词语“基督之镜像”（Mirror Christall），这个词暗示了一个重要的问题：以“画葬”为典型的中世纪王位继承仪式，被“镜子”这一形象的再现功能所替代，而镜子成像的方式，并不依赖人的主观构造，而是依赖于光源的赐予，而显而易见的光源自然是太阳，整个《哈姆雷特》出现了数次“太阳/人子”（sun/son）的双关语，而在随后的文章中，金鸡、东方升起的旭日和复活的基督之间又形成了一组关联，这意味着，“基督之镜像”与中世纪王位继承仪式中旧国王的画像不同，其源头并不在上一任国王，而是来自“太阳”。这一来源的意义重大：第一，这是暗示，即继位者和先王的权力同样都来自太阳的基督，因此他们的形象是相似乃至相同的；第二，上一个暗示进一步指出，哈姆雷特的继承权不是来源于父亲的授予，而是直接来自“太阳”，这一具有神圣寓意的“自然客体”。

接下来的问题就是，这样一个来自太阳的“基督镜像”，为什么会成为“心”，并成为有“病”的心？一个直观的答案就是没有太阳了，寒冷的北欧之夜是没有阳光的，这一背景的设置暗示了国王老哈姆雷特的陨落。值得注意之处在于，老哈姆雷特死去之后，已经执行过葬礼，照例来说，如果经历了正当的继位仪式，他的形象应该被新君主的形象所代替。但是，如果引入詹姆斯一世的“镜像”体系，我们就会发现，镜像的销毁并非出于人力，而是出于太阳本身。与莎士比亚同时期的弗朗西斯·培根（Francis Bacon）对镜子与热量的关系进行过论述，在他的《新工具》（*The Novum Organum*）中，特别强调只有通过阳光对能够凝聚力量的透镜（burning glasses）进行加热，才能使镜子和其周围的东西烧坏毁灭。[①] 这似乎可以暗

---

① Francis Bacon, *The New Organ*, Cambridge University Press, 2000, p. 109.

示我们，人如果凭自身的力量，是不能让镜像销毁的，即便打破镜面，镜子赋予人眼睛的形象并不能消失。这一点，与后文两位士兵讨论鬼魂面对公鸡报晓而消散的论述不谋而合，后者既暗示了太阳这一形象的神学象征含义，又将阳光、热量和镜像之间的某种物理学“关联”点明。

从反面来说，一旦老哈姆雷特成为“镜像”，而不是肖像，他和作为“太阳/人子”的耶稣基督就不再仅仅是模仿关系，而是一种复写关系（复写意味着完全能够将被复写形象的一切细节把握住，却无法具有被复写对象的实体性）。这就意味着，除非找一个和他几乎完全相同的人来当国王，否则后一个国王就没有办法获得正当性，这似乎暗示了老哈姆雷特和小哈姆雷特同名背后的深意。但是，在戏的开场，葬礼结束后，继承者并非一个与老国王相似的人，但是太阳又没有出来，这意味着国王的形象并没有被彻底毁掉，从而为新王腾出空位，但是它确实离开了自己的位置，整个丹麦的中心（heart）确实处于一个空心（dis-hearten）状态，而且由于是冬天的黑夜，“太阳/人子”已经离去，大地已经没有热量，这就直接造成了两位普通士兵“透心凉”。这句话包含着如下的双关含义：首先，正如我们所参照的詹姆斯王对议会的信中所述，每一个人的心和国王的心并无差别，差别只是国王的“心”是耶稣基督的“直接镜像”，还是从国王那里再次映照出来的“镜像”，显然，国王镜像的消退，直接造成了城堡看守者“心”的“疾患”（sick），这是这句话的象征意思；另一层意思便更为直接，“冷到心里”意味着冷得刺骨，这让象征层面的问题直接产生了身体效果，如果我们联想到上文中提及人呈现为“一块”的状态，这个论述又与开篇中的“展开”产生了一种对接：精神的委顿加上肉身的寒冷，让国家、国民，甚至小小的守卫，都蜷缩为内向的褶子，所有人都十分警惕，他们不想向他人展开自己，因为国家之“心”的虚弱。

结论：“展开”作为《哈姆雷特》的隐秘线索

因此，在第一幕第一场中，将展开自身和“国王万岁！”的口令结合在一起，不仅昭示了《哈姆雷特》第一幕的逻辑，而且呈现了整个剧作的隐秘线索。这一线索不仅是《哈姆雷特》的思想线索，也是一条情节线索。哈姆雷特的复仇过程不仅昭示了作为国家之“心”的王者形象如果从黑夜中绽出，就会还天下以光明；而且将整个戏剧的形式看作“褶皱”，从而激发了从“形象”，尤其是“镜像”角度重新审视《哈姆雷特》情节中的各种因素，如复仇的延宕、戏中戏和“时间的断裂”（time of disjoint）等问题。显然，为展开哈姆雷特这位作为“万物之灵长”的王子的形象，这些作为“褶皱”的情节，已经在戏剧的开场被暗示出来。

（作者单位：上海师范大学比较文学与世界文学研究中心）

参考文献

〔德〕恩斯特·康托洛维奇：《国王的两个身体》，徐振宇译，上海：华东师范大学出版社，2018年版。

Foucault, Michel, *Sécurité, Territoire, Population: Cours au Collège de France (1977 - 1978)*, Galimard, 2004.

Haverkamp, Anselm, *Shakespearean Genealogies of Power*, Routeledge, 2011.

Johann P. Sommerville, ed., *King James VI and I: Political Writings*, Cambridge: Cambridge University Press, 1995.

Lorenz, Philip, "Christall Mirrors: Analogy and Onto-Theology in Shakespeare and Francisco Suárez," *Religion & Literature*, Vol. 38, No. 3 (Autumn, 2006).

Shakespeare, William, *Hamlet*, Oxford University Press, 1987.

莎士比亚笔下的爱欲*

——析《奥赛罗》中的伊阿古

胡 镓

摘 要：莎士比亚的《奥赛罗》长期以来颇受研究者们关注。因研究者不同的价值取向与研究方法，对《奥赛罗》的解读也呈现出多样性。本文意图从剧中反派伊阿古的原型、名字及身份出发，分析其在这部剧作中的独特意指。伊阿古这一角色身上，被莎士比亚赋予了最为复杂的意蕴。伊阿古拥有全剧中最突出的才智，但其人格与带有明显古希腊悲剧英雄特质的奥赛罗相比，却堪称卑劣。钦提奥原作中的伊阿古之所以陷害奥赛罗，乃是因为自身对苔丝狄蒙娜的爱慕。这与莎士比亚笔下的伊阿古因为嫉妒、渴望权力而设计陷害奥赛罗大不相同。为了获取权力与财富而不择手段的伊阿古身上，带有浓重的马基雅维里主义气质。莎士比亚如此设计伊阿古，很可能体现了他对现代早期西方社会价值转变的敏感察觉。

关键词：《奥赛罗》；莎士比亚；伊阿古；马基雅维里主义

一 两个伊阿古

1604年，詹姆斯一世继位英国国君方一载。虽然其对政治事务的掌控还未完全脱离伊丽莎白女王的阴影（虽然其时伊丽莎白已去世），这位年轻的国王却已通过调停那场声势浩大、战争双方都得不偿失的英西战争，在一定程度上显示出了自己的政治决断与谋略。同一年，《奥赛罗》在白厅宴会厅上演。剧中以非常简略地笔法带过了威尼斯人与土耳其人的战争。这难免让后世研究者在研读《奥赛罗》时不由得去想象这些年英国政坛的风

* 本研究受到江苏高校优势学科建设工程及扬州大学青蓝工程资助。

起云涌，是否在这出名剧中投下了些许斑驳。蒂尔尼爵士（Sir Edmund Tilney，1536－1610），在其《宫廷娱乐记录簿》（*The Accounts of the Master of the Revels*）中记载："11月1日万圣节，国王供奉剧团在白厅宴会厅，上演了一部莎士比亚编剧的《威尼斯的摩尔人》。"① 这是现今我们能查到的关于《奥赛罗》最早的上演记录。

《奥赛罗》故事的原型取自意大利小说家、诗人吉拉尔迪（Giovanni Battista Giraldi，1504－1573）的《一个摩尔上尉》（*Un Capitano Moro*）。吉拉尔迪更为人所知的名字是钦提奥（Giraldi Cinthio）。他的文学创作直接师承以《十日谈》（*il Decameron*）闻名后世的薄伽丘（Giovanni Boccaccio，1313－1375），钦提奥1565年在威尼斯出版的《故事百篇》（*Gli Hecatommithi*），与薄伽丘那部著名的故事集《十日谈》风格十分相近。《故事百篇》中讲述第三个十年的第七篇故事，就是《奥赛罗》情节的主要来源《一个摩尔上尉》。

以《寻找莎士比亚——探访莎剧中的意大利》一书闻名的罗（Richard Paul Roe）曾提出一个引起很多人共鸣的疑问：既然莎士比亚一辈子从未到访过意大利，不通古意大利语，《故事百篇》的首个英文译本要到1753年才出现，那么莎士比亚究竟如何了解到这个关于威尼斯的摩尔人的故事？于是，有些学者以诸多类似的疑问为依据，试图指出莎士比亚另有其人，或者根本是培根抑或马洛的笔名。但实际上事情并没有那么复杂。

虽然莎士比亚在世时，钦提奥的《故事百篇》一直没有英译本，但这并不代表莎士比亚读不到钦提奥的故事。因为佩因特（William Painter，1540－1594）在《故事百篇》出版后的第二年（1566），就把其中的一些故事写进了自己的《快乐宫》（*Palace of Pleasure*），从而使得当时的英国人已经可以读到《一个摩尔上尉》。

若我们对读钦提奥的《一个摩尔上尉》与莎士比亚的《奥赛罗》，不难发现两者存在很大差异。最为明显的一点是，钦提奥故事中的人物，只有"苔丝狄蒙娜"（Desdemona）有名字，叫"迪丝狄蒙娜"（Disdemona）。其他人物的对应关系则分别是："摩尔上尉"或"摩尔人"（Capitano Moro或Moro）之于奥赛罗，"队长"（Capo di Squadra）之于凯西奥，"旗官"（Alfiero）之于伊阿古。莎士比亚给剧中其他主要角色取名，最直接的理由

① 傅光明：《〈奥赛罗〉：邪恶人性是杀死忠贞爱情、美好生命的元凶》，陈思和、王德威主编《文学》（2015春夏卷），北京：上海文艺出版社，2015年版，第109页。

可能是出于表演方便的考虑。但莎士比亚为这几位角色选取的名字，不由得让人玩味。

Othello 这一名字并非来自钦提奥，这一点基本可以确认无疑。而且在莎士比亚以前的文学作品中，似乎也找不到这个名字。① 有学者从拼写的相似性出发，提出 Othello 这个名字可能化用自罗马帝国的第七任君主奥托（Marcus Salvius Otho）。这位短命的罗马皇帝仅在位三个月，他通过弑君篡夺伽尔巴的帝位。但很快又被日耳曼军团统帅维提里乌斯（Vitellius）逼宫，继而自尽。虽然因与著名暴君尼禄过从甚密，奥托屡屡被后世的历史学者归入德行不佳的君主行列，但其自裁也使罗马帝国避免了一场内战。故塔西佗相对比较公允地表示，他本“可以不死，但为了帝国的和平而从容就义”②。这位毁誉参半的皇帝与奥赛罗的遭遇确实也存在几分相似——都是自杀，妻子都被传与他人有染。虽然这些蛛丝马迹构成的联系已然让人觉得牵强，但有学者提出了一个更为大胆的猜测——基于奥赛罗与奥托的联系，查波普（Charles N. Pope）甚至认为，奥赛罗这一角色影射的不是别人，正是剧作上演时英格兰的新君詹姆斯一世。③

从剧本可知，奥赛罗是来自北非，生长于西班牙的摩尔人。公元 8 世纪至 15 世纪，摩尔人占据伊比利亚半岛南部数百年。信仰天主教的西班牙王国直至 1492 年才击败摩尔人，夺回国土。一个来自西班牙的摩尔人角色很难不让读者将奥赛罗这个角色的设计与那段历史关联起来。更何况，设计陷害奥赛罗的反派伊阿古的名字，同样来自西班牙，而且还是个比较常见

① J. R. Mulryne & Takashi Kozuka, *Shakespeare*, *Marlowe*, *Jonson*: *New Directions in Biography*, New York: Routledge, 2016, pp. 249 - 252. 有学者认为 Othello 一词源自希伯来文：Ot-sign, Ha El-God, O-his 意即“神的印记”，关于这个说法请参见 Florence Amit, *Othello's Name*, The Shakespeare Conference: SHK, 2005。

② 参见 Tacitus, *Historiae II*, pp. 46 - 48。中译请参见塔西佗《历史》，王以铸、崔妙因译，北京：商务印书馆，2002 年版，第 120 - 121 页。

③ 关于这一猜测，波普仅仅提出了一些可供联想的关联——比如奥托去世时 38 岁，《奥赛罗》首演时，詹姆斯一世也正好 38 岁；这两位君主即位之后都曾面临内战的威胁。尤其值得注意的是，莎士比亚在《奥赛罗》中提到了一场海战——土耳其突然佯攻罗德斯岛，实际突袭塞浦路斯。面对土耳其的进犯，威尼斯城邦派出了将军奥赛罗。剧本中的海战被指影射 1571 年的勒班陀（Lepanto）海战——其时交战的双方是西班牙与奥斯曼土耳其。而 1591 年，尚未即位的詹姆斯一世即发表了其英雄体长诗《勒班陀》（*The Lepanto*）。参见 Charles N. Pope, *How to Read Shakespeare Like a Royal*, New York: DOM, 2019。另见 Robert Appelbaum, “War and Peace in the Lepanto of James VI and I,” *Modern Philology*, No. 3 (2000), pp. 333 - 363。

的西班牙男子名。Iago这个名字对应英文中的Jacob/James、法语中的Jacques、意大利文中的Giacomo。莎士比亚通过奥赛罗与伊阿古两个名字的设计构成了悲剧英雄与反派之间的紧张。从另一层意思上看，奥赛罗与伊阿古也有可能是被一分为二的詹姆斯一世。

居于二人中间的苔丝狄蒙娜，也以其名字中的含义预示了整个故事以悲剧收场：Desdemona是希腊文Dysdaimon的拉丁文拼法。而dus（生病的，不幸的）+daimon（命运、精灵）=不幸的命运——这个名字从一开始就昭示着女主人公可悲的命运。

从情节上来看，钦提奥笔下的摩尔人是一位战功卓著的军人，他深得威尼斯政府赏识，苔丝狄蒙娜没有嫌弃他的肤色，相反，为他的高贵品质所折服，爱上了他。家里要逼她嫁给一个门当户对的威尼斯本地人，她却执意嫁给了摩尔人。苔丝狄蒙娜为了追求自己的爱情，违反了两个在其父看来不可违反的原则：嫁给外邦人，以及嫁给异教徒。这里开始是《奥赛罗》的情节，要不要加一句？在《奥赛罗》中或莎士比亚笔下借由苔丝狄蒙娜和其父之间的冲突，凸显出的是奥赛罗那独特的身份，一个来自外邦的异教徒。如果再和我们之前联想到的西班牙历史结合起来，奥赛罗的形象在苔丝狄蒙娜之父眼里哪怕是等同于敌人或魔鬼，似乎也并不令人意外。莎士比亚在改编钦提奥的故事时，并未对奥赛罗的特殊身份做改动，但他仍然借助苔丝狄蒙娜之口对奥赛罗的形象做出了微妙的修改。

摩尔人的旗官垂涎苔丝狄蒙娜，却又因害怕其勇武的长官而不敢有非分之举。之后旗官设计挑拨了“摩尔人”与“队长”（即莎剧中的副将凯西奥），污蔑苔丝狄蒙娜与队长有私情，最后终于使得摩尔人盛怒之下接受了旗官的提议，二人合谋杀死了苔丝狄蒙娜。

但在钦提奥的故事中，摩尔人最后并未知晓事情的真相，旗官也并非因为阴谋被妻子揭穿而遭受惩罚。摩尔人在流放中遭到苔丝狄蒙娜家人的刺杀而死。旗官也只是因为另一起犯罪而入狱。这一版本的故事缺乏莎士比亚版本中那古希腊肃剧式的结构安排，其结尾也缺乏撼动人心的力量。

在莎士比亚的改编中，发生变化最大的角色很可能并非主角奥赛罗，而是恶人伊阿古。钦提奥笔下的伊阿古之所以恨自己的摩尔人长官，乃是出于嫉妒。这种嫉妒纯粹出于他对苔丝狄蒙娜的渴望。但这位威尼斯大家闺秀不但不理睬他，还执意要嫁给一个伊阿古内心十分鄙视的摩尔人。妒火和不甘是推动旗官陷害摩尔人的最主要原因。但在《奥赛罗》中，旗官伊阿古看上去对爱情毫无兴趣。通过其表面的言行判断，不难发现他看起来更爱钱财和权势。伊阿古对苔丝狄蒙娜的情欲被莎士比亚安排到了另一个角色罗德利哥身上。罗德利哥在剧中只是伊阿古的棋子，一个被色欲冲昏了头脑的小丑。莎士比亚似乎有意分割了钦提奥笔下的旗官，将其爱欲的部分独立了出去，形成罗德利哥，并使之显得可笑。缺乏爱欲的伊阿古在莎士比亚笔下变成了一个冷酷无情的阴谋家。他苦心孤诣的设计与伪装只朝向一个目标——毁灭奥赛罗。①

二　登徒子与阴谋家

戏一开场，罗德利哥就透露出几个重要信息。伊阿古收了罗德利哥的钱财，可能是答应了要帮他办什么事。后来我们知道，原来罗德利哥这个家伙单恋苔丝狄蒙娜，之前向其父求亲却遭拒，所以找来伊阿古帮忙；也有可能是伊阿古看到这个情况，想借机利用为情所困，脑子又不好使的罗德利哥。总之，罗德利哥对伊阿古虽然一定程度上做到了言听计从，却显得并不信任他。因为伊阿古本就不是一个真诚的人。他对自己的上司奥赛罗很不满，因为后者未将副将的位置给自己，而是给了一个伊阿古并不服气的人。

伊阿古向罗德利哥表示，他清楚自己的价值。也就是说，他认为自己完全配得上副将这个位置，同时这也意味着于他看来，凯西奥在排兵布阵方面远不如自己——“他从不曾在战场上领过一队兵，对于布阵作战的知识，懂得简直也不比一个独守空闺的老处女多”（*The Riverside Shakespeare*, Vol. 2，20－25；中译为朱生豪译本，略有改动）。除了表达对凯西奥的轻视和对奥赛罗“埋没”人才的不满，他也直接对奥赛罗的民族身份（his moorship，33）表示了轻蔑。

此句的原文是“And I—God bless the mark！—his moorship's ancient”，朱先生译作“而我呢——上帝恕我这样说——却只在这位黑将军的麾下充一名旗官”。可见，“黑将军”一词是对“his moorship”的意译。“moorship”（摩尔人）一词仅见于《奥赛罗》剧本，当属莎士比亚自造词。伊阿古如此称呼奥赛罗，轻蔑的是其族裔，而非其肤色。所以两种译法存在细

① 马基雅维里：《君主论》，潘汉典译，北京：商务印书馆，2005年版，第69－70页。

微区别：朱先生译本语意没问题，但反映出来伊阿古对奥赛罗报以轻蔑的落脚点不同。译作黑将军容易让人以为伊阿古看不起的是奥赛罗的肤色，而实际上伊阿古强调的是奥赛罗的种族。固然摩尔人这一种族确为黑皮肤，但黑人与摩尔人之间仍然不能划等号。这样说的理由有二：其一，摩尔人与西班牙人有亡国之仇，这是摩尔人族群对于西班牙裔而言非常独特的一点历史渊源；其二，强调奥赛罗的种族身份，是在将他类型化，即将他划入一个特定的地理和种族范围，以凸显他外邦人的身份，正如伊阿古谈起凯西奥时要指出他是佛罗伦萨人，但反讽的是，伊阿古这个名字也并非威尼斯或意大利地区的名字，伊阿古对外邦人的敌视其实也可以用到他自己身上……①

接着伊阿古又抱怨了当时军队升迁靠的是“引荐和关系”(letter and affection)，而非依照老的层级递补（old gradation）之法。伊阿古以自己的升迁不顺为由，试图告诉罗德利哥，自己对奥赛罗也没有忠诚的义务。向罗德利哥和观众们陈述了自己内心不再服膺奥赛罗的理由之后，伊阿古表示，之所以还在奥赛罗麾下效力，不过是想借此发展自己的势力，甚至有一天扳倒奥赛罗，自己当将军。

末了，他说出了一句很值得人玩味的话“我不是我”（I am not what I am)，这句话也可以译作“我不是我所是的那个我”，这一表述看起来蛮有点哲学味儿。可能为了读者好理解，朱译将这句译作“世人所知道的我，并不是实在的我”，也就是用“世人眼中的我”迻译“what I am”。此译笔显然也是意译，而且有译者添加的成分。实际上，伊阿古的这句话确实也可以理解为“我不是我看上去的样子”，这样译似乎更贴原文一些。如此，这句话就可以理解为作者借伊阿古之口揭示其表里不一这一特点。两个“我”一指内在真我（包含了其真实的欲望和情绪），一指他装出来的样子（看似对奥赛罗忠诚恭顺)。也许这句话并没有太多深意，因为傻乎乎的罗德利哥很容易地理解了这个表述。他对伊阿古的表里不一深表钦佩，并认为奥赛罗并不会这一套。罗德利哥的回应也相当于给我们认识奥赛罗提供了一点信息：他是一个没有那么多弯弯肠子的人。所以他才会沦陷在伊阿古的局里。但这样一个没有弯弯肠子，不会曲意逢迎的外邦人，却能坐上

① 詹姆斯一世曾发愿一统英伦三岛。但他苏格兰人的身份让他在施行统治时遇到了不少阻力。在不少当时的英格兰贵族眼中，苏格兰人仿佛尚未开化的异类——与伊阿古眼中的摩尔人差不多。

威尼斯的海军统帅之位，这岂不恰恰说明了奥赛罗正是凭借自己过人的军事才能赢得了威尼斯公爵的青睐吗？而这也可以从侧面证明威尼斯当政者还是比较公正，能够唯才是举。如此，伊阿古对于军队中任人唯亲现象的攻击，似乎也不攻自破了。伊阿古认为他知道自己的价值（I know my price, I am worth no worse a place）。①

三　将军与淑女

与罗德利哥拟订好计划后，他俩顺利地诱骗苔丝狄蒙娜的父亲勃拉班修爵士出外寻奥赛罗的晦气。双方剑拔弩张之际，威尼斯公爵的紧急军报叫停了可能继续下去的争斗。奥赛罗和勃拉班修等人奉命一同前往议事厅。勃拉班修自然不会放过机会，他愤怒地对奥赛罗"拐走"其女的行为进行了控诉。

勃拉班修对奥赛罗的指控充满歧视的意味。他认为自己那漂亮、娴静的女儿，在神志清楚的情况下，无论如何也不会爱上一个五大三粗的摩尔人。在他看来，自己的女儿要不然是被强力，要么就是受困于某种妖术或药物。这是两项非常严重的指控，一旦成立，奥赛罗就要掉脑袋。国邦危机之际，一将难求，威尼斯公爵自然要尽量避免临阵无将的危机。于是，他给了奥赛罗申辩的机会。接下来，我们欣赏到的就是奥赛罗质朴却不乏文采的独白。

奥赛罗一上来就称呼在场的各位威尼斯贵族为"最有权势、最威严、最令人尊敬的绅士们"（most potent, grave, and reverend signiors）和"我无比尊贵、值得效忠的主公们"（my noble and approved good masters）。

奥赛罗称自己最主要的（the very head and front）罪行就是带走并娶了勃拉班修的女儿，这无疑是反讽：因为与某位女性结婚，显然并不触犯威尼斯的任何法律。当时的法律可分为世俗法与宗教法，世俗法由统治当局制定，宗教法则由罗马教廷颁布。但奥赛罗的行为并未触犯世俗法或宗教

① 此处伊阿古用的是 price 而非 value。前者实际上是有些粗俗的表述，因为 price（不论在莎士比亚写作本剧的 16 世纪抑或之后）主要都表示某物的价格，其度量尺度是钱财。伊阿古似乎在把自己待价而沽，并认为自己还能卖个更好的价。他把自己物质化、商品化了，而这其实也可以看作他对自身的贬损。当然，莎士比亚此处的运笔也极为贴切，因为伊阿古本就是个粗人。

法，倒不如说，他触犯的是某种禁忌，这一禁忌与他的出身和族群息息相关。其实，就算奥赛罗是个外邦人——比如佛罗伦萨人或英格兰人——恐怕勃拉班修都未必会如此介怀。但问题在于奥赛罗是一个既令欧洲人恐惧，又令欧洲人蔑视的摩尔人，这就成了问题。但这个问题从奥赛罗的立场上来说是无法解决的，他无法更改自己的种族以及他的种族写下的历史。若要消弭奥赛罗与勃拉班修之间的矛盾，只有改变勃拉班修，改变他对摩尔人的看法，也即是说，若要解决因种族矛盾、民族矛盾导致的问题，只有从歧视方，而非被歧视方寻求出路。莎士比亚这出戏剧虽然讲述的是 16 世纪发生在威尼斯的故事，但其故事揭示出来的问题却具有普遍意义。

奥赛罗承认自己的粗鲁，不擅辞令。因为他是一名军人，七年前开始军旅生涯，双手可及皆是军旅之事。但最近九个月，这一情况起了变化，因为他的双臂不单用来挽弓搭剑，还要用来环抱他的爱人苔丝狄蒙娜。这是一句非常含蓄的情话，颇有真情流淌其中。正是因为一直过着这样单调的军旅生活，奥赛罗觉得自己除了说说沙场与军功之外，也说不出什么别的东西，所以，他并不会用动人的字句来替自己辩护。

因为觉得自己口拙，奥赛罗提议把苔丝狄蒙娜接来当面向勃拉班修陈述实情。在等待的间隙，奥赛罗给出了他的第二段独白。我们发现，奥赛罗在叙述时并非显得拙于辞令，相反，他的讲辞中有一种质朴的美。奥赛罗在言语上的不足也许在于不善辩论，他能说出诗一般的话语，却不能像律师或学者那样说话，这在某种程度上也呼应了其身份的特点。

奥赛罗的第二段独白可分为前后两部分。前半部分讲述他和苔丝狄蒙娜相识的过程，其中透露出一个很重要的信息，苔丝狄蒙娜深深为奥赛罗丰富的人生经历所吸引，这是她对奥赛罗心生倾慕的重要转折点。不难猜测，苔丝狄蒙娜涉世未深，可能从未有过机会见识这广博的世界，如同奥赛罗的生活仅限于战场，苔丝狄蒙娜的生活恐怕仅限于家务。但二者的差别在于，毕竟战争意味着运动，奥赛罗的足迹总归比苔丝狄蒙娜走得更远。苔丝狄蒙娜对奥赛罗的爱恋，很可能首先是因为后者给她笼中鸟儿一般的生活带来了一丝远方草原上的清风。与其说苔丝狄蒙娜爱上了奥赛罗，不如说苔丝狄蒙娜首先爱上了奥赛罗式的生活。

四 伊阿古的欲望

议事厅风波之后，众人退场。舞台上唯留下开场时的两个角色——这给人一种戏剧重新开始的感觉。或者说，随着“进场—引出矛盾（伪戏剧高潮）—解决矛盾（达到戏剧高潮）—退场”这样一个较为完整的过程告一段落，整出戏的第一幕也将逐渐进入尾声。

伊阿古颇具深意的独白由扮演小丑角色的罗德利哥引出。罗德利哥因为自己没有机会赢得美人归而伤心欲绝。他说：

> What should I do? I confess it is my shame to be so
> 我该怎么办？我［惭愧地］承认，这样的爱慕简直
> fond; but it is not in my virtue to amend it.
> 羞耻；但这不是［依靠］我的本性能扭得过来的。[①]

罗德利哥提到了一个很关键的词——virtue，这个词引发了伊阿古接下来一长串的议论。伊阿古提出了一个与 virtue 相对的概念：will。伊阿古将人的身体比喻成园圃，意志则是耕种和修剪园圃里植物的园丁。如此一来，意志和身体形成了一对“主动与被动”的关系。身体与意志二者实质上相互割裂，并且后者统治前者。换句话说，伊阿古是在试图说服罗德利哥用“意志”取代“德性”。再进一步说，伊阿古是教唆罗德利哥重新理解人及其本性。若 virtue 源自人的本性，或者说是人的 nature 的彰显，那么人的身体和思想（意志）就是不可分割的整体。可是一旦用 body-will 这组关系替代了 nature-virtue 对人的理解，情况就完全不同了。人的意志变成了最大的统治者，身体也好、道德也罢，都只是实现意志的手段。“我”的意志成为唯一的暴君。伊阿古对 virtue 一词的重新解释，充满了马基雅维里主义者的气味。[②] 这样的人，眼中没有其他，唯有自己——自己的什么呢？自己的欲望！意志与欲望被混在了一起。

但是，正如同伊阿古在戏剧开场时对自己缺乏清晰的认知，在这里，伊阿古也恍然不知他那套说辞与他自身的实际根本格格不入。伊阿古教训罗德利哥，如果我们的理智做不到平衡情欲，我们本性（nature）中的欲望

---

① 此处汉译为笔者自行翻译。

② 实际上，这也不是莎士比亚的作品中唯一或最早出现的马基雅维利主义者形象。《李尔王》中的埃德蒙、《理查三世》中的理查本人身上，都笼罩着马基雅维里的影子。参见 John Roe，“Machiavelli and His Influence on Shakespeare，” *Shakespeare and Machiavelli*，Suffolk：Ds Brewer，2009，p. 30。另参见 David Hurley，“Finding Machiavelli and His Ideas in the Plays of Shakespeare，” Hiroshima University，2009。此文为 Hurley 在日本广岛大学的演讲稿。

(blood and baseness = base passions) 就会将我们的生命引入歧途。这话说得多好，可是伊阿古是否是这么做的呢？他利用罗德利哥那不受管控的欲望去陷害、刺杀凯西奥；他利用奥赛罗和苔丝狄蒙娜对他的信任颠倒黑白，挑拨离间。这一切的最终目的，只是从旗官升为副将……伊阿古的理智确实胜过奥赛罗和凯西奥，更不用说罗德利哥，但他的欲望实在太低。在他眼中，"爱/爱欲"不过是意志允许之下从属于人身体的色欲（a lust of the blood)。但伊阿古此处的说法也意味着存在另一种欲望，它并非 of the blood，而是 of the will。从属于 blood 的欲望即从属于身体，从属于 will 的欲望并非从属于身体，因为伊阿古此前已经论说过，身体和意志是两码事。

这种极高的理智与极低的欲望结合到一起，形成了伊阿古那鄙俗而有害的意志。《奥赛罗》中包含着数个悲剧，那个最引人深思、最让人感到惧怕的悲剧，发生在伊阿古身上。

（作者单位：扬州大学文学院）

参考文献

Robert Appelbaum, "War and Peace in the Lepanto of James VI and I," *Modern Philology*, No. 3 (2000).

David Hurley, "Finding Machiavelli and His Ideas in the Plays Of Shakespeare," Hiroshima University, 2009.

J. R. Mulryne & Takashi Kozuka, *Shakespeare*, *Marlowe*, *Jonson*: *New Directions in Biography*, New York: Routledge, 2016.

John Roe, "Machiavelli and His Influence on Shakespeare," *Shakespeare and Machiavelli*, Suffolk: Ds Brewer, 2009.

傅光明：《〈奥赛罗〉：邪恶人性是杀死忠贞爱情、美好生命的元凶》，陈思和、王德威主编《文学》(2015春夏卷)，上海：上海文艺出版社，2015。

马基雅维里：《君主论》，潘汉典译，北京：商务印书馆，2005。

塔西佗：《历史》，王以铸、崔妙因译，北京：商务印书馆，2002。

立表测影与太极阴阳

吴小锋

摘　要：本文尝试通过研究立表测影的天文观测过程，找到作为中国文明基本特质的太极阴阳之间的关系。立表测影，实际测的是太阳运行的轨迹，测的是日地关系。日地关系的变化，造成地球上一岁四时八节的变化，此为太极阴阳之理的源头，深刻影响着人与其他生物的生命活动。立表测影，打开时空，人们以此奠立基本的政治生活原则，这种文明的象就是中华的华。中华的文明之光辐射的时空范围，就是中国的国。中国政治文明的基础，从天文来，以天文定人文。

关键词：中国天文学；立表测影；太极阴阳；政治文明

一　立表与文明

人对世界的认识，蔽障重重。想要把一个事物认识清楚，意味着解蔽。解除蔽障，消除隔阂，事物的是非曲直一览无遗，清清楚楚，这就是直观。遮蔽事物的是什么呢？人的成见。“凡人之患，蔽于一曲而暗于大理。”（《荀子·解蔽》）人的成见，扭曲了事物本来的样子。百家争鸣，沸沸扬扬，其实“天下多得一察焉以自好”。认为自己摸到的部分，就是大象本身，“不该不遍，一曲之士”（《庄子·天下》）而已。

超越成见，上达直观，是认知境地的上出。直，《说文》云“正见”。什么是正见？不偏不倚，是是非非清楚明白。正见，可以判断人世一切是非曲直，那么，正见从何而来。直，甲文作，从目视丨。丨，立表测影的杆子，从目，观测立表投射在地上的影子。直，立表测影，打开时空，空间为四方，时间为四时。[①] 人生活在天地之中，天地像父母一样搂着孩子。

① 冯时：《中国古代的天文与人文》，北京：中国社会科学出版社，2009 年版，第 2－25 页。

人在天地之间生活的规矩，得按天地的运转规律来，这是天道。最初测天道运转规律的是立表测影，人世的最初规矩也由此奠基。

立表测影，实际测的是太阳运行的轨迹，测的是日地关系。日地关系的变化，形成地球上一岁四时，二十四节气，深刻影响着生物的生命活动，当然也包括人。《黄帝内经·素问》第一篇《上古天真论》开始黄帝就问岐伯，“余闻上古之人，春秋皆度百岁，而动作不衰，今时之人，年半百而动作皆衰者，时世异耶？人将失之耶？”以前的人，活到一百岁，身体都还好使。现在的人，活到五十来岁身体就不行了，到底是时代变了，还是人自身不懂养生的原因呢？岐伯回答说：“上古之人，其知道者，法于阴阳，和于术数。食饮有节，起居有常，不妄作劳，故能形与神俱，而尽终其天年，度百岁乃去。”[①] 上古的人，之所以可以活得长，精力足，关键是知道。知道，然后遵循天地变化的规律，安排自己的饮食起居。如今的人呢，不知道，“以妄为常”，任性肆意，逆天而行，不道早已，所以“半百而衰”。

知道，知常，关键要明白是什么支撑着生命持续的良性运转。“天下之动，贞夫一者也。”[②] 粗糙地讲，可以把这个一，系于太阳。太阳，是太阳系内生命动能的源泉。四时变化，冷暖变化，昼夜变化，都是日地关系的变化。人类生息的地球，永远都在绕着太阳打转。形象地说，太阳是地球以及地球上所有生命的最大立法者。掌握日地关系变化规律，也就把握了阴阳消息规则，此为“提挈天地，把握阴阳”。观察日地关系变化，总结规律，最初通过立表测影实现，这是人世最早、最基础的规矩。

伏羲、女娲是中国人文初祖，古代流传一幅《伏羲女娲图》，二人手里分别拿的就是规和矩。矩，从立表测影，勾股定理总结出来。规，源于太阳通过表的投影，从日出到日落在地上画出的圆弧。立表测影，后来进化为日晷，可以清晰见到规矩与方圆的关系。规矩，从立标测影来，背后是日地关系的变化规律。人世活动，以日地关系的变化奠基，逐渐发展丰富起来，最终形成文明体系，这也是中国文明与其他古文明的区别所在。“天不变，道亦不变”，只要太阳系星球结构的关系不变，中华文明政治原则的基础就不会变，这也是中国文明成为地球上唯一一个持续存在的文明体的原因。

直，正见，通过立表测影定出日地关系变化的规律，从而奠立人法天

① 张志聪：《黄帝内经素问集注》，王宏利、吕凌校注，北京：中国医药科技出版社，2014年版，第1页。

② 马振彪：《周易学说》，张善文整理，广州：花城出版社，2002年版，第680页。

则地的基础原则。这个天地大原则，就是判断人世是非的正见。

判断是非的最高原则，又称为圭臬。臬，从自从木，后来为“槷”字假借。槷，是一个什么动作呢？執木，植木为臬。秦朝之前行封建制，封邦建国的时候，“匠人建国，水地以县。置槷以县，视以景。为规，识日出之景，与日入之景。昼参诸日中之景，夜考之极星，以正朝夕”①。匠人建城，先要“水地以县”，平整地面，然后“置槷以县，视以景”，在地平的中央植木为臬，也就是立杆。县，悬垂测直，想要时空准确，必须要求建木的杆子，绝对正直，这也是立杆测影与直的关系。《周礼》开篇第一句话，“惟王建国，辨正方位”。建木为臬之后，“视以景”，就是辨正方位。中央四方测定，接下来“为规，识日出之景，与日入之景”。通过测定日出点与日入点，彼此连接可以正东西。日中直景，影子最短，可以正南北。“昼参诸日中之景，夜考之极星，以正朝夕”。白天参考日影，测定时间变化，日中之景最短，为正午，早晚可以参考偕日星与夜半中天星，校正时节。整个这一段话说的是什么意思呢？封邦建国、国都的奠基、国民的生活原则，皆取法天地，非人随意为之。

立表建木，测定时空，辨正方位，建立人世的根本原则。老子讲，“善建者不拔”，为什么中华文明可以延续至今，秘密在于善建者不拔。中，立表测影之象，打开时空范围，人们以此奠立基本的政治生活原则，这种文明的象就是中华的华。中华的文明之光辐射的时空范围，就是中国的国。生活在中国，受中华文明滋养的人，称为华夏。② 不受中华文明影响的人，不受天道约束的人，称为蛮夷。为什么中华文明善建不拔而持续存在呢？因为这个文明根本不是人为设计的，因此也无法用人力消灭。天不丧斯文，天不变道亦不变，非人力可为。

中华文明建立的原则，以日月五星的运行为准，是以天行为准，尤其是以太阳为准。“天行健”，以天体的运行，建立人世法则的基础。建，从聿从廴，《说文》云“立朝律也”，奠立国家根本制度。廴，“长行也”，天体周而复始的运行。通过对天体周而复始运动与地面变化漫长的观测，逐渐奠立地上的生活原则。把这个原则确立下来，成文，就是聿。生活在华

① 郑玄注，贾公彦疏，彭林整理《周礼注疏》，上海：上海古籍出版社，2011 年版，第 1661 - 1663 页。

② 吴小锋：《“中国”古义与易教精神》，刘小枫主编《古典学研究第三辑：尼采论现代学者》，上海：华东师范大学出版社，2019 年版，第 132 - 141 页。

夏大地上的君子呢，“君子以自强不息”。什么是自强不息呢？奉天而行。以至公天行战胜一己私曲，法于阴阳，和于数术，此为自胜者强。

中国古代文化，有君子小人之辨。小人，言行以自己为圆心。若处处以自己为主，人与人势必发生冲突。以不偏不倚的至公之心，把大家组织在一起的人，就是君子。君者，群也，能为君而群众的人就是君子。君子面对的首先是自己，自强不息，统合自己的身心以合天。扩展开来，面对一个共同体、一个家、一个国。凡为君者，犹如天覆地载的一片天地。最大的君，是天下的君，称为天子。天子，天地的儿子，真正的天地代言人。所以，中国文化把人世最高的统治者，称为天子，因为天子，代表着天地，他会像天父地母一样，把老百姓搂在怀里，让他们为过上幸福生活。天子怎么代言天地呢，怎么保有天命呢？通过观象授时而来。观象授时最早的天文观测，就是从立表测影来。

二 建以天行

中国政治文明的基础，从天文来。天道，也是判断人世是非的正见与圭臬。圭臬的臬，建木立表，开辟时空，为人群政治生活奠基。臬，从自从木，建木是建城之始，城是一群人生活在一起的象，一个政治共同体的象，建木是基础，是政治组织原则的肇始。一言以蔽之，人文奠基于天文，肇始于天文。臬，从自，点出肇始这层意思。自，从象上看，指的是一个人的鼻子。人们往往本能地指着自己的鼻子，说“我我我”，因为人出生之后，生命一刻也离不开呼吸，当呼吸停止的时候，生命也将终结。鼻子，是人与天通气的开始。人接通天气，才开始作为一个独立的生命存活下去。以人气接通天气的鼻子，因此被看作人后天之祖，后来就造了一个词说这一层意思：鼻祖。人的鼻祖是谁呢？天地之气，人受天地之中气以生。人，生息在天地之气中，无事不受天地之气的影响，一刻也不能断，以至于日用而不知。生命内在的运行节律，自然而然与天地之气相合。所以，上古知道之人，饮食起居，皆法于阴阳，和于数术，由知道而合道。臬，从木从自，意思很明显了。立表测影，为人文肇始，以此接通天道，人道政治合乎天道，并以天道为圭臬与正见。

臬，立表的标杆。还有一个意思，即《说文》的“射准的也”，也就是射箭的箭靶，目的，这个意思，应该是后起的。立表测影的杆子竖起来，为的是测日影。立表测影，把日出到日落的阴影点逐渐连接起来，是一个圆弧形。如果把日出与日落的阴影点连接成为一条直线，与圆弧构成的图形就是一张弓。正午的阴影，如同搭在弓弦正中射出去的箭。古代后羿射日的传说，其实是校准历法的形象化说法。

立表测影，测定太阳的回归年长度，一个回归年包含一个周期的日地关系。具体的观测方法是什么呢，简单推演一下，从中可以见到很多中华文明基础性的部分。立杆测影，先扫清周围的障碍物，中央筑高坛，高坛中央立表。具体的象可以参考天坛，只不过天坛是立表测影的加强版，缩小版是日晷。高坛上立表测影，是人世文明最初的开始，称为元。元，《说文》："始也。从一从兀。"兀，《说文》："高而上平也，"就是高而平的坛。坛上没有建木之前，这个高平的坛在上古文化中称为昆仑。在昆仑之前，筑坛之前，也就是人类文明奠基之前，天地人不分的状态，就是混沦。混沦皆从水，相应于上古的大洪水时代。大洪水的混沦时代，天人不分，自然并没有呈现它自身的秩序。所以，混沌时代犹如大洪水淹没一切，称为洪荒时代。

最早的圣人，在摸索天地自然秩序的时候，首先是开天辟地，人从天地中走出来。为了更好地生存，人开始从混沦中摸索自然规律，这个过程就是治理洪水的过程。摸索自然规律有两个后果，一个是天行健，以天行建立认识规则，法天而行。一个是按照人自己的想法穿凿自然，结果败坏自然，也败坏自己，这就是《庄子·应帝王》的结尾。南北之帝，按照人的样子穿凿自然，结果是混沌死。以什么样的原则作为人类文明的基石，后果非常不同，这也是中西文明间的差异所在。

平地筑坛，犹如从洪水中涌出来的山脉，高而上平，人可以定居在上面。用昆仑指称一座具体山的名字是汉代以后的事情，昆仑的原型是高坛。说中华文明发源昆仑山，这个说法没错，只不过昆仑不是一座具体的山，而是测天的坛，中华文明发源于对天文的观测。昆仑上建木立表，上古传说把所建之木称为扶桑。因为建表为了测日，所以扶桑主要与日有关。太阳，沐于咸池，出于旸谷，登于扶桑，落于禺谷。日出于东边旸谷，落于西边禺谷，见于东南西三面。自禺谷落下，休息于北面，故曰沐浴咸池。咸池，北冥。太阳绕地一周，第二天重新升起，犹如在北海沐浴过。

立表测影筑起的高坛，兀，高而上平。中央建木，一，立表测影的杆子。筑坛建木是人文的起源，含义浓缩在"元"这个字。中华文明是一元文明而非多元文明，道理很简单，天无二道。天道运转，独立不改，周行不殆。取法天道奠基的文明，底色是一元，也是真正的普世文明。传统不称普世，称天下。

三 易有太极

立表测影，建木为表，观测太阳在地上投射的影子，以此观测日地关系的变化，计算太阳回归年周期。周期的计算，通常以正午影子最长或最短的时候为起点，也就是后来的冬至点或夏至点。以冬至为例，影子最长的那一天正午，需要在地上刻一个记号，等待来年影子再次回到这一点时，也就是一岁。为了保证地上影子的记号稳定清晰易辨，专门配合表制作了一个工具，圭，平放在表的下面，南北朝向，用来刻画记号。这一套最原始最简单的观测仪器，就是圭表。

圭表怎么使用呢，《周易·系辞上》有一句话："易有太极，是生两仪。两仪生四象，四象生八卦，八卦定吉凶，吉凶生大业。"易，日月为易，日月轮旋有其周期，从太阳看，为回归年。易有太极，极，《说文》："栋也，"大柱子。太极，天地之间最大的柱子，撑起天地，撑开时空。太极的象，可浓缩为立表测影的象，太极是立表测天地的柱子。这一层意思，在《洪范》中，称为皇极。在古代神话里也称为天柱、天梯或者扶桑。易有太极，通过立太极可以从变易中测定不易。

如何测定呢？"是生两仪"。是，《说文》："直也，从日正，"日正为是，也就是太阳走到一天中的最高点，正午的时候。正午测影，太极的一面是阳，另一面是阴。阳与阴，分属两仪，"是生两仪"。太阳正午在地上的投影，有最短和最长的时候。最短称为夏至点，阳最盛；最长为冬至点，阴最盛。冬至点与夏至点，圭上刻下记号。冬至与夏至的至，最初的意义从立杆测影来。至，《说文》："至，鸟飞从高下至地也。从一，一犹地也。"至，篆文作至，非常形象，飞鸟从高空扎下来，落到地面。飞鸟，太阳鸟，后羿射日，射的就是驮着太阳的金乌。飞鸟落地，隐喻太阳在地上的投影，这就是至。"是生两仪"的两仪，从立杆测影的角度看，也可以对应冬至与夏至，以及此间的阴阳消息。

"两仪生四象"。太阳在南北回归线之间游走，冬至点太阳在南回归线，夏至点太阳在北回归线。圭上面，冬至点与夏至点会有刻痕。太阳从南回归线往北回归线走，影子会逐渐变短。投影到冬至点与夏至点连线中点的时候，为春分，刻上春分点，太阳此时走到地球赤道的位置。过了赤道继续往北走，影子最短时为夏至。夏至之后，太阳从北回归线往南回归线走，影子开始变长，与之前春分刻痕重合的时候为秋分，太阳直射地球赤道。太阳继续往南走，最后影子最长，与冬至点重合，为一个回归年。这个过程，就是两仪生四象。影子在圭上长短变化，有三道刻痕，冬至点与夏至点，还有中间重合的春分点与秋分点。分这个字，也是从立标测影来。分，从刀从八，以刀分开，阴阳各半之际为春分与秋分，少阳与少阴。分，也意味着在圭上，用刀刻画痕迹做记号。四象，少阳、太阳、少阴、太阴，对应一岁四时，春夏秋冬。一岁分四时，根据的是太阳在南北回归线之间的周期运动。时，古文作旹，从日从之，含义是太阳从一点移动到另一点。时的划分，从太阳的空间运动变化而来。四时，春夏秋冬，是太阳在黄道四个区间的运动，从而对地球造成不同的影响。时，以间来表达，时间不可分。如今观钟表之象亦可知，时针分针通过移动区间来表达时间，根源是模拟太阳的运动。钟表的设计源于日晷，日晷的根源在立表测影。时，后来增加寸部构成時字，从日从寺。寺者，法度之所在。時，从日从寺，太阳的运动乃法度之所在，人世法度之所出。

“四象生八卦”。二至二分，在圭上的刻痕为三道。进一步细化观测，冬至到春分的中间点为立春，春分到夏至的中间点为立夏，夏至到秋分的中间点为立秋，秋分到冬至的中间点为立冬。这四个点为四立，立春在圭上的刻痕与立冬重合，立夏与立秋重合。如果把这个直线左右拉开成为椭圆形，这个椭圆形的轨迹就是太阳的运行轨迹，这个椭圆上的八个点就是二分二至与四立。这八个点就是四象生出的八卦，投影在空间，为四正四隅的八方。

八卦，从立表测影，肇分时空而来。卦，从圭从卜。卜，立表测影之象。用什么测影，圭。卜圭结合，就是圭表，也是卦，通过观测太阳运行，测定八方八节。后来，卜衍生出占卜预测的意思。为什么未来可以预测呢？因为通过立表测影，可以提挈天地把握阴阳，明白日月运行规律。最早的占卜是测天，以天道论人事。

“八卦定吉凶，吉凶生大业”。八卦，定八方八节，一岁阴阳消息的规律大致明晰。一阴一阳，谓道，把握阴阳消息，就是明道。八卦定吉凶，顺道则吉，逆道则凶。吉凶生大业，趋吉避凶，得道多助，业可大。否则，失道寡助，屡受挫折。

（作者单位：同济大学人文学院）

文化和旅游融合的哲学阐释

刘东梅

摘　要：本文对文化与旅游的融合进行哲学意义上的阐释，从辩证法、形而上学、方法论的角度思考二者融合的一般意义，从词源学、生成论、价值论的角度探讨它们的具体关系，在此基础上分析文化与旅游融合的实践意义。本文同时也要以此为契机来思考人在特定时空内的生存方式如何构成现实的存在，从而反思文化的深刻内涵。

关键词：文化；旅游；融合；哲学

旅游就是到另一个空间去尝试、体验别样的一种生活，这个过程形成了人的存在与空间的关系。在这样的关系中，旅行者一定会感受并思考在此特定的时间与空间内，自我的存在与外在环境竟是如此的水乳交融，难分你我。这也许就是海德格尔所思考的空间的本真性问题，他认为这种关系“无非是从根本上得到思考的栖居”，这种“栖居”就是“人在大地上的一种存在方式”。[①] 具体而言，这也就是《论语·雍也》中所说的“智者乐水，仁者乐山；智者动，仁者静；智者乐，仁者寿”的生存境界。在山水的无穷游乐中，智者、仁者进一步将其本性敞开，而化成物我两忘的统一体。本文对文化与旅游的融合进行哲学意义上的阐释，目的不仅仅是探求其中的意义，同时也要以此为契机来思考人在特定时空内的生存方式如何构成现实的存在：这或许就是文化的深刻内涵。

一　一般考察

1. 辩证法的要求

文化与旅游是人类社会的两种普遍现象，它们紧紧围绕“人”的存在，

---

① 海德格尔：《演讲与论文集》，孙周兴译，上海：生活·读书·新知三联书店，2005 年版，第 159、166 页。

通过自身将人的“社会关系总和”的本质性生存方式呈现出来。如果从生存的本体论上反思，它们必然是因“人”而“融合”在一起的。因为，这两种现象共同的主体是人及其所生活的社会，在这一点上具有共同的起点，如果深入分析，二者之间一定具有非常广泛的共生共在性。况且，唯物主义辩证法告诉我们，万物之间普遍联系，相互作用，共同构成了一个生生不息的丰富世界，这个原理清晰地描述了文化与旅游融合的实然性事实。恩格斯在《反杜林论》中明确地指出：“当我们通过思维来考察自然界或人类历史或我们自己的精神活动的时候，首先呈现在我们眼前的，是一幅由种种联系和相互作用无穷无尽地交织起来的画面，其中没有任何东西是不动的和不变的，而是一切都在运动、变化、生成和消逝。”[①] 文化之“化”与旅游之“游”十分典型地体现了“运动、变化、生成和消逝”，它们都是人的存在的外显，统一在人的主体性实践中，它们在本然的意义上就是相互联系在一起的，而这种相互联系的内涵用“融合”一词也许更能突出二者本体上的统一性。不过，人在实践中具有必然的主体性，如果主动地将二者融合起来，恰恰更为充分地反映了人的主观能动性。无论从本体论来讲，还是从实践论的角度考察，文化与旅游在客观和主观方面都呈现了融合的属性。

2. 形而上学上的不足

融合的原意是多种不同事物结合为一体。文化和旅游虽然是不同的事物，但有相近和相通之处。如果只看到它们的“不同”，而忽视了它们的“融合”本性，那就是一种形而上学的思维方式。恩格斯在《反杜林论》中明确地分析了这种思维方式：“在形而上学者看来，事物及其在思想上的反映即概念，是孤立的、应当逐个地和分别地加以考察的、固定的、僵硬的、一成不变的研究对象。”[②] 当然，这种思维方式并非一无是处，相反，倒是往往表现出令人“极为可信”和“合乎所谓常识”的一面来，因而在“相当广泛的、各依对象性质而大小不同的领域中是合理的，甚至是必要的”；但是，这种孤立地、静止地考察对象的方式，“只见树木，不见森林”，“它每一次迟早都要达到一个界限，一超过这个界限，它就会变成片面的、狭隘的、抽象的，并且陷入无法解决的矛盾”。[③] 因此，对于文化与旅游的相

① 《马克思恩格斯选集》（第 3 卷），北京：人民出版社，2012 年版，第 395 页。
② 《马克思恩格斯选集》（第 3 卷），北京：人民出版社，2012 年版，第 396 页。
③ 《马克思恩格斯选集》（第 3 卷），北京：人民出版社，2012 年版，第 396 - 397 页。

对独立性，如果将它们分别来研究和看待，一定也是合乎理性的；但超出一定的界限之后，基于二者的本质联系，必然要将二者融合起来进行考察，而且应当在实践的意义上回归到其本体上的统一，如此才能够避免“陷入无法解决的矛盾”。

3. 哲学阐释的方法

以上是从哲学的一般意义上，从普遍联系与分析形而上学局限性的角度对文化与旅游的“融合”内涵进行了本体论的考察，这种抽象的概括为全面地理解问题提到了一定的高度，为深入具体问题本身，仍然要回到具体的分析中来，具体问题具体分析。正如怀特海揭示的那样，“真正的发现方法宛如飞机的航行，它从特殊的观察基地起飞，继而在有想象力的普遍性的稀薄空气中飞行，最后降落在由理性的解释使之更为敏锐的新观察基地上”①。这说明，对一个问题进行哲学研究，不仅要立足于问题本身，还要提升到一定高度进行抽象和概括，最后仍然应当回到问题本身，深入分析其内在的本质属性。对文化与旅游来讲，二者是人在日常生活中须臾不可离的生存方式，我们就是生于斯长于斯的“此在”。海德格尔在其《存在与时间》一书中将人最本真的存在方式称为“此在”，所谓“此在之存在”就是此在“在世界中与世界内的存在者打交道”；海德格尔认为，希腊人的“空间”概念从“处所”演变而来，“处所属于事物本身”，属于万物之源，具有本体论意义。② 在此意义上，也许可以说，文化与旅游是集成在人的生命行为中的，它们本身就是构成“此在”的要素。

二　具体分析

1. 词源学的内涵

从哲学上讲，文化和旅游的融合其实是某种意义上的跨文化，为了表述跨文化的多层含义，可以尝试对这个词进行四种不同的英文表述从而进行互释，以此阐发这个概念的丰富内涵。跨文化既是 mult-culture，也是 cross-culture，更是 trans-culture，还有可能是 inter-culture，有限的词汇总是不可能表达尽无限的概念内涵，但这些词语和有关的判断和命题却给了我

① 怀特海：《过程与实在》（修订版），杨富斌译，北京：中国人民大学出版社，2013年版，第6页。

② 海德格尔：《形而上学导论》，熊伟、王庆节译，北京：商务印书馆，1996年版，第65页。

们不断开拓思维领域的可能性。如果从词源学方面进行考察，可以得出关于二者之间联系的以下一些内涵。第一个词 mult-culture 突出了数量上的“多”，即文化和旅游表现了人的多种形式的生存方式；第二个词 cross-culture 预设了这两种形式的相对独立性，即质上的区别，因此，两种形式的相遇，不论是主动还是被动，都会构成一种交叉；第三个词 trans-culture 体现了在两种形式之间的主动的跨越，使它们相互之间不再形成人为的孤离，而应形成人为的融通；第四个词 inter-culture 则呈现出这两种形式内在的交融性，说明它们本身就具有内在的联系，不论在主观上如何施加影响，它们的联系就在那里，这是其客观联系的本质属性。这四种意思各有侧重，可以共同构成二者之联系在词源学内涵上的表述。

2. 生成论的分析

如果从生成论的角度进行分析，文化和旅游的融合，实质是文化和旅游的“彼此摄入”。怀特海说：“现实存在由于彼此摄入而相互关涉。”[①] 这说明关系的产生，其根本原因在于“彼此摄入”。从这个角度反思，人是社会关系的总和，正是人与所有的一切相互摄入的结果，而这个结果其实就是文化的本来意义。《周易·贲卦·彖传》中有一句名言，“观乎天文，以察时变；观乎人文，以化成天下”，这生机涌动、片刻不停的“化”不就是人的生存本身吗？在文化这样的长河中体悟，旅游就是其中的一片片浪花。旅游，也叫旅行，是心动之后的行动，也是行动之后的心动。旅游的本质就是主动去与他者相遇，反思自我，使自我意识呈现出来，同时又是与他者的对话，对异己且有益于自我的因素选择性摄入，然后再促进一个新的自我的生成。其实，旅游在整体上看是自我与他者的相遇，其核心却是不同文化的融合，即旅游是个价值载体，文化交往则是附于这个载体之上的价值运输。在这个意义上，可以说旅游与文化本身就是先在的统一，进行哲学阐释的操作就是要把附于旅游这种“事件”之上的文化价值内涵及其更新的事实描述出来，进一步预测其发展的可能性。

文化和旅游的融合，显然就是在文化方面与他者的交流与对话，在自我与他者主体间性显现出来的同时突出特定的文化间性，既主动让他者文化呈现，又在他者文化中显出一个新的自我文化来，其表义就是这个“间性”，而其要义则表现为自我的生成。文化旅游的功能表现为促进文化自我

① 怀特海：《过程与实在》（修订版），杨富斌译，北京：中国人民大学出版社，2013 年版，第 279 页。

更新、发展，就是在与他者文化的直接面对、交流时，自我与他者并非孤岛，并非相互独立、客观存在的那种实在主体，而是一旦面对，二者就进行了对话、交流与融合，实质上实现了自我之他者、他者中的自我这样的主体间性与文化间性。这里所说的“实现”并非一次完成，而是处于不断生成的过程之中，旅游可以“实现”和“完成”，但文化的交往与合生却是在旅游之后即处于新一轮的、往者所不可替代的独特的“旅行”或“历险”过程中。

3. 价值论的阐发

文化与旅游的具体联系不仅体现为它们之间的实然和本然联系，而且也体现为它们之间的应然联系，即从价值方面进行分析，二者之间应当具有的相辅相成的促进人的发展的联系，文化和旅游的融合是价值理性和工具理性的融合。马克斯·韦伯认为：价值判断需要价值理性，而价值理性是多色彩的、丰富的、鲜明的。“凡是出于伦理、审美、宗教、政治或其他行为方式的考虑，与直接的后果和希望无关的，由纯粹的、排他的、无条件的或特定的价值观念决定的行动方式”[①] 都属于价值理性的范围。在《新教伦理与资本主义精神》的结尾处，马克斯·韦伯指出，现代社会的个性再也不可能是古典主义理想中那种追求完美的、浪漫的个性，而是通过现实理性的日常生活、工作体现出来，希望通过行动来解决或化解价值理性与工具理性之间的矛盾，将自由问题与理性问题结合在一起。

韦伯这种宏观的叙事对本文分析文化与旅游之融合有一定的借鉴意义，即在现代社会中，工商业的市场精神气质在人们的心性结构中占很大比例，虽然不能说这种工于计算的市场精神完全主导了人们的生存方式，但也可以说它毕竟起着很大的作用。在投入－产出、成本－收益的思维定式和工具理性起主要作用的现代性社会中，传统美德和传统文化的领地一再收缩，于是人们发出了“精神滑坡”“道德冷漠”等诸如此类的感叹。这说明，在理性领域，仅有工具是不够的，必须还要有价值，把二者加起来才有可能共同构成人的理性。人们在旅游中可以接触到不同的文化或同一文化的不同侧面，由此触发丰富而细腻的价值感受，从而逐步养成一种价值理性。在这种理性的视域中，有可能把传统的美德和优秀的文化要素发扬光大，吸收他者文化的优点，增强自我文

① 马克斯·韦伯：《经济与社会》（上卷），林荣远译，北京：商务印书馆，1998年版，第56页。

化的信心。

三　实践意义

1. 自我更新

文化和旅游，是文化中看旅游，旅游中见文化。旅游，也叫观光，既是观自然之光，也是心灵之光的观照。在此意义上可以说，旅游既是在体验外部的环境，也是在反思内部的心境，将二者统一起来，便真正形成了一种物我一体、内外不分的独特体验过程。在这个动态的生成过程中，通过旅游的新体验把包括身体与心灵的自我与包括自然与人文的外部融合起来，这种体验也许对外部没有多少影响和作用，但对于自我而言，确实在事实上构成了自我的新要素、新成分，而这种成分对整体却起到了一定的甚至是非常大的作用。在某些独特的、具有震撼力的旅行中，外部的文化甚至会促成或造就一个新的自我，在这个意义上可以说文化旅游的道德境界在于培养和产生文化自信。

2. 道德增长

将与他者文化的相遇以及自我文化的发展统一起来，从整体上说，其价值趋向的道德境界在于在更高层面或更丰富的内涵中实现文化自信。因此，有学者指出："文化是旅游的灵魂，旅游是文化的载体。离开了传统文化与现代文明，只有自然资源，旅游体验肯定是不完善的。离开了社会主义核心价值观的主导，旅游的文化灵魂也无法得到有效的体现。在一个融合发展的时代，城乡居民丰富多彩的当代文化极大丰富了旅游资源和产品体系，游客对美好生活的需要，对异地生活方式和日常文化消费的分享需要，极大拓展了文化传承与创新的空间。旅游为文化传承提供了新的空间和新的渠道，也为文化创造注入了新的动力。"[①] 总之，迷失自我或趋向他者的文化旅游都不是"善"的价值运输，不是伦理的"应当"。因为，万物均有自我价值，且具有不可替代的客观存在根据，进行价值运输的文化旅游本质上"应当"充实、丰富、更新自我的原有价值，进一步朝向那充满活力而摇曳多姿的方向。

3. 化成人文

英国哲学家培根在《论游历》一文中曾写道，"游历在年轻人是教育的

---

① 戴斌：《开创文化和旅游融合发展新时代》，《新经济导刊》2018 年第 6 期。

一部分；在年长的人是经验的一部分”，不论是教育还是经验，都是在人身上显现的文化。人在天地之间行走，本应当秉承其道，这种本真的生活过程就是符合伦理的自然之道，如朱熹所言：“只是玩味久之，便见：‘天高地下，万物散殊，而礼制行矣；流而不息，合同而化，而乐兴焉。’‘天有四时，春夏秋冬，风雨霜露，无非教也；地载神气，风霆流形，庶物露生，无非教也。’”[①] 旅游就应当是见天地之精华，悟自然之大道，历人文之神采，成道德之自我。由此虽身在特定的时空，却能够超越这个给定的四维，从而共享天人合一的优秀文化。所以，伽达默尔把文化空间称为“一种最内在地理解的、最深层次地共有的、由我们所有人分享的信念、价值、习俗，是构成我们生活体系的一切概念细节之总和”[②]。

（作者单位：北京《旅游》杂志，执行主编）

参考文献

《马克思恩格斯选集》（第3卷），北京：人民出版社，2012。
海德格尔：《演讲与论文集》，孙周兴译，上海：生活·读书·新知三联书店，2005。
海德格尔：《形而上学导论》，熊伟、王庆节译，北京：商务印书馆，1996。
马克斯·韦伯：《经济与社会》（上卷），林荣远译，北京：商务印书馆，1998。
伽达默尔：《真理与方法》，王才勇译，辽宁：辽宁人民出版社，1987。
怀特海：《过程与实在》，杨富斌译，北京：中国人民大学出版社，2013。
（宋）黎靖德：《朱子语类》，王星贤点校，北京：中华书局，1986。
戴斌：《开创文化和旅游融合发展新时代》，《新经济导刊》2018年第6期。

① （宋）黎靖德：《朱子语类》，王星贤点校，北京：中华书局，1986年版，第1536页。
② 伽达默尔：《真理与方法》，王才勇译，辽宁：辽宁人民出版社，1987年版，第15页。

赫尔德，原始主义与诗的时代*

欧根·里德（Eugen Reed）/文　胡继华/译

摘　要：原始主义有两种形式，即编年原始主义和文化原始主义。它们在18世纪德国伟大的历史学家和美学家赫尔德的作品之中均得到了较早的表达。赫尔德坚持整体人格的自然进展，这就决定了他以一种清楚明白的原始主义的方式将“自然”用作规范。他以同样方式回答两个问题：什么样的最佳环境产生了创造性人格？何种环境产生了均衡人格？赫尔德为完成《历史哲学观念》而提出的学说让他背离了其早期作品的审美主义。人类的“青春”不复是唯一有价值的时代；因此，一种文化相对主义的精神已经显山露水。我们不妨大而化之地把1784年前赫尔德的原始主义架构描述为一种影响深远的“世界循环单极无限论”①。这些结论无疑都体现在《另类历史哲学》之中，也同时构成赫尔德全部作品的显著特征——坚持不懈地将“自然”用作规范。

关键词：赫尔德；原始主义；诗的时代；历史主义

原始主义（primitivism）有两种形式，即编年原始主义和文化原始主义。它们在18世纪德国伟大的历史学家和美学家赫尔德的作品之中均得到了较早的表达。1766年，他的第一部论文集《断片》（*Fragmente*）问世，标志着其批评生涯的初航。而在此之前出版的短小精悍之散文作品中，赫尔德明确地表现出对于人类父权境况的黄金时代充满了一种特殊的怀旧之情。② 不独如

* 本文为“2018横向-语言资源高精尖创新中心-‘一带一路’沿线文化互动与语言交往创新模式研究”项目（项目号：060347）的阶段性成果之一。

① A. O. Lovejoy, et al., eds., *A Documentary History of Primitivism and Related Ideas*, Baltimore: John Hopkins Press, 1935, I, pp. 4-5.

② Johann Gottfried Herder, “Über den Fleiss in Mehreren Gelehrten Sprachen (1764) and Haben Wir Noch das Publikum und Vaterland der Alten (1765),” in Bernhard Suphan, ed., *Sämtliche Werke*, Berlin: Weidmann, 1877—1913, XXIX.

此，在其一首早期诗作中，我们也能听到一些卢梭《爱弥儿》的清晰回声。不过，赫尔德本人并没有发表这首诗，而是他的全集之编者苏范（Suphan）发现并以《人类》（*Mensch*）为题收入全集之中。尽管一些传记作家和批评家对它的强调有些虚张声势，但它的确比较有趣，因为它是赫尔德文化原始主义的首次表达。笔者用散文形式引用其意味更深的部分：

> 自然人，谁也没有见过你，可是每一个人心中都能感觉到你，渴望看到你，然而你还没有准备好存在。有人性而无艺术；有灵魂而无心机；有良善而无上帝；有人道而无羞耻；超越谬误的真理；超越德性的虔诚；幸福而又毫不自鸣得意。这就是我吟咏的你呀！自然乃是我的诗，像诗篇歌颂的你！唯有在感情之中，它才真诚无伪，唯有在真理之中它才美轮美奂。我拥抱他，我从他学得智慧，却从不让他从我学习。他在哪里？哦，人，自然之子啊！在亚当的花园里，你如花盛放？半是草木半是生灵，你在哪里留下踪迹？像爱斯基摩人，高贵的野蛮人，在浮冰之间追逐猎物，雪地留痕？你是不是属于梦境，超过真理太多，一阵发自卢梭心灵的风，漂泊无定？或者你只是一个在衰微之世才能真正看到的人，因为对你遥遥注目，你才显得如此高贵？①

赫尔德的传记作者哈伊姆（Haym）明白地指出，康德让赫尔德读卢梭的《爱弥儿》，也让他读休谟去矫正卢梭，还让他通过自己去矫正卢梭与休谟。② 哈曼的立场也十分重要，因为在寇尼斯堡时期（1762—1764），他对赫尔德的影响比康德要大。关于哈曼对于卢梭的立场，翁格尔（Unger）描述道："虽然卢梭的感性论反形式主义的非理性观同哈曼长期以来坚持的教化论十分吻合，或许还驱动哈曼诉诸更加犀利的表述，但卢梭的宗教主体

---

① Johann Gottfried Herder, "Über den Fleiss in Mehreren Gelehrten Sprachen (1764) and Haben Wir Noch das Publikum und Vaterland der Alten (1765)," in Bernhard Suphan, ed., *Sämtliche Werke*, Berlin: Weidmann, 1877—1913, XXIX, 254 ff. 本文随后引文一律用括号随文标注卷数和页码。所引赫尔德和其他人的言论之译文均出自译者。有学者认为，译者的译文太过自由，但译者觉得不自由就根本不可能翻译赫尔德。

② Rudolf Haym, *Herder, Nach Seinem Leben und Seinen Werken Dargestellt*, Berlin: R. Gaertner, 1877, 1 ff. 译者个人的研究大大受益于 Robert T. Clark, Jr., *Herder: His Life and Thought*, Berkeley and Los Angles: University of California Press, 1955。在译者看来，Clark 的著作乃是现存的最权威的考订版赫尔德传记。

论和伦理乐观主义却不可避免地同哈曼自己的基本原教旨主义信仰南辕北辙。”[①] 上文所引的诗句，长期以来被认为是赫尔德奉行“卢梭主义”的证据，但非常明显，赫尔德从康德和哈曼那里承继了一种对卢梭的极端批判立场——如此多的证据表明赫尔德完全不信任卢梭这位原始主义的假想的重要来源。面对这些证据，一种争辩显得更为合情合理，“对哲人而言，卢梭堪称异类！不言而喻，他的学说之公正、良善、合理与实用也与他毫无关系，毋宁说它更痴迷于伟大、非凡、新奇、惊异，痴迷于发现智术师与辩护士。这就是在法国人中，哲学家、政治家和史学家寥若晨星的缘由——因为他们每每以一己患得患失为真理。若非如此，伏尔泰何以献祭给了一种夸夸其谈，卢梭献祭给了一种标新立异，而马蒙泰尔献祭给了一种话语风格。”（IV，325）如果这还不够，那么在1781年《神学研究书简》（*Briefe, das Studium der Theologie Betreffend*）当中也有证据表明，更成熟的赫尔德力主反对阅读卢梭，因为卢梭虽然“他热切地倡导他以为的真理”（X，307），但并不值得依靠。《神学研究书简》写于赫尔德并不特别热衷于神秘主义的时候，因此不妨推测，他努力的意图决不仅仅是为神学学生祛除良知的困惑。换言之，如果我们要把握赫尔德原始主义的本质，就必须避免人云亦云，摆脱那种谨慎传播的论点：他从卢梭那里承继了原始主义。

《断片》融会了一个复杂的价值系统，那些偶然读一点赫尔德的书的人难以理解这些价值，因为这个价值系统乃是一种特殊的无法复制的氛围的产物。当时，语言问题正在被严肃地研究，从路德到赫尔德的时代，德国思想界皆为这个难题痴狂。莱辛，门德尔松，尼柯莱自不必说，施帕尔丁（Spalding）、瑞泽维茨（Resewitz）等才华横溢的思想家，也都在探索德语作为诗性语言的潜能，哈曼抨击哲学对语言的普遍滥用，将诗歌尊崇为人类的母语。因此一点也不奇怪，赫尔德应该受到了哈曼诗学理论的影响。一方面，尼柯莱和柏林理性主义者抵制舶来的原始主义思潮；另一方面，不论是原始主义者还是反原始主义者都一致认为，创作最美诗歌的民族、时代乃是最卓越的民族、时代。同样被奉为金科玉律的是，美善唇齿相依，可是至于美善之源，他们或许又各持己见。英国新柏拉图主义者夏夫兹博里（Shaftesbury）极力证明，美在善之先，而苦苦寻美之人不可避免地发现

---

① Rudolf Unger, *Hamann and Aufklärung*, Halle: M. Niemeyer, 1925, I, p. 332.

了善。这么一个理念以种种变形贯穿了整个 18 世纪，坚执不易。在《断片》之中，赫尔德并没有抨击这条基本公理，他显然没有意识到，关于这个论题，自己和柏林美学家之间存在一道鸿沟。他坦诚赞美莱辛和门德尔松，但后二者的绝大多数作品都在批判夏夫兹博里，但他仍然相信莱辛和门德尔松会欣赏他的撰稿。尼柯莱、门德尔松、莱辛联合编辑《最近文学书简》（*Briefe*，*die Neueste Literatur Betreffend*，以下简称《书简》），该刊问世于 1759 年，刊行于随后几年，他们幽怀所系乃是将德语发展为诗性语言。他们取法上古，以古典为师，据以制定抽象的引导法则，但这丝毫不影响他们将兴趣聚焦于此。赫尔德一厢情愿，以为他们也像科学家那样关心同样的议题，致力于追求精确的真理，但他将自己的历史与心理学方法用于研究语言难题，这引起了世人的震惊。

赫尔德将他自己的研究方法对立于《书简》的诸位作者的理性主义程序。他写道："人类成年，乃是永远在变的时间之产物。在时间的掌控之中，万物恒变：人类，每一个民族，每一个家庭，无生命世界自身，都从坏变好，越来越好，从较好到坏，越来越坏；这是一个永恒的循环，每一门艺术和每一门学问皆可为证，遵循同样的循环——它们也抽芽、结蕊、极盛而衰。"（I，151－152）按照《断片》之中所表明的论点，语言也一样遵循人类年龄的法则。在人类的童年时代，恐惧、敬畏与惊奇决定了原始民族的生存样法。当儿童成长为青年，"原始野性即为政治的冷静所取代，他的生活方式，他的思想品格即火焰熄灭，像荷马笔下的涅斯托尔说话那样，他的言语悦耳动听，从他的舌尖甜美地流出，犹如音乐在耳"（I，153），此乃诗的时代。当青年变为成人，他就再也不是一个诗人，政治组织就不可避免地表述抽象概念，由此就进入散文时代。随着人到老年，其特征就是执着追求精确，诗性语言在其中毫无立足之地，而语言也普遍丧失魅力，这就是哲学时代（I，153）。

至关重要的是，我们要确定自己在这个循环当中所处的位置。赫尔德对该问题的回答，似乎为同样的工作背景下的柏林批评者清扫了地基："对立于古人的语言和原始民族的语言，欧洲语言最好拿来反思，而不是表达感受和想象。"不仅如此，"唯有散文语言与我们意气相投；自不可记忆的时代以来，一直就是这么个情况"（I，154）。但赫尔德认为，这个过程是可以改变的，他与《书简》的作者们取得了共识：为改变这种境况，我们不仅可能而且必须做点什么。尽管柏林学派（尤其是他们的苏尔策（Sulze）

院士与莱布尼茨）一道坚持认为德语仍旧是一种原始的语言而必须概念清晰化，但赫尔德却认为，德语还不够原始，需要更大程度的反转，需要一种更丰富的诗性词汇，更大程度的模糊。苏尔策主张，为了根据概念的清晰度来估价不同的语言，就必须建立一些原则，但门德尔松在《书简》之中反对这项主张（IV，230）。与门德尔松联手出击，赫尔德指出，苏尔策的方案可能会摧毁全部的诗歌，概无例外，“语言求精密与正确，将减损它的价值”（I，166）。儿童和傻子，对于语言之内所固有的真正诗歌而言，将是比最聪明的院士更合适的向导，“对于一种纯朴天真、没有经过教化的理解力，以及待解的‘抑扬格’、‘扬抑抑格’和‘扬抑格’诗歌，他将予以细致分辨——如果它们各归其所的话。但是，对于一首混合的六音步韵诗歌，他们就不知何所作为了。请听听儿歌和傻子之歌的调子吧！它们绝非多韵。或者，如果这在你看来是荒诞可笑的，那么请和农妇散步，听听古老教会之歌，它们没有重音节，而且更短促，但它们有整一的节奏”（V，174－175）。

那么，为何说同一种语言的人并非都处在同一发展层次？解释便在赫尔德的三维民族概念之中。一个民族（volk）可能只是一个种族－族裔实体，或者可能是一个发展滞后、被文明败坏的种族－民族，或者一种带有滞后群体特征的文明之内的群体。[①] 必须指出，“种族”（race）一词并不见于赫尔德的著作；因为在他看来，种族是个不得体的词语。无论如何，不论哪些力量将一个民族维系在一起，这些力量都无法防止一种原始性的细微区分，以确保民族性不至于丧失。诗乃价值系统之中的决定性因素，所以农夫和未开化的野蛮人具有显著的优势；野蛮人本为善，较之文明人更好，因为他生而就是诗人。

《批评之林》（*Kritische Wälder*）与《断片》和植入其中的《托尔索》（*Torso*，1765）构成一个整体。但赫尔德的立场和评价并未发生变化。但是，在《断片》里他谴责《书简》的作者们缺乏历史意识，在《批评之林》中他又抨击一个极有影响的作家（莱辛）及其同样极富影响的作品（《拉奥孔》）。就原始主义内涵之表达而言，《批评之林》没有《断片》那么重要。然而，在《批评之林》中，赫尔德提供了两个新的视点：一是他表现出对一种实证的心理美学的特殊执着；二是他对马克菲森（James Mac-

① 受到辛普森（Georgiana Simpson）的启发，笔者做出了这种明晰的区分。参见 Georgiana Simpon，“Herder's Conception of ‘Das Volk’”，Ph. D. diss，University of Chicago。

pherson）莪相风格的诗歌怀着一份隐秘的激情，而往后数年，他一直相信这种诗风的质朴纯正，主题系乎我们当下的关切。他说：“以新近发现的诗歌标准来论衡之，除了古代苏格兰，我不知道世上还有哪个民族，能将伟美与情感，英雄与俗人如此完美地熔为一炉。这些诗歌将一种流逝在行动、感兴与歌谣之中的生活敞开在眼前，其鹄的仅仅在于赞美伟业丰功和感物兴情；这些诗歌的源始性表明，此乃一条颠覆不破的圭臬。”（III，27）毋庸置疑，这种历史方略让他在此误入迷津；可是，他对于稍后兴起的浪漫主义的重要性，恰恰是基于这么一种错判。其学问生涯的这个环节，赫尔德借以判断时间上遥远的文化之根据，仅仅是来自语言与文学。就莪相诗风而言，这些根据全然错误。他将莪相的诗歌当作纯真质朴的原始文化记录进而为其辩护，这对狂飙突进产生了深刻的影响，但就其毕生都奉行个体优先原则而言，这却是一场巨大偏离。舒采（Martin Schütze）正确地指出，在赫尔德才华的盛期，“他仅仅将质朴性归结为由具体现实来体现的结论，并把它局限在它们所界定的领域之内”①。1776年以后，赫尔德运用一种严格的科学方法，但他因为一种偏执的痴迷而误入迷津：莪相诗风完美地适合《断片》所表述的循环系统。即便德尼斯（Denis）所译的莪相之德文版也并非赫尔德所欣赏的版本，此等痴迷亦复如此。在1769年的一篇评论中，他不仅批评这个译本，而且还不失时机地感叹“译者当是凯尔特人”（V，325）。同时强调有必要探索出一种研究原始诗歌的重要方法。令人悲哀的事情在于，赫尔德不仅写了书评，而且还写了《书简》之中的段落，还在致芙拉采斯兰（Caroline Flachsland）的信中举荐这个传说中的译本，而赫尔德根本没有见到英语原文。② 直到1773年，他才完整地从英文译出，在一封写给歌德的信中，他才自信满满地批评后来的“莪相”译本。因为，他在那时已经读过英语原文。

简言之，赫尔德之所以对“高贵的凯尔特诗人”的事业有如此充满执念又充满批评的热情，是因为他对语言和诗歌持一种原始主义的观念——而人们在习惯上并且正确地将这种观念归因于哈曼的影响。在推论之中，赫尔德对于原始总体艺术形式（gesamtkunstwerk）的赞美也被归因于同样的

① Martin Shutze, “The Fundamental Ideas of Herder's Thought,” 连载于 *MP*, XVIII, 1920—1921, pp. 65 – 78, pp. 289 – 303, 1921—1922, pp. 113 – 130, pp. 361 – 382; XXI, 1923, pp. 29 – 48, pp. 113 – 132。这里的参考和引文，见 *MP*, XIX, 1921, p. 123。

② Alexander Gillies, *Herder und Ossian*, Berlin: Junker und Dünnhaupt, 1933, pp. 79 – 90.

影响。不论是赫尔德，还是哈曼，他们都深深地受到两部著作的影响：一是布莱克维尔（Blackwell）的《荷马生平与作品研究》（*An Inquiry into the Life and Writings of Homer*，1735），另一是布朗（John Brown）的博士论文《论诗乐分合与兴衰》（*A Dissertation on the Rise*，*Union and Power*，*the Progressions*，*Separations*，*and Corruptions of Music and Poetry*，1763）。莱辛和门德尔松都赞赏布朗的观点：与音乐融为一体的诗歌才最有力量。他们还同意布朗的说法：诗乐本为一体。[①] 但他们对于布朗观点的赞赏并未导致对原始艺术的大而化之的概括。他们对原始艺术感兴趣，是为了教化德国新生一代更好地理解和欣赏文明化的艺术。但是，赫尔德相信民族之中的人民，更深切地关怀道法自然的农民阶层，认为他们的原始艺术乃是民族的古代诗歌与民间故事的库藏。布朗论证说，作为一项实践诗学原则，现代诗人应该回归原始时代独具一格的艺术整体。对于这一点，赫尔德同意，但有所保留：民族之中的人民正像未开化的野蛮人那样，仍然保留着这种可贵的文化财富，所以解决语言问题的唯一办法，乃是归向这一群体的语言。所以，在《论莪相和古代民族诗歌的书简摘要》（*Auszuge aus einem Briefwechel über Ossian und die Lieder alter Völker*）和《莎士比亚》（*Shakespear*）中，他表达了这种紧迫诉求。这两篇论文发表在著名的《论德国及其艺术》（*Von Deutscher Art und Kunst*）上，构成了“狂飙突进的宪章”。在其学术生涯的整体发展中，赫尔德的编年原始主义之基础就一望便知：不论是模仿农民、希腊人、希伯来人，还是模仿野蛮人，我们都必须回到语言的青春时期，回到诗的时代。

从思想史的观点看，诗的时代这一信念同实证思维的崛起紧密相关。维柯（Giambattista Vico）《倡议归向民族自然共同体的新科学原理》（*Principles of A New Science Involving A Return to the Natural Community of Nations*，以下简称《新科学》）之第一版中，就已经清楚地预示着赫尔德在《断片》之中初次表述的语言循环论。费拉里（Giuseppe Ferrari）将维柯的学说描述为“天才历史上最了不起的现象，思想史上最别具一格的时代误置论”[②]。事实上，维柯对自然权利的研究在孟德斯鸠《论法的精神》（*Esprit des lois*）

① Wolfgang Nufer, *Herders Ideen zur Verbindung von Poesie*, *Musik und Tanz*, Berlin: E. Ebering, 1929, pp. 11 – 16.

② Quoted in Pio Viazzi, “La modernita e il positivismo di Giambattista Vico,” the introducti on the his edition of *the Scienza Nuova*, Milano, 1902, pp. 5 – 34.

之中得以延续。[①] 1874年，赫尔德以一处重大修改，接纳了维柯的历史循环学说；而维柯的原始诗歌理论预示着布莱克维尔、劳特（Lowth）、布朗以及哈曼的学说。自然权利论，历史循环学说，以及原始诗歌学说，维柯的这三个创建对于后一个半世纪思想发展的决定性推进作用比一般人所理解的要大得多。毫无疑问，维柯和孟德斯鸠的历史哲学多少可能有些非典型，但维柯的贡献仍然只是在19世纪才得以完全实现的多种趋势之首次现代表达。从维柯诗学语言和概念语言二分作为在时间上彼此排斥的现象，经过鲍姆加登《美学》（*Aesthetica*，1750）对艺术与思想功能的心理学区分、赫尔德《断片》与《批评之林》、洪堡的语言理论，到赫尔巴特（Herbart），一直到克罗齐，贯穿着一脉思想传统，克罗齐本人就追溯了这一传统。[②] 从维柯的“历史潮流”和“反向潮流”，一脉相承的传统也通过赫尔德的《历史哲学观念》（*Ideen zur Philosophie der Geschichte der Menschheit*）得以延伸，经过19世纪众多的实证主义者，发展到当代的社会学，尤其是斯宾格勒的《西方的没落》（*Untergang der Abendlandes*）。更为重要的是，维柯预示着我们所谓的“精密科学精神”；但在1725年，就像维亚兹（Viazzi）所指出的那样，尽管赫尔德接触不到任何一种生物科学，可是维柯在歌德和赫尔德开始他们的生物类型学研究之前很长的时间，就将环境决定论原则运用于对文化本质的研究。[③] 杜博斯主教（Abbé Du Bos）据说预示着维柯“新科学”的一种相态，而人们正确地将杜博斯主教看作赫尔德的先驱之一。[④] 在其《诗画批判反思》（*Refléxions Critiques sur la Poesie et sur la Peinture*，1719）中，杜博斯陈述了气候论，而维柯对此几乎一无所知，但莱辛和赫尔德则毫无疑问对此很是熟悉，尤其是赫尔德将杜博斯的气候论作为天才创造的决定因素与维柯的历史潮流论熔为一炉，提出了一种同达尔文的学说惊人相似的进化论，以至于误导了许多学者。[⑤]

---

① Johannes Tyssen，*Geschichte der Geschichts Philosophie*，Berlin：Johannes，1936，48 ff.

② Benedetto Croce，*Estetica Come Scienza dell'espressione e Linguistica Generale*，6th ed.，1928，pp. 242－534. 参见 Robert T. Clark，Jr.，*Herder*，*Cesarotti and Vico*，SP，XLIV，1947，pp. 654－671。

③ Viazzi，op. Cit.，p. 21.

④ A. H. Koller，*The Abbé Du Bos—His Advocacy of the Theory of Climate*：*A Precursor of Johan Gottfried Herder*，Champaign，Illinois，1937。但作者陈述说：“克罗齐不知道杜博斯。”（第13页）这个观点显然是错误的。

⑤ 参见 F. von Bärenbach，*Herder als Vorganger Darwins und der Modernen Naturphilosophie*，Berlin：Hansebooks，1877，pp. 25－42。

因而不足为怪，《断片》所表述的历史循环论理当成为赫尔德的核心思想。最初这一理论仅仅是用于语言史研究，但情况随后发生了变化，因为赫尔德的兴趣拓展，以至于包括了心理学、生物学、人类史，最后还有宇宙内在神性论。他直接或者间接地接受了维柯的理论架构。这还不够，他还总是必须在那些接受同一资源的思想家之间摆正位置。在《论语言的起源》（1771）中，他和那不勒斯人维柯的另一个接触点也显示出来了。《论语言的起源》原是提交给柏林科学院的竞赛论文，官样文章理所当然就要反驳关于语言起源的两个主流论点：一是舒斯密希（Süssmilch）要努力证明，原始语言不是人类的发明，而是造物主的创造（Versuch eines Beweises, dass die erste Sprache ihren Ursprung nicht vom Menschen, sondern allein vom Schöpfer erhalten habe，1766），另一是卢梭第二篇语言论所持学说（1754）。在《感觉论》（*Traité des Sensations*，1754）之中，卢梭开始反驳，但最后却接受了孔狄亚克的理论。孔狄亚克的语言起源论完全以维柯的《新科学》为基础。舒斯密希支持正统宗教语言观念：语言乃是上帝的特殊礼物。可是卢梭坚持认为，语言乃是原始人悲哀、恐惧、痛苦和愤怒之呼叫的产物。赫尔德的观点则是：我们不如干脆说，语言乃是概念的一部分，人性的构成，所以没有语言就没有民族，对上帝的不虔诚则意味着要求一种特殊的造物来解释一切文化特征。原始初民情感的迸发没有形式，几乎就不能被看作语言，所以赫尔德认为卢梭错就错在赞美人类生存的第一个时期。在赫尔德看来，卢梭的自然人是一个理性主义的抽象物，从而警告人们说，哲学的世纪暴露在真正原始性之前就加速了自然的衰败。“我根本无法理解的是，我们的世纪可能也迷失在矫揉造作的正确之中，而拒绝承认唯有奔放的自然才能传递的真理。”（V，III）

在《论莪相和古代民族诗歌的书简摘要》（1773）中，《断片》中的循环论得以重述：“卢梭如此痴迷于四足行走，伏尔泰极尽嘲讽之能事，你也可能嘲笑我为原始痴狂。莫要说我蔑视当代道德和文化优长。人类之自然景象，人类之教化，人类之道德习俗，都注定会进步。悲哉！人类置身其间、活动其间和生活其间的景象已经生气全无。悲哉！人类和道德的哲人，他的景象独一无二，却一心一意地误把杭州当汴州，以原始者为极坏者。”（V，168）

同样一望便知：赫尔德对他的时代亦不满意，即便是上面引文中的警示，也是如此。他很快就将原始人和文明人对立起来，认为前者具有巨大的优势："你可以通过旅行日记得知，原始人多么富有活力且坚定不移地表达自己，感性弥满、清澈如水以及元气淋漓地观看他们所谈论的事物，直截了当而且准确无误地把握他们所说的意图。他们使用朦胧的概念、半成品的观念以及语言学的符号，而永远不会努力使用抽象。他们不知道抽象，也不知道矫揉造作、奴性的期待、无聊的政治和令人迷惑的前概念。由于不知道其精神或心灵的全部弱势，他们就用单一完整的词语来把握完整的思想。"（V，181）

同样也毫无疑问，简单至极：按照灵魂学乃是整一单元这个标准，野蛮游吟诗人莪相被视为创造过程的最佳表现。因此，为了理解这个含蓄的评价，我们就必须在一定程度上研究赫尔德关于创造过程的理论。舒采指出，几百年来，赫尔德乃是第一个直接关注这个过程的作家。[①] 不仅如此，赫尔德的原始主义之精华，就在于他对人类非物质存在的自然创造性的描述。这种描述存在于《论人类灵魂的认知与感性活动》（*Vom Erkennen und Empfinden der Menschlichen Seele*，1778，以下简称《论人类灵魂》）中。在这篇论文中，他为评价一部艺术作品提供了一套必要的心理学，从而补正了《批评之林》中的批评理论。我们在此不可能讨论这种批评理论，因为它大体上是由对莱辛的批评构成，为此基本上以《拉奥孔》的论断为前提。但我们不妨说，从《断片》经过《批评之林》到《论人类灵魂》，赫尔德的立场越来越靠近实证主义，尤其是他本人从未发表的《批评之林第四》结束于一声绝望的叹息。他的论点是如果不基于生理学的感性心理学而发展出一种理性的创造心理学，美学就不可能成为向导。以哈勒尔（Albrecht von Haller）的生理学为基础，《论人类灵魂》提供了一种心理学。在赫尔德看来，没有这种心理学，任何一种美学或批评理论都是不可能的。"依据陋见，如果不同时在进化的意义上将它理解为一种生理学，任何一种心理学都似乎无法理解。"（VIII，180）这个莱布尼茨式的连续体（Lex contiui）起着在其他地方一样的作用："本质上万物并非分离存在；一切都融入不可知觉的转换之中；造化万物之生命，乃是一种精神，一团火焰，不管它负载何种形体，不管它通过什么渠道流动。"（VIII，178）

赫尔德的论点是心身关系乃是机能心理学影响的议题，而更多的混淆被引入心身关系难题之中；在机能心理学之中，人类非物质存在的各种能

---

① Schütze, loc. Cit., XXI, 1923, pp. 29 - 48.

力都以上行的范畴予以安排，其顶峰乃是理性机能。在赫尔德时代，沃尔夫（Christian Wolff）从中世纪心灵力量理论之中发展出来的灵魂论已经蜕变为梅耶尔（Meyer）、达尔杰斯（Darjes）等人的机能心理学。赫尔德反其道而行之，相信这些机能只不过是一种随着身体一起运作并类似于肉体力量的独特力量。非物质的人所拥有的这种独特力量就是赫尔德所说的“强力”（kraft）[①]。为方便起见，我们不妨管它们叫“想象力量”“理解力量”“理性力量”。但是，我们必须意识到，按照《批评之林第四》，这些名称仅仅是一些方便教学的概念，在现实中完全缺乏基础。人类乃是作为整一单元来活动，所以想象不同时运作，理性也就不运作；理性不启动，理解就百无一用；大脑与神经系统若无对应活动，这些机能之中任何一个都不起作用。如此之多的文史学家指责赫尔德强调情感高于理性，其实大谬不然。赫尔德只不过是特别地就创造过程而论，质疑官能细分、机能独立的有效性。唯有个体有所习得之后，逻辑才是可能的，因为“我们所知的东西，仅仅是从比喻学得的东西，从生物到人类，从人类到创世者，莫不如此”（VIII，170）。就“强力”概念、“连续体”概念以及比喻方法而言，赫尔德大大地受惠于莱布尼茨。这个事实不会为他防范系统哲学家的批评：“我相信，荷马和索福克勒斯，但丁、莎士比亚和克洛普斯托克，比一切民族和一切时代的亚里士多德和莱布尼茨，为我们提供了多得多的灵魂学实体和人类学知识。”（VIII，171）

三段论推理得来的绝非知识的唯一类型，普遍概念与具体经验相比，永远是第二性的。基于这种认知，赫尔德的心理学就是通过机体论生理学来决定感知过程和原始习得阶段的体系。这些原始阶段受有机力量的支配，类似于这些力量的乃是人类本质之非物质力量。我们不能区分物质和非物质部分：“亲爱的读者，我们行之未远；我们尚不知道物质性是什么？非物质性是什么？”（VIII，193）重要的是，不要忘记肉体到精神的过渡永远是平缓和渐进的。所以，所谓低级机能乃是高级机能的基础，如不连续参证感官知觉，所谓高级机能就无法存在。我们过多地强调了理性教化，因此元气勃发的低级力量由于三段论思维的优势而被排斥在外，作为力量等级之整体，“心理能量”就弱化了，随之产生了一种同疯癫类似的心灵处境。

赫尔德坚持整体人格的自然进展，这就决定了他以一种清楚明白的原

---

① See Robert T. Clark, Jr.,“Herder's Conception of Kraft,” *PMLA*, LVII, 1942, pp. 737－752.

始主义的方式将“自然”用作规范。他以同样方式回答两个问题：什么样的最佳环境产生了创造性人格？何种环境产生了均衡人格？他回答说：“要是人类之祖知道，更多的人远离多余的知识和放纵的感性，那有多好！常人和乡民在知觉和情感上比高雅之人和博学之人更加健康；道德的原始人比非道德的欧洲人更健康；知觉和行动的人比懒惰和半疯半癫的天才更好。”（VIII，216）真正的天才对立于衰败之世的“天才”，他们成长于这么一些时期：“存在之方方面面彼此紧密联结，人类命运、人类功业、人类潜能之间的互相交织更加坚固。简言之，他们成长于这么一些时期——一个人不仅独具一格，而且他的一切均能存在或生成。历史表明，伟大的行动的善人绝不可能是那些时代的平庸之辈，而当他们处于全部存在都分崩离析和陷于紊乱的时期，每一个人都可以充分调用他自己的一部分潜能，而与此同时，作为一种机械生命概念的牺牲品，他又历经苦难。”（VIII，217）分崩离析意味着衰败与死亡。自然发展尤其在教育之中极为必要，因为强制儿童的心灵会引发危险的后果。（VIII，227）

同样的思想也表现在赫尔德写于 1769 年至 1784 年的许多论文中。1778 年，他提交一篇竞奖论文给巴伐利亚科学院，题目是《论诗艺之效用》（*Über die Wirkung der Dichtkunst*），其中他清楚地指出：当分殊运动开始，一个民族的诗艺也随之衰落（VIII，362ff.）。在这篇文章中，赫尔德还追溯了希伯来、希腊、罗马以及现代诗艺的兴衰。尤其是在现代，法兰西提供了诗艺衰朽的绝佳例证。纵观赫尔德这一时期的论著，我们发现其中贯穿着这么一种思想：“语言是灵魂质能的媒介。”灵魂质能（Energie der Seele）源自一种自然生命力。《各民族趣味兴衰原因论》（1775）则提供了另一个例证，其中已经对《论人类灵魂》的灵魂学原理展开了提纲挈领的论述。《论人类灵魂》更清楚地陈述了赫尔德的灵魂学，所以它备受瞩目，已经得到了优先考虑。

特别有意思的是，赫尔德不仅详细地论述了一般意义上的衰落，而且为这个概念寻找根据。在他看来，衰落概念的基础不仅在诗歌，而且在大量的附加要素，包括灵魂学的力量平衡。因此，在《各民族趣味兴衰原因论》中，他写道：“无论什么样的形式，一个趣味时代都是天才力量运作的结果——天才是节制的天才，力量是整饬的力量。不论这些时期如何变化，趣味的范围也一样在变化，即便是多种规则而非一种规则发挥作用。”（V，600 - 601）衰落发生之时，人类“远离了淳朴的伟大——完整未损、无拘无束的自然——一句话，远离了高贵的单纯”（V，642），而他的推论理性掌控了思维与行动。趣味衰落，伴随着其他文化要素的衰落。

直到《历史哲学观念》问世，赫尔德停止了对有机文化概念的探讨，但在《批评之林》和《历史哲学观念》之间的许多论著之中，人类文化存在的另一个相态——宗教，得到了讨论。宗教的起源和发展，正如语言和诗歌的起源和发展一样，成为重要的论题。在《东方考古学》（*Archäologie des Morgenlandes*，1769）中，赫尔德开始了一系列研究，将语言的动态力学观念同原始宗教形式紧密结合起来考察。这个系列研究承上启下，接着《人类最古老的记录》（*Älteste Urkunde des Menschengeschlechts*，1774）、《新约注疏》（*Erläuterunggen zum neuen Testament*，1775）和《希伯来诗歌精神》（*Vom Geist der Ebräischen Poesie*，1782—1783），同哈曼的《回忆苏格拉底》的主题构成一种变化而又传承的关系。在人类思想史上，这个论题之活力令人震惊，虽然它在18世纪得到了最为详尽的探讨，但它确实不局限于这个世纪。这个时代疑古最盛的作家已经将现代文明之中科学发展的因缘归结到犹太－基督教一神论传统，[①] 甚至在当代也不乏这么一些人类学家，像18世纪思想家之前的朗格（Andrew Lang）那样，[②] 相信正是上帝本人给予了原始人类一种原始的一神论启示。在18世纪，不论是天主教还是新教，他们都关心这种神圣的启示，耶稣会士拉菲托（Lafitau）和新教信徒赫尔德都毫无保留地同意：比如说，美洲印第安人完全以希伯来人本质上相似的方式保护了这一神圣传统。

可是，人们却一直认为希伯来人以其约定俗成的方式保护了这脉传统。在《东方考古学》和《人类最古老的记录》之中，赫尔德的探索开始于这么一个假设：旧约乃是人类历史最古老的文献。这也是自然神论者的信念，所以赫尔德在抨击自然神论对原始宗教的轻蔑之时，也可能起步于一个共同的基础。他抨击的主要对象是休谟《自然宗教史》的信徒们：“对于吾等哲人而言，上帝只不过是一个形而上的玄设，一个终极的‘谁’，关于他的一切言谈和思想，都是完全不可能的。自然神论蔑视质朴乡民：他们被迫思考自己所崇拜的上帝，他们以一种惯常的自然形象虚构上帝、维系上帝以及向上帝祈祷。可是，如果必须有这么一个形象，如果感性的、谦卑的以及（这些哲人们所谓的）迷信的人类要求这么一个形象，那么与光明相

① Emil Dubois-Reymond, *Reden*, Leipzig: Publiumier, 1886, I, 262 ff.

② 如维也纳学派的 R. P. Wilhelm Schmidt, S. V. D. 。

比，上帝启示在全部造物之中的形象是何等辉煌、何等高贵、何等喜乐！但是，这道光明乃是东方神性的永恒象征。”（VI，219，赫尔德在脚注中提到了休谟）

所有这一切，意在证明《创世记》第一章用诗性语言表达了创世的精确真理。赫尔德有言在先，明确地警告不要把旧约当作一部科学教科书。我们早已从《断片》《批评之林》《论语言的起源》之中得知，在语言之“成年时代”之前，科学的语言或哲学的语言都没有发达起来，但它们在“暮年时代”臻于至境。因此，将原始宗教文献当作科学，将是一种历史的迷误。它们在真正意义上确实富有诗意——也就是说，它们属于语言的诗性时期。赫尔德逐字逐句地解读《创世记》第一章，揭示其中的摹形状物均为科学家所描述的同一现象之诗意象征化。赫尔德的论证要点相关于价值，其含义在于一个价值体系之中的决定性要素与诗歌同在，所以古代希伯来人必须优于现代人。不独古代希伯来人出类拔萃，亚洲古代民族也都诗性一流。

在《新约注疏》中，赫尔德以同样的方式辩护新约的启示精髓。于我们而言，这样的辩护一定不同凡响，因为他力求证明：第一，新约起源于亚洲；第二，新约不仅与旧约，而且与《阿维斯陀经》（1771年 *Anquetil du Perron* 的法文版问世）以及迦勒底－埃及传统宗教完全一致。这个论辩的结构在《希伯来诗歌精神》当中臻于至境。这部作品开篇采用了对话策略。对话中的一个人物埃尔凯福隆（Alciphron）代表典型的启蒙思想家之立场；对话的另一个人物优泰福隆（Eutyphron）则崇拜荷马、莪相、圣经和民歌，因为他们是原始启示的承载者。二人的讨论渐渐揭示了双方所立足的共同基础以及二者的清晰边界。埃尔凯福隆断定古希伯来语乃是“贫困野蛮的语言”，深深感到优泰福隆对于古希伯来语的兴趣乃是教育误导的结果。（XI，222）对于希伯来语的不同语音和语法特征，优泰福隆极力辩护，而埃尔凯福隆无情抨击。埃尔凯福隆诉诸逻辑，而优泰福隆拒绝将逻辑应用于诗歌。优泰福隆向埃尔凯福隆证明，在一切时代的语言当中，古希伯来语乃是最具诗意的语言之一。他援引莪相诗歌、《阿维斯陀经》和《约伯记》，极力证明埃尔凯福隆反对希伯来语乃是基于理性主义的偏见。

在《希伯来诗歌精神》之第二部分中，赫尔德废黜了第一部分的论辩方式，回到了他常用的论说方法。虽然在第一部分中他反对理性主义信念，证明希伯来语是诗性的语言，但他却没有清楚地分辨出希伯来语究竟归属于原始性的哪个阶段。我们不能忘记，在赫尔德的语言兴衰论之中，原始阶段并不是一种值得向往的动物性境界，真正的野蛮人的呼喊在他的美学中没有地位。因而，在《希伯来诗歌精神》之第二部分，他就一定要证明，摩西时代的希伯来语并不处在最低级的原始层面。在一篇题为《希伯来诗之主观起源的某些理由》（*Einige Gründe des Subjektiven Ursprungs der Ebräischen Dichtkunst*）的附录中，赫尔德清楚明白地表达了这个论点：

> 任何一个原始民族都不能使用《摩西五经》第一章所提供的形象和思想。异族蛮夷仍然是屈服于命运压力的一团污泥，绝无可能掌控《创世记》第一章给予我们的那么一些名目和抽象。《创世记》第一章，将这些名目和抽象以一种为感性的人所习惯的秩序和对应关系给予我们。不论这部作品的作者是谁，它的形象及其再现意图都表明，它出自一名智者宗师的手笔。（XII，27）

赫尔德认为，希伯来语在词根和句法上完全不同于卡里本语或格林兰语（XII，28），“任何好战的伊洛夸依人，任何狩猎的休伦人，都不会这么使用语言”（XII，30）。就像自然景观一样，气候条件也是一个决定因素，它滋养着一种田园景象，任其展开。但是，达到这么早的发展阶段，且能创造这么高级的思想概念，意味着希伯来语在其传统的纯净性上仍然独一无二。所以，赫尔德进一步写道：

> 所有这些独一无二的特征和卓越无比的特色都让我们相信，人类发展的开端绝非偶然发生，伴随着哞哞嚎叫的牧群；毋宁说，人类的开端具有神圣的起源。虽然我无法估价神圣干预的品格，但我无法怀疑或否定这一点。（XII，31）

原始希伯来人所获得的启示之相态，在《希伯来诗歌精神》之第二部分得到了讨论。赫尔德强调了这么一种重要的事实：耶和华总是以象征向摩西启示，如燃烧的荆棘、火焰祥云等等。（XII，35－36）从这个事实之中，赫尔德推导出这么一个结论：以色列先知的信息包裹在独具象征表现的语言之中，因而可以直接启示给整个民族；但是，像希腊这样富有神话的民族，则必须继续将原始启示拟人化。（XII，40）

赫尔德不可避免地参照18世纪德国，谨慎地描述了希伯来部落的社会结构。他毫不质疑地暗示说，日耳曼部落之间一个相似于希伯来部落的整体乃是值得向往的。因为，在这么一种类似的整体之中，每一个部落在不可分割的民族之内维持着独立性。这正是赫尔德的典型姿态。正是因为他赞美父权状态（人类的原始自然条件），所以他把希伯来诗的伦理优越性和至高荣耀归给了这种原始境界在希伯来人之间的持存（XII，107 ff.）。可是，赫尔德并不主张将其他蛮夷民族排斥在正义的奖酬与赞美之外。事实上，《希伯来诗歌精神》之整体论证结构，乃是以人类学方式解释旧约，因此赫尔德被迫在这部著作的第七章再度论述希伯来和现代旅行家笔下的那些原始民族之间的类似性。关于美索不达米亚先知巴兰和他的驴子的故事，赫尔德写道：

> 在这个故事之中，吾人也看不到任何与萨满巫师无关的事情。在这些旅行家的游记之中，这些描述也包括所有那些也发生这类事情的国家。令人惊讶的是，一个旅行家观察到了这些原始民族所独具的想象力之可怕变形。灵魂离开无生命的惰性躯体，带回了他在朝圣之地所得到的消息。这些报道成为高贵的预言，给最智慧的行者以巨大的惊讶。一切都是在赞美这些民族的功业，与之相比巴兰的异象只不过是儿戏。这个慧黠的先知对诅咒无动于衷。在他冷漠声音背后的神祇为何不使用那种既寻常又有效的媒介？（XII，159）

赫尔德对这个故事的解释是此乃一种原始启示给予之后自然而然发生的现象，但是在那会儿他却不认为巴兰的异象是有效的；而要相信这个异象的有效，就必须成为萨满巫师本人。这个故事必须“根据时代”来考量，因为这是“诗的时代”，对应《断片》所描述的青春。赫尔德清楚地指出，在发展的下一层面，诗开始衰微：“一个和平稳定和道德引领行为的民政时期，对一个民族而非对一首充满活力的诗歌而言是更幸福的时代，因为一首元气淋漓的诗歌讴歌的是伟业丰功、英雄激情、冒险行动以及对自由的追求。”（XII，168）《希伯来诗歌精神》发表于《历史哲学观念》之前，它这一部分论述已经为一种不同的评价埋下了伏笔，按照这一新的评价体系，诗再也不是主导文化的因素了。果不其然，在第七章的一条冗长的注释之中，赫尔德论述了布朗的博士论文，表明他自己赞美历史上一个特殊的时期：诗歌、音乐、语言（更不用提戏剧与历史）构成一个整体的结构。但是，《希伯来诗歌精神》的后一部分则显示出，赫尔德为完成《历史哲学观念》而提出的学说让他背离了其早期作品的审美主义。人类的“青春”不复是唯一有价值的时代；因此，一种文化相对主义的精神已经显山露水。

在《另类历史哲学：世纪诸多业绩之赞词》（*Auch eine Philosophie der Geschichte zur Bildung der Menschheit*：*Beytrag zu vielen Beyträgen des Jahrthunderts*，1774）中，赫尔德致力于将美学、语言学和神学的论说同《历史哲学观念》联系起来。这部著作论述的对象，不是诗－语言的时代，而是一般的教化时代。但是，像赫尔德的另外几部作品一样，《另类历史哲学》也是一部偶然之作，因而我们必须理解它的触觉点——艾泽林（Isaak Iselin）的历史哲学。艾泽林对启蒙时代难以置信的自鸣得意更是赞不绝口，以至于这套学说成为这个时代历史哲学的标杆。赫尔德著作的标题不无讽刺意味地写作《另类历史哲学》，其中罗列了艾泽林傲慢判断之另类例外清单。同时，他坚定不移和自始至终地将自然作为规范，对纯粹编年史原始主义做出了强势陈述。

人类的始祖乃是“一对夫妇”，赫尔德假设这是一条不证自明的公理。而且他还补充指出，人类社会发展之第一阶段具有父权制特征。与这个历史发展阶段对立，18 世纪呈现了一幅持续衰颓的画面。（V，478）至于父权制的倾向与特色，他的描述是：“这都是些什么倾向？它们应该如何？自然至极，强大之极，质朴之极！它们构成了千百年全部人类发展的永恒基础。智慧取代科学；对神的敬畏取代智慧；父母之爱，夫妇之爱以及稚子之爱取代了优美与放纵；生命有序，神在家里　此乃一切民政秩序和模式的原型。大道至简，但境界幽深，喜乐无限，一切都在人性之内。若非通过那种永恒的原型力量，吾人不宜询问，如何产生所有这一切，如何让它们臻于永恒。”（V，479）即便是用自由的散文体来翻译这段话，免去赫尔德的强调标记，我们也不难感受到其整个作品毫放不羁、激情澎湃的语调。他的整个作品之无法比拟的特点乃是清一色的强调句型。诗意盎然，辩才无碍，有时还带着酒神颂和田园诗的风格，他的作品都是蓄意直接对立于艾泽林的平庸理性风格，他还以“黄金时代”对立于艾泽林关于人类开端于羸弱贫瘠的学说，“人类，男人，妻子，父亲，母亲，儿子，嗣人，上帝的祭司，统治者和家族长——此乃千年万载人类一切的源始铸模！永恒如此！除了诗人想象的千年帝国和虚构景象，父权时代将永远是人类童年的黄金时代”（V，482）。

在东方极权国家和带着历史循环最后阶段之特征的专制国家之间，赫尔德做出了谨慎的区分。（V，482）事实上，东方代表人类的童年，而希腊代表人类的青春。居于二者之间的文明，不是稍微年长，就是更加年轻，反正都是孩子。《断片》的系统架构更加清楚，但同时强调的重点变了，“我们带着喜乐追忆人类的青春，在这个时代我们的资源丰富，我们肢体伸延，生命丰盈，如花盛放，我们的能力发挥产生了乡野村言，热情如炽，我们对自由和爱的向往，对快乐与幸福的倾向，和谐有序，而希腊在人类历史上永远是最美的青春场景，舒叶吐花，静若处子”（V，494）。

人类的成年由罗马代表。在此，赫尔德并非一味悲叹这个时代开始的诗歌衰朽，而是绝对地忠实于成年人类对养育一种科学品格的客观要求。他建议，优势与劣势皆不足为重，重要的仅仅是原因与结果。（V，501）可是，18 世纪在对罗马的记忆之中，最为刻骨铭心的乃是孟德斯鸠和吉本的两部巨著之题目：罗马的衰落。吉本暗示，罗马的衰落与基督教的入侵不无关系，但赫尔德却看到了一个新世界在罗马的衰落之中崛起：古典世界寿终正寝，基督教再度振兴了宇宙。当然，从原始主义的视角看，最基本问题在于：在新一轮循环之中，18 世纪位于何处？艾泽林看到发展进步在 18 世纪臻于高潮，而中世纪仅仅是再度复兴，但赫尔德在这个整体模型中看到了没落无情的经典征兆。更有甚至，颓废的欧洲还一如既往地坚持输出它的痼疾沉疴。欧洲不满足于将欧洲人还原为机器上的螺丝，它还推行殖民战略，希望将善意的蛮夷纳入同一种状态。（V，539）欧洲文明的这些特征常常被举证来支持欧洲文明优越论，但赫尔德对这些特征进行分析却得出了令人难堪的结论。他发现欧洲国家政制堕落为专制主义，为了实现权力平衡，国家成为战乱不断的祸根。他抨击那种耀武扬威的商业体系，因为它是奴役整个欧洲大陆的工具。他看到行为方式与道德规范都被还原为一种国际主义，致使一切民族价值均已丧失。欧洲文明也有昙花一现的青春“哥特时代”（V，551）。其结果明显地表现在教育、哲学和宗教的衰朽之中，“我们应该相信，现在的欧洲比既往存在着更多的德性么？是不是因为它更为开明？令我惊讶的是，这样的德性不是更多，而是更少了”（V，554）。

综观前面的阐述，我们可以看到，赫尔德的系列著作一直都在探索《断片》和《批评之林》的主题，同时他也依据哈曼和维柯的原始诗歌原则来研究希伯来诗和新约。这个系列之中每一部作品都有某些灵感，某些触觉点，源自这一时期的其他作品。作为一位有才情的批评家，赫尔德不得不与时俱进，让自己的作品服从时代的律令；正是因为如此，他在当今所拥有的读者寥若晨星，即便有人还阅读他，也总是误解多多。除此之外，困难还在于循环论模式的具体运用在早期著作中并不十分清楚。譬如说，我们很难知道，希腊和希伯来究竟谁代表青春时代，或者希腊和希伯来是否都属于青春时代。1774 年的《赞词》之中有所阐述，可是这“对世纪诸多成就”的同样赞词却提出了另一个问题：诗以及其他文化呈现物的相对重要性问题。《断片》与《批评之林》中，诗是作为唯一价值而被讨论的。但显然毫无疑问，《人类最古老的记录》、《东方考古学》以及《论德国及其艺术》之中的论文也是如此。但在论述希伯来诗的文章中，原始启示成为一个重要的论题，因此按照这一标准，此文极不寻常。用以证明原始启示（与莪相诗歌和其他原始诗歌比较）的方法显然自相矛盾：在第一部分，他着力证明旧约因原始而有效，在第二部分他却证明，孤苦无助的原始民族无论如何都发展不出希伯来这样的伟大宗教概念。最能自圆其说的解释是赫尔德作品中奇特的矛盾，源自科学思想与从理性主义和牧师那里继承而来的前概念偏见之间的融合不够完美。翁格尔准确地指出，对立传统的奇特并置，甚至是赫尔德的许多成熟作品的特征。① 然而，我们不妨大而化之地把 1784 年前赫尔德的原始主义架构描述为一种影响深远的“世界循环单极无限论”②。这些结论无疑都体现在《另类历史哲学》之中，也同时构成赫尔德全部作品的显著特征——坚持不懈地将“自然”用作规范。

（作者单位：爱达荷州立大学人类学系；译者单位：北京第二外国语学院文化与传播学院，希腊研究中心）

---

① Unger, op. Cit. , I, p. 115.

② A. O. Lovejoy, et al. , eds. , *A Documentary History of Primitivism and Related Ideas*, Baltimore: John Hopkins Press, 1935, I, pp. 4 – 5.

永恒轮回与其身份建构

亚历山大·库克（Alexander Cooke）/文

李露艳/译

摘　要："永恒轮回"思想是尼采思想的"最高肯定形式"和"最沉重的负担"，也是尼采思想研究的核心。尼采的永恒轮回思想存在两种形式：宇宙论或物理主义，伦理的或选择性的学说。学界同意物质证明永恒的轮回，但就永恒轮回的选择性或伦理方面的解读存在较大分歧。海德格尔将永恒轮回置于他的基础存在论的周边，并通过他所划分的永恒轮回思想的三种方式指出这种思想将引导我们走向"孤独"。然而，德勒兹对尼采的权力意志有了更细致的理解，并试图在尼采、哲学、差异与重复中发展出一种选择性本体论。

关键词：永恒轮回；海德格尔；德勒兹；身份建构

> 这部作品的基本概念、永恒轮回的思想以及所能达到的"最高肯定形式"，都属于 1881 年 8 月。它被草草写在一张纸上，上面写着："人与时间的距离超过 6000 英尺。"那天，我漫步在席尔瓦普拉纳湖（the lake of Silvaplana）边的树林，在离苏尔莱（Surlei）不远的地方，我在一块巨大的金字塔形的石头旁停了下来，而后我灵光闪现便有了主意。
>
> ——尼采《瞧！这个人》（*Ecce Homo*）

导论：尼采与永恒轮回学说

永恒轮回学说彰显了尼采哲学中最棘手和最困难的一面。如上所述，1881 年 8 月，在尼采的其他信件〔见克洛索夫斯基（Pierre Klossowski）《尼采与恶性循环》，55－56〕中，这一学说也被称为“最高的肯定公式”；在尼采同一时期所写的《快乐的科学》（*The Gay Science*）中，这一思想也是传达的困难所在：

> “最沉重的负担”（thc hcavicst burden）——如果有一天，一个恶魔在你最孤独最孤寂的时候爬到你的身后，对你说：“这一生，将会是像你现在一样生活并且循环过活，你将不得不一次又一次地生活，永无止境。生命不再会有任何新的东西，但是你生命中的每一次痛苦和每一次欢乐，每一次思考和每一次叹息以及所有无法形容的小而伟大的东西都必须回归到你，在同样的系列和顺序中的一切都在以同样的方式轮回，就像这只蜘蛛和这月光在树丛中，同样的时刻它们和我自身都是轮回的一个阶段。永恒的沙漏将会一次又一次地转动——你也会随之转动，你是尘土中的尘土！”你岂不是会拍案而起，咬牙切齿，诅咒这样说话的恶魔？或者，你是否会把这当作一个伟大的时刻，你会回答他：“你是上帝，我从来没有听到过比这更神圣的言语！”如若这种想法对你产生了影响，它就会像现在一样改变或者粉碎你；这个问题将无所不在：“你希望它无限循环吗？”也将成为你所有行为最沉重的负担。或者，你对自己和对生活的态度足够积极，你才会有比解除这个终极永恒轮回之封印更大的欲望。（《快乐的科学》，273－274）

在这么一种大而化之的审视下，永恒的回归似乎只是一种信仰或一种伦理观念。然而，尼采思想的内容却蕴含着比个人信仰更为强劲的东西。虽然这种说法在某些时候会有问题，但永恒轮回的理论可以用最强劲的方式得到证明。

永恒轮回有两种形式：（1）宇宙学或物理学形式；（2）伦理或选择论形式。克洛索夫斯基指出，这两个方面可以归纳如下，“就好像你不得不以某种方式无限循环、循环往复，总之你必须重新开始并反复重温它”（克洛索夫斯基：《尼采与恶性循环》，56－57）。首先，如何能够为物理学或自然论提供证据？唯有证明一个人的生命必须永远回归，才能从尼采的哲学中阐明第二种形式，即伦理实践学说。

对尼采来说，世界由力构成。如果力是世界的基本要素，那么它只能自我涵养，它没有外部来源或补充燃料；否则，它将不再是最根本和最重要的元素。因此，这种力必须有限。如果构成世界的力是有限的，那么世界似乎正在进入熵最大状态。不过尼采认为，如果宇宙有一个终点，那它已经达到了。(尼采:《权力意志》，36) 如果一切都有可能，那最后一种状态，即生成将不复存在。一个人以运动的方式经历时间，现在的时刻总是在过去，这一事实证明了到达最终状态的可能性是不成立的。因此，只能有纯粹的生成，而存在就是纯粹的生成。

如果生成既没有开端也没有终结，那么一个人如何经历那一瞬间的流逝，并证明生成即存在这一观点是正确的呢？现在或此刻，必须是过去或未来，这样才能以过去的方式体验现在或此刻。时间将时刻纳入两种时态(过去和未来)，在某个时刻，同一段时间必须重现或返回。只要没到达终点，就必须永恒轮回。海德格尔（Heidegger）这样阐述永恒轮回的自然论含义："世界的生成没有尽头，返归世界自身便是真正的永恒生成，即永恒轮回。宇宙的生成，就像在无限的时间内进行有限的生成，不间断地生成着，即使生成的有限性耗尽也不停止。因此生成必然重复轮回，事实上就是无限的永恒轮回。"〔海德格尔:《尼采（卷二）：同一者的永恒轮回》(以下简称《同一者的永恒轮回》)，1991：109〕德勒兹（Deleuze）也阐释说："回归不是存在，而是回归本身构成存在；因为它被证实为生成着的以及经历过的。"(德勒兹:《尼采与哲学》，48) 不管自然宇宙论证明的内在一致性如何，事实并没有解释尼采为什么将它看作最高的肯定形式和最沉重的责任负担。只有通过阐明选择性学说，才能使思想的繁复本质变得显而易见。我们即将看到，尼采批评者们对永恒轮回的伦理理解歧义丛生，莫衷一是。

此外，关于永恒轮回学说备受指责，仅仅被说成一种个人信念，其原因在于，它表明哲学意义上不可能有任何终点，而这种终点必须包括自身，因为它把自己当作自己的起点、存在本身以及终点。例如，从主体性的角度来看，一个人可以在阐明"我在"时指出对自己存在的自我肯定。如此陈述，根据其"普遍"的理解，预先设定了"我"是存在的这一本性，而不是我要"生成"。而且，它是"存在"而非"生成"的范畴，这使得"我"也能表达出来"我不是x"，在目前的语境中更重要的是，"x不是我"。在这个例子中，对于一个人自己正确与否的决断，是源自克洛索夫斯基引用尼采所称的"主权"的主张。(克洛索夫斯基:《尼采与恶性循环》，106；尼采:《权力意志》，255)。一种说法是："我是x，而你不是。"然而，尼采认为，永恒轮回的自我肯定，是对自我肯定可能性的一种剥夺。正如布朗肖（Blanchot）所言，“事物在发生时所得到的肯定是散漫的：它所肯定的立足点，它所承载的思想，使它存在之为存在的动因，它发生的统一范例，它的表述，都不可缺少连贯性”（布朗肖：《无尽的谈话》，274－275）。

只有通过认真理解尼采的学说，人们才能认识到这种思想对存在的意义，对作为一个整体存在的意义。最深刻的是，它对“经历”和“最高”存在的影响。然而，除非人们可以解释个人在永恒轮回学说范围内的自我掌控或自我肯定，否则问题仍然是：最高思想的自我同一性是否是尼采学说的要义？这个问题可以从一种更为哲学化的视角来看：永恒轮回如何解释同一性的形成？

为了解决这个问题，笔者将聚焦关于尼采思想的两种高调至极的解读，即海德格尔和德勒兹的尼采解读。虽然二者在总体上都同意永恒轮回的宇宙论证据，但我们马上发现，他们在理解其选择性或道德方面存在差异。海德格尔在他关于“同一者的永恒轮回”（海德格尔：《同一者的永恒轮回》）的演讲中，试图详细阐述权力意志学说，并将其视为最重要的思想，即“整体存在”的思想，同时又主张将选择性方面作为一种现象学的调适。然而，德勒兹开始了对权力意志的更细微的辨析，并试图在《尼采与哲学》《差异与重复》中发展选择性本体论。（德勒兹：《尼采与哲学》，1983；《差异与重复》，1997）

海德格尔：同一者的永恒轮回

1927 年，海德格尔已经在《存在与时间》（*Sein und Zeit*）中展开了对形而上学的批判。1936 年至 1938 年，他又通过《哲学论稿》（*Beiträge zur Philosophie*）建立了自己原创的哲学体系。因此，在 1936 年至 1940 年关于尼采的演讲中，尤其是他在 1937 年发表的关于尼采的永恒轮回的演讲中，海德格尔发现了尼采思想的某种“轮回”，这一点也不令人惊讶。我们必须承认海德格尔的确受到了尼采的影响，但德勒兹认为，海德格尔实现了尼采的一种潜能，但这种潜能体现得并不彻底（德勒兹：《论福柯》，113）。海德格尔走得太远了，因此没有看到尼采关于永恒轮回思想中特别令人不安的元素。可是，海德格尔将永恒轮回置于他的基础存在论的边缘，这就引出了最难思考的存在论难题。

海德格尔解读尼采的方式只能参考他的“基础存在论”。作为对胡塞尔现象学的批判，海德格尔试图建立存在的本体论和存在论的决定论。与他之前的人物——西方形而上学史上的人物，包括笛卡儿、康德以及尼采——不同，海德格尔试图解释存在先于普遍存在。从诠释学的角度来看，这个问题（此在：Da-sein）必须解释它向一个已经构建的世界抛出的原因，同时也要阐述产生这个问题的能力（是存在本身还是存者们）的本体论结构。由海德格尔所建立的此在，一如既往地与世无争，以“烦劳”所决定的这个世界为参照。如果没有“烦劳”的结构，此在就不可能了解自己及其存在的可能性。（海德格尔：《存在与时间》，180）

在确立此在通过死亡实现其在世存在的极限模式时，“此在”建立了由时间决定的存在的可能性范围。（海德格尔：《存在与时间》，333）《存在与时间》中，实现此在的极限产生了基本情绪“畏”（Angst）（《尼采遗稿》，174－175）。必须强调的是，“畏”本身并不决定此在的限制；它只需要作为一种“体验”，让位于对存在的基础存在论理解。在海德格尔的基础存在论的理论框架内，尼采的永恒轮回学说得到了阐释。因此，“基本情绪”概念在海德格尔的存在论结构中占有特定的地位，并发挥着特定的作用。尼采“基本情绪”的特殊地位，关系到对海德格尔式尼采解读的理解。

海德格尔作为西方形而上学史上的另类思想家（海德格尔：《同一者的永恒轮回》，205），虽然大体上同意永恒轮回的宇宙论证明，但他的立场迫使人们将“高调性”的理解延伸到它与先于存在者的存在的关系上。由于难以确定尼采的思想本质是否只是提出对生命的另一种理解，或者它是否指出了对存在的非形而上学理解之可能性，海德格尔便试图通过思考来把握永恒轮回思想的本质。

接着海德格尔说，笔者想从两个方面来论述他对尼采的解读：（1）物理学说对时间经验（以及存在）的影响；（2）他把选择性原则的理解与其基础存在论相联系。对于海德格尔来说，关于永恒轮回的思想有三种方式：（1）最沉重的责任负担形式（在《快乐的科学》中）；（2）异象与谜语形式〔尼采《查拉图斯特拉如是说》（*Thus Spoke Zarathustra*）〕（3）恶性循环形式〔《善恶的彼岸》（*Beyond Good and Evil*）〕。在每种情况下，交流都围绕着一个问题或以某种方式呼唤思想。在每种情况下，海德格尔都认为，这种思想引导我们走向“孤独”。这是信仰的个人行为，但它导致了对存在思想的基本理解。对于永恒轮回的思想也有一种本质上的孤独感。从尼采的观点来看，这种孤独是指思想本身的本质，因为它表明存在只是纯粹的生成。这种学说完全超越任何“存在”的概念范围，所以孤独之思无法，因为交流至少意味着两种“截然不同”的存在之在场参与。然而，这种永恒轮回甚至超过了这种孤独的概念：不管一个人在事后再怎么去尝试重新获得这种体验，他或她自己都无法真正体验到这种孤独，甚至一个人对“孤独”的一般理解也受到了挑战。海德格尔的情况不尽相同。这种教义或其体验的交流导致了查拉图斯特拉的孤独，他与他的灵魂以及灵魂和灵魂的交流，“因为他找到了他被定义的要素”（海德格尔：《同一者的永恒轮回》，60）。

事实上，在“第二次讲演”中，海德格尔试图解释查拉图斯特拉和“瞬间”入口处的矮人（见《查拉图斯特拉如是说》，176－180）之间的相互作用，好像这两个人是截然不同的。在短暂的相遇之后，矮人“离开”了查拉图斯特拉的世界。海德格尔是如何解释侏儒在面临永恒轮回之后的“缺席”的呢？侏儒逃跑了。（海德格尔：《同一者的永恒轮回》，55）比较查拉图斯特拉对侏儒离开的描述：“侏儒现在到哪里去了？入口呢？那蜘蛛呢？还有那些耳语？我是不是在做梦？我醒来了吗？”（《查拉图斯特拉如是说》，179）侏儒缺席没有任何解释或理由。在他的旅程的这一阶段，似乎很难归咎于查拉图斯特拉与他的世界之间的客观关系，因为世界的存在本身受到了挑战。然而，对于海德格尔来说，侏儒的消失并不是思想本身的“梦幻般”本质的结果，最困难的思想本质上基本上超越了意识（这直接意味着能够说“我，查拉图斯特拉，你，侏儒”）。侏儒、蜘蛛和入口，它们本身被明确地称为“瞬间”，都是无法根据客观的时间规则或客观世界来划分的时刻。查拉图斯特拉无法将永恒的回归传达给另一个存在，因为思想本身是无法传达、不可沟通的。它威胁到查拉图斯特拉的自我肯定性，从而威胁着区分一个人与另一个人之间的交流结构所必不可少的能力。

只要查拉图斯特拉的世界开始与他重新配置（这是一个已经被尼采否定的世界的重新实现：一个有生命的世界），海德格尔就能将永恒轮回以一种非常特殊的方式呈现出来：永恒轮回的体验并不威胁到“世界”，因为侏儒能够“逃离”。只要此在与自身的关系受到威胁，此在就不可逃逸，因为据推测，对于海德格尔来说，此在逃不了孤独，孤独笼罩着人生在世。此在只是进入了自己的孤独状态。事实上，“永恒轮回”似乎正是“此在”与自身最密切的关系，而不是与他人的关系，“一个人的生存范域不是另一个人的生存范域”（海德格尔：《同一者的永恒轮回》，53）。

海德格尔对“幻想和谜语”的解读将被视为在确定他挪用尼采学说方面至关重要。海德格尔读到这段经文时隐含着什么？这个问题将在后面从海德格尔对尼采的位置的更广泛理解的角度来讨论。就目前而言，笔者想研究海德格尔对与时间相关的“时刻”的理解。

永恒轮回，也就是时间的轮回，也就是轮回本身，只有在“瞬间”（海德格尔：《同一者的永恒轮回》，98）中，在正午，最短的影子的时刻，任何“计时器”都无法测量（同上，140）。永恒轮回的思想是一个事件，它发生在不可估量的“眨眼之间”（同上，40）。然而，对于海德格尔来说，这一思想也充当了通向对存在的更大理解的大门——通向尼采最基本的形而上学立场。

在时刻的入口附近，海德格尔是如何构思时间的？在无限的过去和无限的现在之间，此在根本不知道有什么先于它的生命。当此在回想起来，它根本找不到任何东西，因为说到外在的关系，在此在的世界之前，就假定存在的关系是“客观的”，因为它超过了此在的最有限的限度。事实上，对海德格尔来说，更重要的并不是试图去思考在他自己的“在世中的存在”之前的东西造成了这个问题。相反，试图“事先”思考的本身就取决于实现某些可能性的绝对必要性。然而，并非所有的思考都是在回想起。站在这一刻的另一边是“正确思考”，即超前思考。（海德格尔：《同一者的永恒轮回》，135）此在并没有通过回顾过去来挑战自己的“一次性”，而是面向未来，展望未来的可能性。

如果思维方式是单纯的超前思考，海德格尔还必须具备自反思想的能力。正是在这里，海德格尔的“存在”概念再次被明确地唤起。海德格尔认为，“如果你允许你的存在于胆怯和无知中徘徊，这些事情带来的所有后果便是它们将会再次出现，它们就会成为已经存在的东西”。相反，如果你下一刻就塑造出某种至高无上的东西，如果你注意到了，并保留了它的后果，那么这个时刻就会再次到来，并且已经成为过去。（海德格尔：《同一者的永恒轮回》，135－136）永恒轮回学说不允许在未来有任何可能性。与决定此在的未来可能性的关系，就一切轮回而言，也意味着此在也是过去。一切都为此在决定了，除了那一刻对永恒轮回的肯定。只有对永恒轮回的肯定或否定，才能改变此在与这一思想的关系。

对于海德格尔来说，通过将查拉图斯特拉和侏儒物化，来确认“此在”之在。肯定或否定的可能性仍然可以由此在来决定。海德格尔将肯定永恒轮回的场所定位在一个自我肯定的此在中，作为一个人的决定，他在对永恒轮回的普遍性中发现了一个问题：如果“最坏”的人接受了这一学说怎么办？

与那些对思想一无所知或者漠不关心的人不同，在肯定永恒轮回时，“最坏的”人可能认为自己“超越了一切平庸”。（海德格尔：《同一者的永恒轮回》，147）怎样能阻止永恒轮回成为压迫哲学的辩护词呢？同样，在海德格尔对最沉重负担的焦虑中，隐含着一种假设，即在确认存在的同时，他仍然可以确认自己是一个自我。只有在这种可能性下，这种永恒轮回才会导致海德格尔所说的“孤独”，而不会从根本上质疑这种“孤独”。然而，在尼采的思想中，没有理由让“最坏的”自己凌驾于“平庸”之上。我们必须小心区分创造和毁灭的力量（同上，144）和人类绝对自觉的自持。对尼采来说，人是力量的集合。这些力量不仅防止了人类的永恒性或固定性，而且在永恒轮回的学说中构成了他们自己的存在论的固定性。

海德格尔对尼采的解读对永恒轮回的选择性影响是什么？我们必须首先尝试准确把握海德格尔在这方面的成就。也许海德格尔最明确的说法可以从以下引文中看出，“究竟谁拥有或匮乏坚守真实的能量及其协调能力呢？我们必须做出决断”（海德格尔：《同一者的永恒轮回》，130－131）。只有那些有能力肯定最沉重和最悲惨经历的人才会轮回，但情况仍然不甚明朗。就在这个决断做出后不久，人们就可以发现一个发人深省的尝试。海德格尔描述了两种类型的“人”，即“转瞬即逝的人”和罕见的“他人”：

> 那些不相信（永恒轮回的真相）的人是“稍纵即逝的人”。尼采意味着两件事。首先，那些稍纵即逝的人是逃离的人，在壮丽而广阔的前景面前逃之夭夭，而这一切都是以拥有可以去等待的能力为前提的。其次，转瞬即逝的人想要的幸福就在那里，他们可以抓住它；他们希望有时间去享受。这些逃亡的人，从另一种意义上说是虚浮的，是暂时的，一无所存，一无所得。（海德格尔：《同一者的永恒轮回》，131）

然而，海德格尔对这一概念的解释最有启发意义。的确，有必要对这段话进行详细地引述，因为即便受到了另一个人的启发，海德格尔这种（完全人类学）描述也极为罕见：

> 其他人，那些不是转瞬即逝的人，是“拥有永恒的灵魂和永恒的存在以及讲述未来的痛苦的人类”。“我们也可以说，他们是人类，他们有大量的时间，他们可以活到他们所拥有的全部时间——这是一个与实际寿命无关的事情。”或者，反过来说，正是那些转瞬即逝的人最不适合充当适当过渡的人，尽管外表似乎表明情况恰恰相反，因为“过渡”意味着“消逝”。那些转瞬即逝的人，没有也不会思考“根据自己的本性，最终必须死掉!”“只有那些认为自己的存在能够永恒轮回的人才会继续存在下去。对这样的人来说，不再需要乌托邦这种理想。”（海德格尔：《同一者的永恒轮回》，131）

海德格尔认为“小人物”也会永恒轮回（海德格尔：《同一者的永恒轮回》，57）。如何用这种观点来解决诸如此类的问题呢？现在，我们可以开始呈现海德格尔对永恒轮回选择性方面的理解。对永恒轮回的肯定只会改变此在的现象学经验，即此在与其可能性的关系，而不能改变现实，更不用说对此在存在物的存在论决定了。它与世界没有“真实”的关系，“这不仅仅是另一系列事件的发生；不同的是发生、行为和创造的方式。颜色、事物的外观、它们的本质，预示存在就是变化。‘深黄’和‘白炽红’开始辐射”（同上，131 - 132）。然而，还可以作进一步的本体区分。在确认或否定永恒轮回的可能性（这改变了此在的现象学经验及其与世界的关系）之前，海德格尔从“倾听”永恒轮回的可能性出发，指出了存在物的存在论上的决心，“只有极少数人，罕见之人，只有那些对这种听不见的革命有耳朵之人，才会察觉到‘开端的悲剧’”（同上，28）。海德格尔没有充分理解“少数”或“罕见”等概念的含义，即使考虑到了“英雄”的概念，亦复如此。然而，在他对英雄主义的分析中，海德格尔却不去确定“谁”可以达到勇敢说“存在”的程度，也不去详细说明一个人对最沉重的负担说“存在”的条件。查拉图斯特拉是唯一被承认能够说“存在”的人，“对同一事物的永恒轮回的想法是如此难以忍受，以至任何先前的平庸之辈都无法想象，他甚至不敢声称自己有这种想法，尼采自己也是如此。为了让最沉重的思想开始，尼采必须首先是诗意地创造思想的思想家”（同上，30）。

除了一个由尼采自己虚构的人物（大部分是由他自己决定的）之外，海德格尔作品中的人物——英雄人物、平庸人物、逃离者等等——也是如此。他从来没有详细阐述过，所以它们各自适应永恒轮回理论的条件可以被阐明。思想的开端发生在一个虚构的结构中，唯一的“存在”（如果可以这样称呼的话）能够“听”它，最罕见者被选择，只为了让思想存在。只有当思想存在时，它才具有体验思想的能力，小人物也是一样，永远在生成。它们不能失去作用，它们属于黑暗和令人厌恶的事物的那一面。如果作为一个整体被认为是，那些小人物也会等待他们的“存在”。这种认识使得查拉图斯特拉不寒而栗。（同上，57）有人可能争辩说，最难想象的事件否定了永恒轮回的根本性质。似乎永恒轮回早在 1883 年就已经功德圆满。（或者是 1881 年？而且，确切地说，因为在经历了这段经历的时刻之后，尼采的朋友们已经隐藏了这种思想的经验。）从表面上看，这就危及这一学说的超验性，因为永恒轮回否定了事件本身的概念。在没有考察英雄或超人的存在条件的情况下，海德格尔对永恒轮回的选择性学说的理解与尼采的哲学是截然相反的。因此，即使是小人物，也是少数和罕见的。即使是最小的生物也会说“存在”，这只是个时间问题。

发生了什么事，可以让海德格尔断定永恒轮回的存在无效？当然，通过在基础上设置一个自我构造的“此在”来减轻思想的重量。然而，鉴于这一研究的重点，笔者不想进一步推测海德格尔解读尼采背后的动机。否则，我们当然不会对永恒轮回的思想有更深的了解。然而，海德格尔在他关于尼采的演讲期间所写的一篇文章中，却获得了一个富有启发性的见解。在《关于真理的问题·尼采》（海德格尔：《朝向哲学的献文·从本有而来》，253－256）中，海德格尔在尼采的思想中看到了等级秩序的必要性。“这种秩序会不会让人们更真实地理解永恒轮回的沉重性？”因为，如果存在一个等级秩序，而不只是那些听到永恒轮回的声音的人，一个人可能更能够解释那些要么否定永恒轮回，要么把它变成“卑微”的小人。（《查拉图斯特拉如是说》，235）如何理解谁是真正的“少数”和“罕见”？谁倾听并因此肯定了永恒轮回？海德格尔甚至都没有提出这个问题。他自己的耳朵对永恒轮回的旋律充耳不闻。也许这是因为声音太大，太接近他了，“我们太接近尼采，因此不得不在那个视野内看到太多的东西……这是尼采最想要克服的”（海德格尔：《朝向哲学的献文·从本有而来》，254）。在海德格尔和德勒兹之间的空间里，从尼采运作的视界中，似乎可以得到足够的距离。

在德勒兹对永恒轮回的解读中，尼采自己对存在（力）基础的排序给予了更多的理解。存在，作为生成，必然处于一种永恒的不平衡状态。虽然海德格尔承认了这一事实（海德格尔：《同一者的永恒轮回》，88），但他没有进行下一步，清楚地将一个不稳定的存在分裂为活跃的和反应的力量。只有这样做，才能尝试发展一种“选择性的本体论”；而且，它可以考虑到控制他人的某些可能性的可能性，不管他们是“英雄”“稀有”“平庸”，还是只是人类。

德勒兹：永恒的差异轮回

永恒轮回不符合海德格尔的思想结构。它威胁到以此在为视角提出存在问题的方式，因为提出永恒轮回问题的方式首先威胁到此在的主导地位。德勒兹试图避开此在的诠释学，这种诠释学在发展对存在的理解之前假定了此在的绝对必要性。于是，他提出了这个根本的问题。任何诠释学——在目前的语境中，存在（此在）的诠释学——所依据的前提乃是出现于前意识的意向对象之意义的可能性。此在的诠释学的前提则是，此在可以在它的理解结构中被聚集，并得以自我持存。

德勒兹没有提出存在问题的优先性，而是提出了“哲学的最高问题”：“存在是否有意义?”（德勒兹：《尼采与哲学》，18）。也就是说，存在是否有意义，这样人们能不能就以这种方式发问呢？这个问题的背后是正义的问题。存在需要被证明吗？生存对谁或对什么负责？

根据德勒兹的观点，尼采之前的哲学家认为存在是有罪的，某种存在方式阻止人们直接地充分理解它。因此，存在与责任之间的距离，只有一步之遥。（德勒兹：《尼采与哲学》，22）责任产生于对存在的独特理解之归属性。任何关于存在的交流，如果与它的个体意义不同，都是因为它们对存在缺乏足够的责任。在这一点上，正当理由否定了世界的即时性，将价值的定位放在了世界本身以外的东西上。寻求理由去验证的存在，就不再是存在，而是一种毫无意义的奇技淫巧。

对于德勒兹来说，存在不仅无罪，而且无辜。（德勒兹：《尼采与哲学》，22）它不需要仰赖其他，也不需要单独解释。如果德勒兹所假定的任何意义都没有固定的参照点，那么除了生成——清白无辜的生成——之外就百无一有？这是德勒兹讨论永恒轮回的切入点，即如果存在的意义或法则既没有动机和目标（因为这将构成一个单一的参照点，从根本上讲是外部的，并改变它所提到的所有范围），那么唯一的法则就是永恒轮回的法则：存在的轮回，永远轮回。（同上，24）

对于存在的必要多元性，德勒兹对永恒轮回的物理学理解就解释了海德格尔忽略的一个细微差别。权力必须是多元的、等级森严的、差异的。力只存在于其他力之间，要么支配，要么被支配；如果它是单一的，它将不得不在某个时候否定自己。已经假设了永恒轮回的证据，如果力曾经否定过它自身，它就不会存在。因此，必须（至少）有两种力的形式。德勒兹称这些力量为积极的力和被动的力。积极的力总是构成一个整体，是优势的和支配性的；被动的力是劣势和被支配的。主动力必然“逃离意识”，因为“意识仅仅表达了某些被动力与支配它们的主动力之间的关系”。（德勒兹：《尼采与哲学》，41）也就是说，意识仅仅参照自身才能理解有机体。例如，一个客体在现象学上进入意识是指意向对象的意识。这是一种向的理解方式：被动的力总是只在参照支配它的另一种更高的力量时才出现。另外，积极的力不依赖于其他力，而是自我指涉。积极的力达到其存在的极限，在其最可能的情况下不受约束地产生自己。虽然主动和被动之间似乎存在定性上的区别（支配性的和被支配的），但德勒兹承认了一个问题：主动力可以变成被动的。被动力通过解释它或把它带到意识中，将主动力的力量从自身分离出来。“通过反作用力与活动分离的积极的力，因此变得具有反作用性。但是，这种反应力不是在以它自己的方式达到它能做的极限吗?”（德勒兹：《尼采与哲学》，66）被动的力把主动的力从它们最可能存在的状态（它们的力）中分离出来，这是无意识的。具有讽刺意味的是，这种分离允许以新的方式存在——新的权力。实际上，正如后面将要看到的，它解释了思想的起源。

进入极限不能说明力正在变得向积极的方向发展。虚无也是一个极限，一个力接受另一个积极力的绝对支配的极限。力量的形成只能发生在“行动和肯定的亲和力”上。在接受最沉重的负担和（或）永恒轮回的最高肯定时，一支部队必须确认它的极限（超越）是（必然）这样做的；在否认超越的必要性的同时，力将自己划分成了这一必要性和对它的仇恨或否定。因此，生成积极的力是值得肯定的，正如生成被动的力是消极的、虚无的。

到目前为止，关于积极的力和被动的力的讨论都是以永恒轮回的物理相关性为前提的。然而，在承认生成被动的力的可能性时，永恒轮回的普遍存在似乎被否定了，因为被动的力将是他们自己的虚无，而不是永恒的回归。正如海德格尔在他对查拉图斯特拉与侏儒之间的相互作用的描述中所例证的那样，成为被动的力将矛盾引入纯粹的成为，从而试图阻止成为一个整体（“存在是 x 而不是 y”）。海德格尔的例子阐明了“我是查拉图斯特拉，而不是侏儒”“我在这里，不在那里”。人们发现查拉图斯特拉并没有否定侏儒，它的缺失只是通过被遗忘才发生的。然而，海德格尔认为查拉图斯特拉和侏儒的客观存在这一事实，必须在永恒轮回的学说中得到解释。这个问题只有在第二个选择性方面的永恒轮回理论才能得到解决。

海德格尔与德勒兹的区别在于永恒轮回的存在论地位，尤其是在它的伦理或选择性方面，“这不再是一个选择性思维的问题，而是一个选择性存在的问题；因为永恒轮回就是存在，而存在就是选择”（德勒兹：《尼采与哲学》，71）。海德格尔从不允许永恒轮回成为存在的思想。海德格尔将教义从自身中分离出来，他扼止了这一学说的萌芽，否认了思想的本质是肯定性的，否认了永恒轮回的必然无意识的本质。海德格尔是那个试图引入一种意识的人，从他自己的角度来看，他可以认同永恒的回归而不会质疑意识本身。海德格尔将永恒的回归与矛盾交织在一起，从而使之无效。另外，德勒兹在试图公正对待这一学说时，肯定了永恒轮回本质上是无意识的性质，他试图探索使永恒轮回的真理成为现实所必需的各种力的活动。

“在什么意义上永恒轮回是可选择性的?”（德勒兹：《尼采与哲学》，68）其中包含了这样的命令，“无论你想要什么，它都会以这样的方式，你也将永恒的轮回”（同上）。该学说包含“创造性”或实践性因素。海德格尔认为永恒的回归只有在决定的时刻才能出现，而德勒兹的永恒轮回对人类产生了真正的影响，这一声明必须加以限定。

在《差异与重复》中，德勒兹试图解释一种理论，这种理论无须先行假定身份。相反，我们试图从本质上考虑差异。身份仍然是给定的，但只是作为“第二原则”（德勒兹：《差异与重复》，40）。永恒轮回用于描述“没有身份的世界”（同上，241）。但是一个问题迫在眉睫：德勒兹指的是哪个世界？这个世界？因为永恒轮回的世界与自然的世界是对立的（符合“普遍性”的法则）。这些世界并不是对立的，好像一个世界是指理性的世界，另一个世界是指超理性的世界。相反，这两个世界指的是“超验性”的两种模式。正如德勒兹所说，“自然法则支配着世界的表面，永恒的回归不断地在超验的另一个维度上隆隆作响”（同上）。永恒轮回解释了无限存在的可能性条件，而自然法则则解释了有限存在的可能性条件。永恒轮回的考验将所有的法则，所有的存在都提交给选择性的测试，而自然法则似乎是通过一个次要的身份，从一个超越它的永恒的差异中，使观念与意识相协调。

因此，对永恒轮回的选择性探索，并不是指真实的存在，因为它们总是被排除在永恒轮回之外。它试图确认那些必须回归的东西，那些真正永恒的东西，同时以身份、相似性、共性等为基础，避开那些稍纵即逝的生命的涌动。同时，只要永恒轮回是一切事物可能的唯一真正普遍的条件，它就必须与自然法则有必要的联系。显然，回归的先验法则先于自然或物理的先验法则。这两种超验性模式之间的关系将在后面讨论。

三个“重复”属于选择性测试，三个时间性的确定：过去，现在，未来。（德勒兹：《差异与重复》，294）可以从永恒轮回的角度来检验这些决定。笔者尤其要审查每项确定的方式如何解释回归（差异）和自然（特性）的法律。首先，“过去”，轮回是“相同”的。一个人对将要发生的事情有自己的意愿；人在发生的事情之前就已经有了意愿，一切将要发生的事情也随之发生。永恒轮回将创造新的价值，也就是说，只要一个人愿意并肯定整体，他就愿意并肯定任何“事物”的创造。“对于永恒轮回，恰当地选择了不同的术语，而不是选择被支配的力，从而仍然维持着教义中的矛盾。”（德勒兹：《尼采与哲学》，69）

积极的力不能抵消消极的力。相反，选择自己的是被动的力的性质。被动的力并不返回，因为它把自己想象成存在，被动的力会产生它自己的虚无。这种想法中没有法西斯主义或恐怖主义。弱者必然会自我毁灭。“只有永恒的回归才能影响真正的选择，因为它消除了平均形式并揭示了所有事物的优越形式。”（德勒兹：《差异与重复》，54－55）“没有什么可以否定永恒的回报。”（德勒兹：《差异与重复》，299）反应性在自然法则的层面上运作，虽然创造了力多样性的平均形式，但这些创造仍然基于局部或特定的力的集合。作为自然法则的反应——具体的、本体的或经验的——必然是有限的。

永恒轮回的重担以及最难以克服的重担，仍然没有被转移。人，作为力的集合体是必须被克服的。但反思永恒轮回是最为根本的问题：在期间、时刻或“现在”。站在肯定的“时刻”，人类意志是“现在”。只有当我们承认人类本质上是被动的、次生性和局部性，这种思想的困难才会变得明显。人类，在有意识地愿意或肯定“现在”的行为中，发现它从永恒轮回法则中被剥夺了。人类会发现，它在自己不知情的情况下，已经有了“现在”的意志。已经打算“现在”的人的“它”是一种超越了挪用思想的意识。然而，显而易见的是，那种认为永恒轮回并且给予它原始传播的本身就是一个人。尼采自己否定了永恒轮回的真理吗？肯定人类存在的永恒轮回的含义引起了最大的影响。

德勒兹解释说：“人的力量是积极的，但这些特殊的力只是所有力的滋养。”（德勒兹：《尼采与哲学》，167）积极的力滋养消极的力，并给予人的本质人性。（“我是×”）尼采最有效地揭示了能动的力量是那些在本体上先于人的力和超越人的力。“我”永远不能“拥有”适当的积极的力，因为它们永远超越了被动的把握。（消极的力不能耗尽积极的力，这就是为什么它只能将其与自身分开：增加减少积极的力的特定强度的可能性。）

那么，人类是什么？如果要相信尼采，人类必须与积极的力有某种直接的关系。否则，人们就会非常有理由说永恒轮回是消极的力可以判断自身的另一个衡量标准。消极的力（用德勒兹的例子来说，就是人的存在）能够变得活跃的唯一方式是通过积极的否定，“变得活跃为积极的力”（德勒兹：《尼采与哲学》，70），肯定一个人必要的毁灭，或成为永恒的快乐。而德勒兹继尼采之后将人的生成称为超人类（übermensch），必须指出的是，如果把人定义为“被动的”，这个形象并不是“超人”。虽然海德格尔认为查拉图斯特拉在所有事情都将回归的思想中颤抖，但他认为“查拉图斯特拉是思想的原创者和原创的思想家”（海德格尔：《同一者的永恒轮回》，30）。德勒兹认为“小的、矮的、被动的人是不会回来的”（德勒兹：《尼采与哲学》，71）。超人不同于矮小的人和超能力之人，而是通过肯定积极的、无意识的价值创造（就成功创造价值而言，这些价值必然会超越旧的价值）来超越人类的反应能力。

如果存在是存在的永恒轮回的生成，如果存在是差异和重复，那么如何解释同一性的形成呢？对于德勒兹来说，“一个概念是一个‘复杂的主题’，一个内部的多样性。换句话说，一个由差异元素之间的多个非本地化连接的系统，体现在实际关系和实际术语中”（德勒兹：《差异与重复》，183）。《创世记》不是在一个实际的术语之间发生的，无论这个术语有多小，也不是在另一个实际的术语之间发生的，而是在虚拟和它的实现之间发生的。（同上）德勒兹仍然站在尼采的立场上，提出的不是道德上的命令，而是问题上的命令。站在门口的那一刻，海德格尔听到了做决定的召唤，根据规则划分可能性，即道德规则。德勒兹站在海德格尔的旁边，但无限遥远，德勒兹听到了一个不和谐的呼唤——掷骰子的必要性。与道德命令不同的是，有问题的命令不能命令一个人赢或输，而只是掷骰子，“最困难的事情是使机会成为肯定的对象”（同上，198）。机会不是任意的，一旦得到肯定，所有的人都会赢。

问题的紧迫性在于：如何解释一个特定观念的支配地位？通过永恒轮回的考验，或通过积极的遗忘。这可以用两种方式来解释，两种方式在本质上是相同的，因为不再存在一个可以是对或错的单一选择的地方，而存在一个可以赢或输的投掷（因此，责任的可能性被否定）。一方面，一切通过不了永恒轮回的考验的东西都被遗忘了。另一方面，任何不能通过永恒轮回的考验的东西都必须被遗忘。持有某一特定思想的支配地位是由它在时间上的肯定或回忆所决定的，但它仍然是有限的。除了确认在无限的时间里，被动的东西根本不可能返回之外，没有任何真正的毁灭。在轮回的法则中，毁灭不过是遗忘。

然而，德勒兹认为永恒轮回的回归只发生在终点，除了何为生成和何为存在之外，还有对已经存在的肯定。站在“未来”的立场上的肯定，创造了“奇怪而有价值的循环”（德勒兹：《差异与重复》，298），是最高的考验；只有成为积极的力才能肯定永恒的回归。

因此，我们可以理解德勒兹的说法，“首尾相接，循环不已”（德勒兹：《差异与重复》，299）。否则，标记为“瞬间”的入口将位于两条各自朝着各自方向永恒发展的路径之间。（《查拉图斯特拉如是说》，178）没有任何东西在同时发生变化。无论如何，任何解释一个想法或身份（自然法则）起源的“差异者”都早已被遗忘（或被摧毁）。

“时刻是一条直线，无情地将那些踏上这条线的人消除，他们来到现场，但只重复一次，直到永远。”（德勒兹：《差异与重复》，298）在只肯定一次又一次成为事实的时候，第三次对德勒兹来说，只是无限制的差异（积极的力量）。任何存在物，根据同一性或普遍性的法则运作，都不能返回。任何存在物，如果认为它自己是根据开始或结束，作为一个存在的附属物，就不能再返回。因此，在一个选择性的本体论中，遵循永恒轮回的高调性，德勒兹在所有的同一性、相似性、普遍性等之前，从本体论上解释了差异。在自然法则中，同一性是作为差异的概括而构成的。同一性可以支配一切，但它不能通过永恒轮回的无限或普遍性最终被考验。一个人不能把这看作否认同一的存在。永恒的回归与对象无关：对象本身只服从自然法则，对象是有限的。永恒的回归作为所有存在的基础（自然法则）呈现出无穷无尽的时间。任何污染、任何使自然法则一劳永逸的企图，都不能简单而直接地通过大自然被赋予的这一特权的最高检验。

结　论

海德格尔从此在的自我确认的同一性出发，不能解释尼采的永恒轮回，即本质上的思想不能被思考，不能作为差异本体论首要性的证明。海德格尔想要理解永恒的回归，最好的办法就是在形而上学的历史中把它作为最终的罪犯，但这一历史已经被证明是有罪的。海德格尔在《查拉图斯特拉如是说》中对“异象与谜语”的误读就是最明显的例子。

通过承认力的本质上的基本层次或差异，可以看出德勒兹更重视永恒的轮回，他可以利用尼采的学说来区分两种超验性模式：有限的自然法则（符合同一性、相似性、普遍性等表象的范畴）和永恒轮回的无限法则（即差异本身的永恒轮回）。要为所有事物的可能性创造无限的条件，每一个决心都必须通过永恒轮回的选择性考验：它必须在大自然的有限中生存。显然，鉴于人类的本质有限性（即使仅仅是个体与本体论的联系），任何赋予意图、意识以特权的哲学都必须通过考验。

作为一种伦理学说，永恒轮回观念减轻了伦理负担，强化了决断的必然。一种自我肯定模式或另一种模式，一种观念或另一种观念没有优先权；肯定的自我，创造的思想，没有人能够在这种最高的考验中存活下来。这是最高的肯定，也是最沉重的负担。然而，正是在这个高度，一个人面临着一个根本问题。假设永恒的回归是正确的，那就不能否认，它是由一个叫“尼采”的人在席尔瓦普拉纳湖边行走时想到的。不管德勒兹还是笔者自身是否认为自己是最沉重的负担，尼采、德勒兹和笔者都曾试图传达这一事实。问题在于，在永恒轮回的层次上，严格地说，一个特定的人是不可能进行充分的沟通，甚至是思考最困难的问题的。要使事物不出错，必须在消极的力中进行等级排序。

在永恒轮回的层面上，“唯一的统一，所有系列的唯一集合是一种非正式的混乱，它们都包含在其中”（德勒兹，《差异与重复》，278）。因此，

“没有哪个系列比其他系列享有特权”（同上）。但为什么是尼采而不是瓦格纳、叔本华、黑格尔呢？显然，人们必须小心区分“永恒的”“活跃的”序列分布，这是混乱的、有限的，或者在德勒兹的例子中是“人类的”分布，这是静止的（同上）。只有久坐不动的分布才能解决预先存在分配发生的“游戏”的一系列规则。这场比赛受到道德的困扰，这种道德建立了经验和经验可能性的界限，它源于人类的必然性和被动的存在样态。理想是由一种特定的道德构成的：一种观念控制着另一种观念。特定系列对另一个系列的控制是由于有限的反应分布。因此，一个叫“尼采”的人提出了永恒轮回的思想，而不是瓦格纳。如果你愿意，你可以想象一个系列或分布，它导致了尼采永恒轮回，以及为什么它永远不会出现在其他人物身上。保持尽可能抽象的状态，试问尼采有什么特别之处，使他（而不是其他人）是第一个充分表达它的人，人们可以继续确信，尼采周围一定有一个特定的组织或权力分配。

显然，只有自然法则（消极的力）才能在这种秩序排序中被引用，而不是永恒轮回法则（积极的力）。它集中在一个单一的形象中，通过一般法则返回并显现出来。但是，如果永恒的回归是真实的，一个人物在传达思想的同时，并没有把它变成一个小插曲或一般性的东西，那么在永恒轮回法则和自然法则之间必须存在一种关系，这样前者就可以在不被还原为后者的情况下呈现自己。这正是问题所在。

必须得出这样的结论：最终存在一种概括性，从永恒轮回的法则中产生自然法则。这种说法只能产生两种可能性。要么自然法则一直存在，永远不会消失，一旦无限循环，它将不再是自然法则，而是在对永恒轮回的选择性考验中生存下来。或者，必须有一个概括的事件，一个自然法则的事件。为了使这一事件能够以任何方式扎根，为了使它有一个起源，它只能参照轮回的法则。自然法则就是永恒轮回的可能性或潜在性。然而，已经证明，如果永恒轮回本身包含着另一种潜在性，它就会给自己带来一种静止的、被动的分配，从而可能产生事件（实际上，任何事件）。我们已经看到，如果这个事件（“存在”，“身份而不是重复”）发生了，它将“生成”现在。回到永恒轮回的物理证据，鉴于时间经历过，事件现在不能“生成”，因此它可能从未发生过。那么，我们如何解释自然法则的起源者的构成，而不给永恒的回归带来新的矛盾呢？无限的法则必须包含自身的有限性。这种有限性的引入，无论被赋予哲学还是非哲学的地位，都将永远否定无限法则：永恒轮回的学说。或许，具有讽刺意味的是海德格尔和德勒兹都是对的，但他们并没有意识到这一点。尼采既像人又像神。上帝死了，“人类谋杀了他，他们杀了他……”（海德格尔：《同一者的永恒轮回》，66）与此同时，“众神都死了，但当他们听到一个神声称自己是唯一的神时，他们却笑死了”（德勒兹：《尼采与哲学》，4）。

（作者单位：澳大利亚蒙纳士大学；译者单位：北京第二外国语学院跨文化研究院）

参考文献

Maurice Blanchot, *The Infinite Conversation*, trans. by Susan Hanson, Minneapolis: University of Minnesota Press, 1993.

Gilles Deleuze, *Nietzsche and Philosophy*, trans. by Hugh Tomlinson, London: Athlone Press, 1983.

——*Foucault*, trans. by Séan Hand, Minneapolis: University of Minnesota Press, 1992.

——*Difference and Repetition*, trans. by Paul Patton, London: Athlone Press, 1997.

Martin Heidegger, *Nietzsche*, *Volume II*: *The Eternal Recurrence of the Same*, New York: Harper Collins, 1991.

——*Being and Time*, trans. by Joan Stambaugh, Albany: State University of New York-Press, 1996.

——*Contributions to Philosophy* (From Enowning), trans. by Maly, Bloomington: Indiana University Press, 1999.

Pierre Klossowski, *Nietzsche and the Vicious Circle*, trans. by Daniel W. Smith, London: Athlone Press, 1997.

Friedrich Nietzsche, *The Will to Power*, trans. by Walter Kaufmann and R. J. Hollingdale, New York: Vintage Books, 1968.

——*Thus Spoke Zarathustra*, trans. by R. J. Hollingdale, London: Penguin Books, 1969.

——*The Gay Science*, trans. by Walter Kaufmann, New York: Random House, 1974.

对强力意志的批判

亨利·斯塔恩（Henry Staten）/文
徐艺宁/译

摘　要： 作为一种更为本质的力，强力意志与物理学、生物学和自然哲学密切相关。尼采在此基础上试图在生命领域科学地构想强力意志的运作。本文试图论证在人类行动层面上的强力意志概念需要并且可以摆脱生物主义，从而与当代观念达成一致，即认为人类的生物禀赋，本质上只有通过社会形式的调节才能转化为能动力。一旦这一观点成立，强力意志理论便可以为人类能动性社会学理论的进一步发展做出重要的贡献。

关键词： 强力意志；生物学；驱动力；技艺

尼采的强力意志理论始终由两个相互矛盾的观点所牵引、驱动。一方面，基于物理学家的物理力量概念，其中的一个命题摒弃了一种目的论思维模式。按照这种思维模式，尼采是基督教和观念论哲学主要意识迷误的缘由。另一方面，强力意志本身不断地通过努力以通向"最高境界的生命"（尼采：《权力意志》，639），它代表着力的内部现实，这意味着科学概念只能从外部捕捉到这种现实（尼采：《权力意志》，619；《善恶的彼岸》，36）。与现代科学观点相一致的是，强力意志没有目的性。然而，由于缺乏目的，它必须以线性运作方式从内向外创造新的生物和文化形式。因此，尼采反对达尔文的"自然选择"，理由是自然选择将生物体的外部环境作为复杂的物种生成过程中的要素，将复杂整体的基本冲动归因于核心力量中的自我决定力。正如劳特（Wolfgang Müller-Lauter）在一篇具有开创性的文章中所指出的那样，尼采的理论观点认为，即便是被更强大的力量所控制的力，也必须在其自发性之外进行相应的改变（Müller-Lauter，1978：214－215）。对尼采而言，无论力所进入的合成体有多复杂，一个力的单位决不能成为一个"集合"中的唯一要素，尽管这个"集合"在力的影响下会与外部产生关联，但这些力实际上已经不能严格地被它的“外部”所决定。[①]

摩尔（Gregory Moore）近来指出，强力意志“是一种更为本质的力”，让人想起自然哲学，并且它与当代德国生物学中普遍存在的密码－观念论几乎别无二致。(Moore，2002：55)[②] 但是，在文化理论层面上，尼采对生物学力的关注，显然是由他对其潜在的关于“更高类型”人类的主体观念论概念的关注所决定的。因此，他将国家形态的起源归结于“金发野兽”无意识的、本能的、形式化的暴力，强力意志便在这种人类表达的原型中得以体现。并且，尼采在他的著作《瞧！这个人》中，将自己思想的发展描述为一种伟大的“理念组织”的运作，这必然会引导他在有任何目的性暗示之前跨越所有“错误的道路”(《瞧！这个人》，“为什么我如此聪明”，9)。尼采寻求在本质上不受社会外部影响的事物中将高等人类的强力意志确定下来，并在高等生物驱动力的内在本质中寻找这种确定性。

甚至最新的尼采研究也对这个过时的动力概念表示特别重视，随之忽视了它所基于的主观观念论者的生物主义问题。[③] 笔者将在这篇文章中着重论证：在人类行动层面上的强力意志概念，需要并且可以摆脱生物主义，从而与当代观念达成一致，即认为人类的生物禀赋，本质上只有通过社会形式的调节才能转化为能动力。假如这一观点成立，强力意志理论便可以为人类能动性社会学理论的进一步发展做出重大的贡献。

生物学基础

对尼采来说，科学对自然的内在目的性的消解，并不比康德的概念上的终结更合适；相反，它提出了一个有待解决的问题。在《论道德的谱系》中，尼采坚持认为，人的意志必须有目标，它必须在意志的行动中肯定自身，并且这种意志的自我肯定面临着被世界是无意义和无目的的这种感觉

---

① 尼采在德勒兹（Deleuze）“组合”概念基础上的批判在皮尔森（Ansell Pearson）的相关论述中得以发展起来。参见 Ansell Pearson，*Germinal Life*：*The Difference and Repetition of Deleuze*，London：Routledge，1999，chapter 3。

② 参见 Kevin R. Hill，*Nietzsche's Critiques*：*The Kantian Foundations of His Thought*，New York：Oxford University Press，2003，p. 91。他认为“尼采的思想试图与德国唯心主义建立关系”。

③ 莱特（Leiter）认为人类行为可以用关于个体生理和无意识驱动力的不变的“类型事实”加以解释说明。理查德森更为细致的叙述也是基于同样的生物主义。参见 Leiter Brian，*Nietzsche on Morality*，London：Routledge，2002，p. 91。

所麻痹的危险。尼采认为，他的任务是创造一个新的价值体系，这样人类的意志就可以再次有一个目标；然而，这个新的目标不像康德所主张的那样建立在理性的基础上，而是建立在感性的基础上。毋庸置疑，人应当被完全地、毫无保留地还原为自然，对世界的科学解释必然在对任意古典类型的目的论的否定中得出最为激进的结论；但这一结论必然会成为一个新的目的概念的基础。强力意志是“随时准备被某种事物以某种方式消耗”的纯粹的能量子，但这对任何特定目标而言都是无足轻重的。(《快乐的科学》，360）然而，这种无足轻重的释放倾向必然会以某种方式代替尼采世界解释中的目的性。尼采的强力概念以物理学家的力的概念为基础，因此强力也是完全客观的、无目的性的，然而强力必然会构建一个基体，强力的所有抗争形式都会在此聚合。因此它必须有一个额外的“内部”要素，这个要素是物理的力所没有的，即一种向外扩张的力，包括克服和占有任何可能阻止这种扩张的外部力量。[1] 在某种程度上，尼采的理论表明，一个系统的组织将会在强力意志的不同中心的冲突中出现，这个系统组织是一个复杂的综合体，其中最强的意志将处于支配地位，较弱的力将处于服从地位。

尼采对目的论的追求基于自然的盲目因果关系。但这是矛盾的，就如同一个人所主张的物理因果关系概念会受到尼采所嘲笑为“推-拉模型”的物质实体单位间力的机械传递的限制。但即便是在他的那个时代，科学依旧提供了更为复杂的因果关系模型，尼采依据这些模型进行推测，特别是博斯科维奇（Boscovich）的物理学和鲁克斯（Wilhelm Roux）的生理学理论对他有很大影响。这些思想家建立起因果方面的理论，认为因果关系不是由粒子的影响形成的，而是由力的相互作用构成的。尼采充其量不过是粗略地对物理学进行了探索，但相对而言，鲁克斯的生理学却提供了一个丰富的模型，通过这个模型，尼采可以在生命领域中科学地设想强力意志

① 尼采坚持认为一定存在一个“内部”方面的力。参见 Peter Poellner, *Nietzsche and Metaphysics*, New York: Oxford University Press, 1995。德勒兹指出，在尼采的理论中，如果力仍旧是确定的，那么力的内部“补充”就是必要的。参见 Gilles Deleuze, *Nietzsche and Philosophy*, London: Athlone Press, 1983, p. 51。这对尼采而言确实是一个基本问题，他强调力是相互决定的，但正如普尔（Poellner）指出的，这导致了无限的倒退（复归）。参见 Peter Poellner, *Nietzsche and Metaphysics*, New York: Oxford University Press, 1995, pp. 278-284。德勒兹试图为内部“补充”辩护，这对尼采的后结构主义阐释产生了巨大影响，但这并没有正面回应普尔提出的问题。

的运作。鲁克斯的理论认为，生物体是争夺支配地位的许多部分中的一个，并且它可以摆脱各个部分的控制，这被鲁克斯称为“过度补偿”，最终生物体的功能性组织才得以显现。这个功能性组织以一种整体的方式运作，遵循“自我调节”的原则以保持各部分的斗争与整个生物体的需求相协调。因此，鲁克斯的模型似乎正好提供了尼采所需要的东西：一个显然非目的论的，自然主义的，从一个矛盾的多重性中衍生出来的更高层次的组织。

然而，正如劳特所说的那样，尼采与鲁克斯生理学的相遇经历了一个曲折的过程。尼采认为目的论必须被绝对否定，机械论解释在方法论上是不可或缺的。然而对机械论的解释最终还不够深入，需要对机械论的科学描述力进行更为丰富的论述。而更丰富的论述必须远离目的论，但是第三种既不是机械论也不是目的论的观点仍旧难以捉摸，更丰富的论述通过尼采对意志的新的描述方式转向了目的论。尼采认为饥饿在鲁克斯的论述中扮演了十分重要的角色，他所需要的是生物体内部更活跃、更自发的力，这种力不会像作为生存手段的驱动力那样依赖达尔文式的外部“选择性”的力。驱动力应该是一种自身产生形式的力，而不是依靠外力作用的力。因此，他认为强力意志就如同最基本的有机驱动力一样，是一种朝向所有其他强力意志中心的等级从属的纯粹自发的运动。自我调节的原则不再与营养的功能联系在一起，而是与“命令”和“服从”的功能相互联系，尼采对这个想法进行了试验，这一想法即这个命令和服从的过程会在有机体的主要单位里一直延伸到最基本的有机功能。一切有机物都拥有“记忆和某种精神”（Müller-Lauter，1978：211），“所有有机形式都参与思考、感受和意愿”（Müller-Lauter，1978：215）。[①]

我们必须牢记，尼采的所有这类猜测，乃是基于他始终深刻地怀疑语言拥有传递世界真相的能力。劳特提醒我们，对尼采而言，目的论的表达形式在根本上是“一种必不可少的表达方式，仅此而已”（Müller-Lauter，1978：220）。然而，对尼采来说，没有什么可以与纯粹的表达方式相比，

① 甚至他对鲁克斯理论的独特修改也显然是源于他对生理学有一定的阅读了解。摩尔（Moore）指出，迈克尔·福斯特（Michael Foster）在《生理学教科书》（*Text Book of Physiology*，1877）中提出了“意志存在于单细胞生物中”的观点，尼采有这个译本；并且反对“生存斗争”而支持永不满足的扩张原则的观点来自威廉·罗尔夫（William Rolph）的《生物学家问题》（*Biologische Probleme*，1884），尼采从该书中大量借鉴了这一观点。参见Gregory Moore，*Nietzsche*，*Biology*，*and Metaphor*，Cambridge：Cambridge University Press，2002，pp. 39，47。

也没有什么真理语言可以作为这种表达的补充。尽管这也许是假设，但强力意志理论仍旧是尼采渲染语言的最佳尝试，它尽可能充分地指向了事物的本质。因此，具有重要意义的是在尼采试图将强力意志置于当代生理学严密基础的过程中，我们发现他回归到一种与永恒自然法则论有着明显连续性的思维模式。① 尽管尼采对目的论持有尖锐的批判立场，但他坚持这样一种观点，即强力意志从一开始就从本质上着眼于形式，旨在将形式提升到更高的层次；尼采不能完全放弃这个观点，毕竟构成斗争的原始部分已经存在对形式的某种推动。从属部分的服从“不是盲目的，更不是机械的，而是一种选择性的、明智的、深思熟虑的服从”（Müller-Lauter，1978：219）。

消除概念

梳理尼采与目的论之间关系的关键，在于理解永恒自然法则的概念，或者更准确地说是源自叔本华的无精神表征（vorstellung）的目的概念。② 尼采对目的论解释的否定并不是从根本上反对目的这一概念本身，而是反对有意识地想象和意指目的。因此，尼采对自然哲学概念的思考包含了一些更为深刻的、无意识的目的类型，这些目的将在自身目标缺失的状态下得以运行。

尼采最终想要呈现现代之前和近代科学之前的世界图景，这一图景基于对亚里士多德目的论的基督教阐释。根据这幅图景，世界的秩序和可认识性是由上帝的意图所决定的。康德敏锐地意识到这一观念在当代将面临彻底失败，于是《判断力批判》的理论建构应运而生。康德写道，“我们

① 早在1868年，尼采就对自然哲学的目的论和唯心主义进行了非常准确的批判；参见 Kevin R. Hill，*Nietzsche's Critiques*：*The Kantian Foundations of His Thought*，New York：Oxford University Press，2003，pp. 83 – 94。然而，正如米勒·劳特（Müller-Lauter）指出的那样，直到1885年，尼采仍在关注自然运作中固有的“目的性”概念。参见 Müller-Lauter Wolfgang，“Der Organismus als inneren Kampf Der Einfluss von Wilhelm Roux auf Friedrich Nietzsche，” in Helmut Heit，ed.，*Nietzsche-Studien*，1987，p. 219。

② 叔本华认为，“所有目标的缺失都归结于意志自身的本质属性，即一种无止境的抗争”。参见 Arthur Schopenhauer，*The World as Will and Idea*，*Vol. 1*，trans by R. B. Haldane and J. kemp，Garden City N. Y.：Dolphin Books，1961，p. 164。笔者在斯塔恩（Staten）的文章中讨论了尼采对叔本华这方面的参考。参见 Henry Staten，*Nietzsche's Voice*，Ithaca：Cornell University Press，1990，pp. 204 – 207。

所说的目的性，它的存在似乎以同一事物的表象（vorstellung）为前提”（Kant，2000：19）。换句话说，即当它作为包含工匠意识的人工制品时，它的目的性才得以显现。因此，根据自然经验法则去构想的自然，是不能被称为合乎目的性的。然而，要想理解自然的系统的合法性，就必须依据“认同自然技术法则的先验原则”的判断，根据这个判断，自然被认为“与一种艺术的类比相一致”，并且它的形式不能理解为客观的目的性，而似乎应是根据某种目的而建构的。因此，在自然目的性的概念中，“目的根本不存在于客体，而是严格存在于主体”。然而，这种假设确实能在自然本身中找到立足点，因为存在一个特殊的自然客体的子集，它挑战了我们在机械因果关系基础上对生物的理解。对康德来说，就像亚里士多德一样，生物有机体提供了一个过渡的概念步骤，通过这个步骤实现从工匠模式到无生命自然运转模式的过渡。对康德来说，有机体就像人工制品一样，不能完全用机械因果关系来解释，需要援引目的概念来加以解释。康德意识到从有机体的目的论本质到他对无生命自然中的目的性的思考这一步骤的问题性；尽管如此，对“目的的判断力批判”的最终结果是，在某种程度上基于生物功能组织，整体目的论至少是可以被接受的，并且这种目的论就像基督教的目的论一样，依旧继续植根于目的的概念中，就像存在于技工头脑中的概念一样。

尼采也曾借助生物体模型来进行目的论的推测。然而，不同于康德的是，尼采认为如果我们要在这个世界上重新发现目的，那就必须以严格的自然主义意义上的自然运转为基础。他认为，由于目的论的主要问题在于它植根于有意识的表象的概念中，所以消除这一概念将为一种无目的的自然目的性设想开辟道路。因此，尼采建议直接通过生物学来研究目的性，而不借助以概念为基础的生产模式，这是他在鲁克斯那找到的关于直接研究道路的线索。但他遇到了劳特指出的所有难题，因为意识的问题与目的论的问题纠缠在一起，而尼采从来没有搞清楚过。

在前现代的图景中，自然的目的性是通过上帝形象的中介，从有意识的人类目的理念中衍生出来的；但是，一旦做出这个类比，自然的内在目的论就会被视为人类目的性的根据，而事实上，人的目的性只有在一个自身具有目的性的世界中才会被认为具有形而上学的意义。因此，当现代科学将世界重新解释为没有目的之时，人类的行为本身就会变得毫无意义，随之而来的便是虚无主义危机，尼采对此非常清楚。但是，因为对他来说，目的论的问题实际上与有意识的、以直接概念为导向的意志问题是相同的，所以他非常清楚，即便我们不求助于目的论，也仍然存在从目的论的层面解释自然的问题。

康德和尼采都没有始终坚守亚里士多德的形而上学，如果他们能够超越亚里士多德的自然目的论，进入他对“技艺”、“工艺”或“方法”的描述，即工匠类比的原初构想，那么这至少会使他们能够更为清楚地思考目的论。[①] 这一原初构想对于当前讨论的重要性在于，尽管亚里士多德确实基于这样的类比构想了自然，但他并没有从概念的角度来设想技艺本身的目的论。对亚里士多德而言，手工艺品的真正根源在于理念、思想或本质，这就像工匠心灵深处的概念一样，但是，这又不同于概念，因为它不是一个心理实体，这是一种主要存在于技艺本身当中客观的本质，工匠通过它来创造客体。康德认为理念是先在的，是创造物的基础，但是理念本身却存在于其他地方，而并非在人的意识当中。我们从亚里士多德那里得到启示，并将他的观念转化为现代的、非形而上学的术语，我们可以说，理念存在于跨越个体的社会实践中。从这里，理念通过训练被转移到工匠的心灵当中，并在那里发挥其因果影响作用；然而，这并不是作为一种关于工匠明确意图的作用，而是作为一种与工匠行为相一致的社会生产力的作用。然而，随着现代西方心理表征思想的发展，亚里士多德的客观实体被重新解释为人类思维中的一种特殊的东西，且分享了其本质。心理表征这一概念是人脑为了用精神之眼“观察”事物而持有的一个映像，概念的“本质”是觉醒意识本身（当然，这也有可能是世界上客观事物的概念本身）。

理念概念与基督教自由意志的概念共同构成了尼采所反对的自我意志，这使尼采确定了以何种方式来反对目的论。但尼采仍被困在精神和自然的二元对立中，他设想如果目的不是超越自然的，那么便是内在于自然的，这就导致了一种观念，即目的必须以某种原始的形式存在于基本的生物力量单位中。他无法想象的是——笔者将在这篇文章的后半部分借助亚里士多德的思想来发展这一观点——智慧可能完全存在于别处，既不在（超验的）意识中，也不在（自然的）动力中，而是在有机体外部的历史进化的社会结构中。

---

① 亚里士多德对技艺最简要的论述见于巴特尔（Klaus Bartels）的著作。参见 Klaus Bartels, “Der Begriff Techne bei Aristoteles,” in Hellmut Flashar and Konrad Gaiser, eds., *Synusia Festgabe für Wolfgang Schadewalt*, Pfullingen: Neske, 1965。

使尼采的自然主义面对巨大压力的是这样的一个事实：他希望内在的强力意志不是目的论的，而是能够达到目的论所实现的目标。正如劳特告诫的那样（Müller-Lauter，1978：218－220），我们在尼采遗稿中发现的被反复援引的目的论语言总是被隔离开来，因为它被认为是一种在没有更好的描述的情况下描绘事物的方式，而尼采试图找出更好的解释。但事实上，这种描述问题的方式对他来说是必要的，即便是作为一种暂时的对策，这一事实也表明他希望保留目的论解释所必需的东西，而这仅仅是想为目的论提供更为坚实的基础。他不可能让目的论止于此处，因为对他来说，形式的最终来源必定是原始力量内部，而不像达尔文主义那样，认为需要一些来自外部的产生形式（但不是有目的的）的行动。

因此，尼采从目的性中消除了概念，继而提出了他仍然有影响力的观点，即人类行为通常是与自然过程相连续的。这一描述据说解构了作为意识自发行为的媒介本身具有自由意志这一特性的观点。然而，在某种程度上，强力意志理论旨在确保形式必定最终来自内部，虽然它与包括达尔文主义在内的现代自然主义不同，但它对本文的目的、行为学和社会理论却十分重要。在尼采的概念中，人类行为就如同自然运转一般，是必要的、自发的、纯粹的——其背后不存在任何目的意识。然而，他试图调整这幅画面，使这种自发性从本质上变为向上的，朝着更大的力量群的方向发展，这些力量群将根据更精细的综合力量（合力）进行整合，而这些综合力量均来自低级力量的自然交互过程，在生物、自然环境和心理层面以及外部社会历史层面的突发情况中，没有任何必要的因素会促成这种情况的出现。最崇高的文化，如古希腊文化，以及最高等的人，如国家建设者或天才，将是这种强力意志内在倾向的表现。笔者需要强调的是，尼采从未成功地让自己确信，这种内在的向更高类型发展的趋势最终会占据主导地位；他对“自然选择”的力量依旧十分清楚，外界倾向于通过“自然选择”来调整有机体的力量，从而把它们塑造成普通的规范。然而，即便取得进一步的胜利是十分困难的，但根据尼采理论的基本前提，这一胜利是根植于本质的，并且尼采可以试想在某些特殊的情况下，本质会强大到外部的任何事物都无法使它偏离正确的轨道。

爆炸量子

我们在理解强力意志理论时会遇到许多令人费解的地方，这是因为尼采在不同阶段提出了完全不同的运作模式，这些模式有时是相互矛盾的，但在研究者看来，某种程度上这些模式似乎可以弥补彼此的不足。特别是尼采经常提及的“释放”模式，似乎是在极力阻挠强力意志目的论的发现。然而，尼采在《快乐的科学》中最广泛引用的关于释放模式的论述，在逻辑上不具有连贯性，这提醒我们需要正视尼采理论所遇到的更大的问题。

《快乐的科学》的观点旨在消除“引导”能量运动的有意识的目的概念：意志的本质现象不是目的，而是纯粹的表达自身的能量倾向。因此，他将目的描述为“一根火柴”，相比之下，能量的量子就是“许多粉末”。即便是无目的的能量也会朝着既定的方向运动，但是尼采认为他可以证明方向性对于无目的的能量爆炸来说仅仅是偶然的。这一概念没有明确提到有意识的表达方向/目的，但它隐含在那个关于舵手的比喻中，舵手的导航能力被否定，任船只随波逐流。但尼采的论证却偏离了“船与河”的类比，因为即使船（能量量子）偶然漂入这个特定的流，定向流的概念也会远远超越火柴和粉末的类比。火柴类比的应用是一个既定事件，这使释放成为另一个既定事件。相比之下，如果能量紧随能量流，那么它就会进入暂时的阶段，这不是由它自身的释放压力决定的，而是由它所遵循的路径结构决定的。不论驱动量子是在多么偶然的情况下被能量流捕获，原因一定是电流的能量和结构，而不是驱动量子的纯粹无方向的推力，而这明确所指的不是放电的必要性，而是朝这个方向前进的必要性。

此外，正如尼采所暗示的那样，即使是在初始阶段，能量释放被捕捉的情况也绝非偶然。尼采似乎认为驱动量子“必须”走这条路，因为它能提供能量释放的机会，这就使能量释放压力前所未有的紧迫性得以凸显，这就意味着任何旧的能量释放的机会都会起作用。但是，正如尼采所认为的那样，力量子与其能量释放途径之间的联系不可能仅仅是随机的，这就好比即便是一桶炸药也需要相当特殊的外部刺激才能爆炸一样。尼采通过忽略量子力的特殊性质之间必须保持的结构关系和在外部能够控制能量释放的特殊类型的力，使它的类比看似合理。即使是一种简单的爆炸性化合物也是如此，更不用说驱动力了，因为驱动力不是纯粹出于偶然，而是以只对外部世界的特定物体和情况作出反应的方式进行的。因此，驱动量子将被它“必须”遵循的能量流所牵引是不可避免的，因为有某种驱动结构被置于生物体中，这种驱动结构与世界历史存在联系，每次驱动被重新激活时都必须更新。正如我们从现代行为学理论中所了解到的那样，驱动力的形态及其激活的因果因素，分布在生物体的内部和外部环境之间。[1]

尼采此处的观点表明了笔者一直所强调的论点：他对意识概念的关注，会分散他对其他同样紧要问题的注意力。他极力否认舵手的必要性，以至于没有注意到他的类比所提及的替代模式的复杂结构；相反，他用这个类比来说明纯粹的能量释放倾向的首要地位。事实上，尽管尼采一再表明，力能产生形式的能力完全是源于能量本身，但他常认为有必要将动力归结为超越单纯释放需要的目的导向。尼采19世纪80年代的遗稿猜想发展了这样一种观点，即力是由相互斗争的力的关系所构成的，力的单位必须保留以前与其他单位相互作用的记忆。但是，如果力被先前的相互作用引入特定的通道，那么这就意味着它现在不再是纯粹的量子，而是结构化量子。这个结构决定了力的新相互作用的方向性，使力得以按次序重组，从而构建更高层次的结构。然而，在这种情况下，后一种高度结构化的强力意志形式将包含一种通过过去的相互作用形式与外界保持联系的最大限度的决心，这种从内部生理力量中获取形式的方式将在产生形式的力量中发挥很小的作用。事实上，这种猜想在形式上是属于进化论的，并且与尼采试图提出的另一种达尔文式的解释是不相矛盾的。[2] 当我们在进化中获得任何距离时，我们确实离原始的爆炸模型很远——但这并不意味着我们现在必须假设自由意志，这意味着我们的解释必须聚焦于能量释放路径的历史衍生结构：首先是生物进化；后来，至少对人类来说，是通过被称为“主体的文化建构”实现的。然而，尼采一直在试图发现某种原始的、不可还原的倾向，这种倾向会在后来的发展过程中作为保持整个事物正常运转的原则持续下去，最终在某种程度上成为事物整体的本质。

---

① 现代行为学研究表明，即使像饥饿和口渴这样的基本驱动力也不能被描述为自我驱动力。根据斯莱特（Slater）的说法，“现在通常不认为动物有许多独立的驱动力，而是认为它们有重叠的行为系统，每一个系统负责一组相关的行为模式”；这些重叠的系统中的每一个都是“不同行为的复合体，虽然表面上相似，但可能会引起非常不同的结果”，它们的激活“取决于各种内部和外部的原因”。因此，在这张图片中，没有一个单一的驱动能量构成驱动，我们把复杂的系统和一个名字——饥饿、口渴或侵略——放在一起，有因果因素分布在有机体内部和外部世界之间。参见 P. J. B. Slater, *An Introduction to Ethology*, Cambridge: Cambridge University Press, 1985, pp. 55, 69。

② 遗传学研究的最新结果为“内部”生理力量产生了外部形式的观点提供了支持。参见 Matt Ridley, *The Agile Gene: How Nature Turns on Nurture*, New York: Perennial, 2003, pp. 229 – 248。

驱动力的社会结构

就社会力量的定位优势而言，尼采是一个非常敏锐的观察者，例如，《论道德的谱系》就从根本上解释了社会动态优于个人心理的原因。他对内外因果关系的认识使他无法清楚地理解自己的社会学见解，这在最近关于强力意志理论的最全面的描述，即理查德森的《尼采的系统》（1996）一书中可以看到。不同于大多数当代的尼采阐释者，理查德森接受了强力意志的目的论性质，认为驱动力主要是历史上曾出现的更基本的驱动力的综合体，而非生理基本体。这种方法使理查德森能够追踪到历史上逐步形成的与社会实践有关的驱动力，这些实践为驱动力提供了目标，从而对驱动力产生了深远的影响。事实上，理查德森在试图公正对待尼采的社会学见解的同时，逐步接近一种“文化结构”的解释。他称驱动力并不是“某种普通的人类天赋，它们是我通过训练而掌握的特殊行为”（Richardson，1996：48）。然而，理查德森最终忠实地遵循了尼采的思想轨迹，回到了前文化驱动力的原始目标导向上。理查德森写道，“就如同目的的指向”，“即便是最原初的意愿也会‘指向’这些目标，从而表现出‘意向性’；这既包括目标的观点，也包括对环境的看法，通过这一看法我们能够把握目标”。（Richardson，1996：188）这种原始的“认识”（Richardson，1996：207）存在于生理驱动力中，它在最基本的层面上指导着有机体的生命历程：驱动力具有内在的、无意识的“理性”或“洞察力能力”，这使它们成为疾病和健康的“可信赖的评判者”（Richardson，1996：206）。

因此，即使原始驱动力可以通过思想的社会网络进行教育——特别是通过尼采思想的引导，但这种教育最终只能展现驱动力本身的不包含概念的内在目的性。这种无意识的原有知识难以达到反思的程度，理查德森称，具有“独立长久意志”的积极个体是“长久发展的社会工程”（Richardson，1996：213）的产物，这也是尼采在谱系描述中所提到的意志训练的历史过程。但这个社会工程并没有真正建构积极个体的意志；更确切地说，基于这一原因，历史进程似乎仅仅提供了一种内在的强力意志倾向，将意志从原始驱动力的半睡眠状态中解放出来，从而使它最终能够实现其形而上学的命运。尽管理查德森没有这样说，但他同最近的其他阐释者一样，按照德国观念论的传统解读尼采。在理查德森的叙述中，强力意志理论是一个经过修正的黑格尔主义，是一个“精神上升”的故事，它并不像黑格尔那样以精神回归自身为结尾，而是保持精神在自然界中的内在本质，但是它的无意识目的性由于反思意识的帮助而得到了最大限度的提升——反思性意识认识到它的工作是意识到无意识驱动力已经知道的事情，并以这种方式更充分地引导驱动力了解自身性质。“尼采强力意志的精神化是意向方面的某种强化”，即便是在最原始的意志或驱动力中，也能够发现它的存在。(Richardson，1996：188)

最终，基于这个原因我们得出生理驱动力必须包含整个过程本质的观点，因为驱动力的教育只能在某些特定的人群中进行，即那些在一开始就具有正确驱动力类型的人。尼采思想的目的论以及尼采研究，总是回归到疾病和健康这一不具有批判性的基本二元对立中。我们所做的每一件事都被社会实践赋予了活动模式，然而，驱动力的决定性本质归根结底必然是独立于社会实践的，社会实践和个人强力意志之间仍然存在不可简化的、非理性的二元对立。因此，一方面，理查德森在阐述尼采时，将主观能动性解释为几乎完全由社会实践模式所构成，“我所做的事情的意义不在于我个人所做的事情，而在于我的生活仅仅是一种模板或模式。但是另一方面，他在其他地方找到了人的真实存在：牧群才是真正的存在，我的身份首先在于我和牧群不同”(Richardson，1996：161)。理查德森认为，为了实现这样一个不同的现实，我不仅必须参与到贯穿社会大众的“浪潮运动”中，还必须发起一场属于自己的新运动来改变我之前的做法。(Richardson，1996：161)

“转换实践”的概念是理查德森重构尼采关于人类的能动性论证的关键。如果我要成为真正的我，那么我必须表现出一种纯粹的个体形式起源的力量，且这种力量不属于已经存在的社会实践形式。自由是一种主观能动性，尼采的主观能动性被定义为“一种意志能够坚持自我观点的能力或倾向，能够坚持和发展区别于它的东西，且不被其他力量所动摇或推开”(Richardson，1996：213)。对个体而言没有存在，除非能动性在某种程度上出自个体自身，或者我们可以说是属于大多数人。且这种原始的存在力量不能仅仅因其偶然性的特质而向新的方向发展，这不同于伊壁鸠鲁的原子转向，必须赋予它自己内在的目的性，规定它追求的目标和实现目标的途径。

理查德森以一种具有启发性的方式，阐明了尼采思想的核心要素。最基本的内在目的导向单位将为个体的一种非康德式的“自主性”奠定基础。尼采推翻了有意识的具有自主性的我（这是后结构主义者们在阅读中所注意到的），但仍然要求我是行动的我，并且这个“我”以一种对最极端的自我浪漫化形式毫无益处的方式享有特权（后结构主义者完全忽略了尼采思想的一个方面）。排除意识和自由意志并无任何新意，在西方思想中，早在浪漫主义之前就存在着一个自由、理性的我，另一个混沌的我，尽管别无选择，但确是一些无意识的、跨个体的力量的通道，这些力量被不同地想象为上帝、缪斯或自然中的精神。尼采的驱动力理论被他对这种古老神秘趋势的坚持所困扰，这种趋势的终极表现形式是天才（超人）意识形态——尼采一开始拒绝这种意识形态，就像他拒绝目的论一样，但这种意识形态帮助尼采形成了绝对原创的个人行为的想法，尽管它具有自然主义的特征，但这种新形式的绝对起源在尼采的描述中仍是神秘的，就像在诗的迷狂中一样。

论技艺

不可否认的是存在一种文化环境，在这种环境下，社会实践经常被认为会对个体自我现实造成威胁。但这是一种结构性的必然，是社会实践本身，还是一种错误的文化问题？尼采的群体概念表明，社会实践本质上是静态的，它们规定了固定的思维和行为模式，如果没有来自优越个体的文化外的生产力量的冲击，就无法产生新的思维和行动模式。

但是，为什么我们需要将历史上形成的意志定位为与训练它的实践中的任何事物都有本质的不同呢？毕竟，在某种意义上，实践中的所有个人行为，无论它们是多么类型化和重复，都带有其特殊性，因此是不可约的单一行为；而从另一种意义上说，实践中所有的具有行动同一性和有效性的个人行为，尽管它们是新的，但它们仍然是同一类型的重复。毫无疑问，我们能够并且应该区分从最小到最原始的广泛行动的可能性；但是，为什么我们必须，且我们怎么能在普通行为和由一个特殊的人完成的一种非常特殊的行为之间划出一个本质的界限呢？

理查德森的叙述使我们能够确切地看到社会学的行动理论需要什么，该理论以强力意志为基础，同时又摆脱了个人和社会的二元论和自然固有的创造性原则的概念。我们需要一种社会实践的观念，这种观念不仅赋予他们以“类型化”的形式重复自己的能力，而且还能够影响类型的转变。根据这样一种观念，在人类主体中，这种力量或合目的性主要包含在社会实践的形式中，并且是在个体中以一种高度衍生的形式存在。强力将以潜在的形式沉积在这些实践中，等待单个行动者的激活。亚里士多德在对技艺的论述中对社会实践的这一方面进行了分析。任何类型的技艺——无论是制箭、弹奏竖琴，还是数学、诗歌，都是无数被个体所发现的令人难忘的残留碎片，它们保留在文化记忆中，作为潜在力量的沉淀，之后被赋予新的含义。技艺既设定一个行动的目标，又提出实现目标的方法；因此，它是尼采所谈及的驱动力的真正来源。

亚里士多德的叙述当然不会以其原始的形式出现（特别是，理念和目的的概念需要严格地历史化，如下所示）；但它为严格唯物主义对人类合目的性现象的解释提供了重要的线索，尼采试图直接从自然过程中推导出来。这些线索是哈特曼从亚里士多德那里借鉴来的，后来卢卡奇在他最后的、往往被人忽视的著作《社会存在的本体论》（卢卡奇，1980）中，沿着马克思主义路线逐渐将其发展开来。卢卡奇认为，“对于马克思来说，劳动就是目的论的定位可以在本体论上被确立为历史现实的真实时刻”（1980：8），因为只有在劳动过程，而非自然本身中，合目的性才能在物质上有所体现。然而，劳动过程的合目的性并不是来自“技艺持有者”的心理表征行为。这个工具是一种典型表现，它产生于人类目的和物质性的客观品质之间的辩证互动，在这种互动中，需求和欲望必须得到满足。这些客观性质必须得到尊重，它们可以被塑造成人类的标准，当它们在历史上慢慢被发现时，就会作为通往目标的知识而被社会储存起来。

相比之下，尼采在《论道德的谱系》中对义务感和国家起源的描述都是不具有历史意义的，这破坏了他的理论，因为历史上从来没有也不可能有任何像这些描述所假设的那种无形的人类物质。历史之初，人类便已经形成了社会群体，这些群体中的个人身份和活动模式也随之形成。

所有这些活动模式的物质基础，均是与自然直接互动而形成的技艺，通过这些技艺，该群体确保了自身持续的生存，如卢卡奇所描述的，是一种参与劳动过程并从劳动过程演变而来的实践。还存在另一个道德谱系，它比尼采的描述更古老、更原始、更基本，并且植根于此。劳动过程的特点在于它倾向世俗的效果，倾向于物质和材料对外界的抵抗能力，目的是能够在不可避免的必要条件下，发现它们的真正性质，并使人类的行动适应它们，在其语境中以一整套正确的行为来设计每一个行为，并根据所要达到的目标进行正确的衡量，并且在原始条件下、在失败时、在死亡的痛苦中进行衡量。如果人类行动中存在一种基本的强力意志，那么原始劳动过程无疑是其原始表达。在这里，人类身体心理的觉醒力量一点一点地将它的形成性和专用性影响延伸到外部世界。在《人性的，太人性的》一书中，尼采描述了自然中的人类如何通过“折断树枝、松动石头、与野兽搏斗”来感受自身力量的愉悦，就好像自然中的人类需要沉溺于肌肉的这种随机运动来感受力量一样。相比之下，卢卡奇的叙述则鼓励我们关注在文化进化的早期阶段，人类如何学会不折断木棍，而是磨尖木棍，不是为了“感受”肌肉的力量，而是为了扩展他们的力量和范围。工具的发明必须在任何强力意志理论中占据中心地位，强力意志理论对人类行为形成的实际历史条件负有责任。

人类行为的正确性在每种情况下都是特定于所讨论的技艺的，比如说箭头制作，并且“技艺的掌握者”的肌肉和神经系统在任何情况下都应受到相应的特定训练。尼采告诉我们，无形的人性被赋予了计算的能力，而获得的技艺则体现了历史进化的目的性和达到目的的有效性；因此，它可以被看作具体化的强力意志，而非盲目的倾向，是对所要达到的目标和活动模式的充分了解。技艺是历史发现过程中成功结果的社会铭文，这个发现过程涉及尝试和错误以及大量意外发现的事物；技艺是一种在社会进化中通往目标的路径，它体现了进化的效果，因为它正是由训练身体的一系列有效行动组成的，这些行动随后会影响到“肌肉判断”（《权力意志》，314）。我可以拥有世间最强健的体魄、最强大的能量，我可以随心所动、随欲而为，但如果没有适当的技艺，我甚至连系鞋带都不会成功，更不用说我能制造出箭头、箭、弓和用它们杀死动物，而这是新石器时代最普通的成员无须多想就能做到的。显然，正是技艺途径中所包含的知识，而非任何关于主体生理的东西，才是强力的保存者。社会实践不只是活动的类型或模式，它还是“创造力量的形式”，是实效性的内在原则，既提出了目标又承担了繁重的工作，而实践的操作者则扮演着不可或缺但又严格服从的角色。正如卢卡奇所强调的那样，劳动过程在一定意义上约束了整个人类的自身驱动力，作为满足需要的驱动力已然做好了走漫长曲折道路的准备。这是尼采所说的“长期意志”的基础。

自我转换练习

卢卡奇的描述让我们看到概念模型之外的目的性，构成康德和尼采目的论的概念的基础是它描述的生产与生产过程本身。一旦一种技艺进化了，有时就会出现这样的情况：一个人工制品或多或少可以像康德描述的那样被制造出来，就像一个概念的化身。但这是一种完全衍生的现象——从技艺的有效形式衍生而来，最终在技艺本身形成的过程中产生，这个过程不是建立在先前存在的概念的基础上。在技艺演进的过程中，人们必须注意物质的性质，在物质或社会现实中遵循客观的路径，以便在实践中使他们的成果能够可靠地被他们的后继者重复。能指与所指可以是任意的；但是，这种映射的表示方式却不是任意的。一旦它们被确立，这些实践就以一种与意识表征没有本质联系的方式体现对这些路径的认识，尽管意识表征总是可能发挥作用。正如维特根斯坦所强调的，实践在原则上只需举例说明，没有明确规则的干预。此外，正如特纳明确表示的那样，没有理由认为，一项实践要在不同的个体之间作为“相同的”来传播，在这些个体内部表现中不需要涉及任何相同的东西，甚至不需要涉及任何共同的无意识或“默示”的表述。(Turner，1994) 实现这一目标的途径被那些从之前的示例重复中得到启发的人记录在了实践重复中，技艺本身只是作为这些重复的模式而存在（然而，这种模式得到了书面文字或其他铭文、教育技术和机构的补充）。

笔者曾经论证过，技艺的重要性在于它是人类有效力量的形式。但到目前为止，笔者一直把重点放在了物质实践上，因此也集中在人的有效性和自然界之间的关系上。笔者关注的是物质实践，关注的是人类如何有效利用与自然的关系。然而，理查德森关于如何改变实践的观点主要涉及文化生产领域。问题不在于如何移动物质，而在于如何为象征性介质赋予新的形式。物质实践一旦成功实现目标，就似乎或多或少地会被物质现实的本质所固定下来，当它们被改变或取代时，通常是因为找到了更好的达到目的的途径；艺术或哲学领域的情况则完全不同。在这里，人们可能会有这样的错觉，那就是与其说是发现了那里的存在，不如说是技艺或多或少地带来了虚无，或者至少是来自造物者自己独特的存在。然而，如果技艺没有内在的统一形式，只存在于重复进行的传播中，新的问题看起来便与我们把一种实践想象成一种单一的类型模式时大不相同，其结果是群居，一个人不再有被困在这个类型中的窒息感。实践是由多股力量编织而成的，所有这些都没有一个预先确定的终点，实践中的每一次重复都可能与类型的本质相区别，因为它不会完全相同地重复该类型，而且任何差异，无论大小，都可能成为一系列新的概念中的一个术语。①

这种意想不到的变化的力量不应该被低估。它们可以产生巨大影响，也许可以想象到类似于混沌理论所描述的“级联效应”。当然，现代艺术家和艺术理论家也没有低估这种偶然创造新形式的潜在力量。② 艺术家和哲学家似乎也很可能会对形式有非常大规模的新直觉，这种创新的过程似乎超出了技艺理论的范畴。然而，这一理论的关键不在于形式是否从微小的变化开始，而在于艺术是否大于艺术家，或者如亚里士多德所言，“技艺是先于原因的”（《物理学》，2）。而且，无论成就的范围或类型如何，都可以在此基础上理解。罕见的个体确实以一种全新的方式出现在我们的脑海中，并开创了文化生产的新领域；但是这些个体就像任何其他技艺一样，是由相关技艺人员“代理”的。实践的艺术家自发地创造出有效的新姿态，这一事实制造了一种错觉，即创作的人天生就具有某种创造力；但这种自发性可以不那么神秘地被解释为艺术家成功地融入了所涉及的艺术。技艺不同于从无形的生命力中产生形式的生命力，它是生成的，因为它是通过产生它的历史过程得以形成的，如此形成后，其组成部分的整体投射出一个非常大的形式可能性领域，掌握一门技艺意味着能够实现这个领域的某个子集（其中实现的潜力在结构上属于这个领域本身，并且只持续属于于艺术家）。

结构主义学者和他们提出的组合论概念，对技艺的生成能力有了本质的认识，但他们又产生了一个新的迷惑，因为形式组合的生产能力十分巨大：它实际上产生了无数的形式，就像一个“巴别塔图书馆”。这个概念认为诗人只是一个“空场”，正如巴特比较著名的观点，否定了浪漫的人文主

---

① 笔者对这一概念的更全面的描述，在很大程度上受达尔文物种概念的影响，“从一个层次到下一个层次发生的微小变化，包含了本质或特定变化的增量：向一个新类别的转变已经在最微小的个体变化中开始了。然而，只有当我们在一系列概念中隔着一定距离使用术语时，我们才能看到类别差异”。参见 Henry Staten，*Wittgenstein and Derrida*，Lincoln：Nebraska University Press，1984，p. 97。

② 有关这位诗人创造形式的尝试的广泛调查，参见 Steve McCaffery，*Prior to Meaning：The Protosemantic and Poetic*，Evanston：Northwestern University Press，2001。

义的主观性，但问题在于，要怎样在一大堆废话中理解这个空场如何产生丹尼特所说的比“数量微不足道”的有效形式还要多的东西。（Dennett，1995：109）令人惊讶的是，无论是巴特还是他的灵感，似乎都没有一种一致的意识，认为有必要在个人诗歌和被称为“语言”的盲目组合的广义领域之间，通过一种诗歌技艺的中介，从无限的可能性领域中筛选出一小部分有效形式。作为一种自我存在的抽象机器，这种过滤不可能机械地发生，但从语用学角度而言，这种语用学的作用是将技艺作为一种习惯化的变体，这个变体位于社会历史时空中的一个绝对特定的地方，并且与特定媒介的所有偶然事件相互作用。①

因此，伟大艺术家的独特性来自两个因素。首先，他发现了富有成效的输出，就像重要历史事件所展现的那样，他在自己的艺术领域中，比其他人更接近艺术领域中的一系列力量——这些力量正准备以惊人的新方式大范围地结合在一起。例如，荷马，或与这个名字联系在一起的诗人，他们在古希腊诗歌发展之初（甚至可追溯到印欧语系诗歌），就运用特洛伊故事的情节和写作技巧，发展出了《伊利亚特》《奥德赛》史诗；经过数代诗人的努力，便突变地或渐变地形成了一种比一切传统形式都强大和新颖的诗歌形式。

第二个因素是伟大的艺术家通常（尽管并不总是如此）会释放出非同寻常的巨大能量。这里我们回到尼采和强力意志理论。无法绕过持续克服所有障碍和过度产生新形式的纯粹事实，这些新形式是那些成功地在文化实践中留下深刻印记的人的特征。我们可以说，伟大的艺术家凭借其卓越的能量，比那些较弱的艺术家更能深入技艺的可能性领域。这听起来像是天才的想法，但在本质上却不一样：它并没有将内在的形成力量归因于艺术家，而艺术家“恶魔般的”能量在这里只能作为“原因”来发挥作用，而“有效原因”，即艺术本身，正是通过它来实现的。能量量子与形态产生场之间的分离进一步消除了能量量子的概念。有效力量主要是技艺的轨迹，我们必须把艺术家的高能量子理解成一个复杂的、可变的函数，它是生物学中某些不确定的势与技艺中潜在的势的相互作用，这种作用不仅给出了

① 关于形式主义者所犯的诗学与语言学类比上的错误，结构主义者也犯了同样的错误，参见 Mary Louise Pratt，*Toward a Speech Act Theory of Literary Discourse*，Bloomington：Indiana University Press，1977。

这种能量的确定形式，而且减少或放大了它的数量。① 如果尼采生活在一小群狩猎采集者中，就不会有任何世界历史任务来召唤他英勇奋斗。尼采本人也注意到“伟人”的能量量子是在文化上积累的，也许是几个世纪以来积累的；但以他特有的方式认为这是一种爆炸力的积累。（《偶像的黄昏》，44）相比之下，笔者认为能量是在一个技艺的正式系统中积累起来的，而“伟人”，至少是技艺的一部分，并没有“浪费”这种能量，而是将其用于放大他自己的，本身可以忽略不计的生物量子。

结 论

与尼采的观点相反，笔者认为结构主义的转折点在于：即使是最杰出的个人，其产生形式的行为也必须从社会形态的结构效应方面来理解。与结构主义不同的是，笔者论证了尼采的观点，即社会形态的本质不是其结构本身，而是这些结构在历史进化中体现的有效力量，并且赋予个人以构成个人强力意志的方式。

这篇文章留下了一个问题，即整个文化都有可能“出错”，以至于他们的技艺变得“不健康”，不再向最有创造力的成员提供满足其强力意志的手段。尼采通过转向生物学来定义一种超越文化的标准，在此基础上，整个文化和文化实践可以被诊断为健康或不健康的。但是没有文化之外的价值标准，尼采实际上是从历史（特别是古希腊）和自身经历中总结概括出文化模式，这种方法是对主观观念论哲学中技艺传统的发展。就像其他人一样，尼采自身实践转变的想法属于技艺的生成领域，或者是技艺的结合（总是与符号相结合），他实现了技艺的潜在力量。这并不妨碍他找到一个对自身文化进行彻底批判的立场。

（作者单位：西雅图华盛顿大学；译者单位：北京第二外国语学院跨文化研究院）

① 笔者在这里的论述有些许晦涩，因为很难用技艺模型来定义各种形式的“能量”。笔者确信澄清这个定义涉及对亚里士多德关于“动力潜力”和“能量实现”概念的解读，但这是一个难题。要深度了解问题，请参阅 Martin Heidegger, *Aristotle's Metaphysics Θ 1－3: On the Essence and Actuality of Force*, trans. by Walter Brogan and Peter Warnek, Bloomington: Indiana University Press, 1995。

参考文献

Ansell Pearson, Keith, *Viroid Life: Perspectives on Nietzsche and the Transhuman Condition*, London: Routledge, 1997.

Ansell Pearson, Keith, *Germinal Life: The Difference and Repetition of Deleuze*, London: Routledge, 1999.

Gaiser (eds.), *Synusia Festgabe für Wolfgang Schadewalt*, Pfullingen: Neske, 1965.

Deleuze, Gilles, *Nietzsche and Philosophy*, trans. by Hugh Tomlinson, London: Athlone Press, 1983.

Dennett, Daniel, *Darwin's Dangerous Idea*, New York: Simon & Schuster, 1995.

Heidegger, Martin, *Aristotle's Metaphysics Θ 1 – 3: On the Essence and Actuality of Force*, trans. by Walter Brogan and Peter Warnek, Bloomington: Indiana University Press, 1995.

Hill, Kevin R., *Nietzsche's Critiques: The Kantian Foundations of His Thought*, New York: Oxford University Press, 2003.

Kant, Immanuel, *Critique of the Power of Judgment*, trans. by Paul Guyer and Eric Matthews, Cambridge: Cambridge University Press, 2000.

Leiter, Brian, *Nietzsche on Morality*, London: Routledge, 2002.

Lukács, Georg, *The Ontology of Social Being, Vol. 3: Labour*, trans. by David Fernbach, London: Merlin Press, 1980.

McCaffery, Steve, *Prior to Meaning: The Protosemantic and Poetic*, Evanston: Northwestern University Press, 2001.

Moore, Gregory, *Nietzsche, Biology, and Metaphor*, Cambridge: Cambridge University Press, 2002.

Müller-Lauter, Wolfgang, "Der Organismus als inneren Kampf Der Einfluss von Wilhelm Roux auf Friedrich Nietzsche," in Helmut Heit, ed., *Nietzsche-Studien*, 1987.

Nagy, Gregory, *The Best of the Achaeans*, Baltimore: Johns Hopkins University Press, 1979.

Poellner, Peter, *Nietzsche and Metaphysics*, New York: Oxford University Press, 1995.

Pratt, Mary Louise, *Toward a Speech Act Theory of Literary Discourse*, Bloomington: Indiana University Press, 1977.

Richardson, John, *Nietzsche's System*, New York: Oxford University Press, 1996.

Ridley, Matt, *The Agile Gene: How Nature Turns on Nurture*, New York: Perennial, 2003.

Schopenhauer, Arthur, *The World as Will and Idea, Vol. 1*, trans. by R. B. Haldane and J. Kemp, Garden City N. Y.: Dolphin Books, 1961.

Slater, P. J. B., *An Introduction to Ethology*, Cambridge: Cambridge University Press, 1985.

Staten, Henry, *Wittgenstein and Derrida*, Lincoln: Nebraska University Press, 1984.

Staten, Henry, *Nietzsche's Voice*, Ithaca: Cornell University Press, 1990.

Turner, Stephen, *The Theory of Social Practice*, New York: Columbia University Press, 1994.

·新著评析·

终结与再生

——读布鲁门伯格的《神话研究》

吴明波　潘　帅

摘　要：在《神话研究》中，布鲁门伯格质疑思想史上神话与理性的对立，认为这个表述可能是一个过时的、贫乏的创造。消解这种套在神话身上的概念，也就是将神话从这种科学和启蒙话语中解脱出来，可以回到神话本身来理解。从他把普罗米修斯神话放置在接受过程中考察从而重构思想史的立场来看，布鲁门伯格明显不是站在启蒙的立场，跟"神话代表的蒙昧世界"作斗争。当然，他也不是完全反对启蒙。他认识到神话本身对于人类社会的意义：它对权力的秩序化，对意义的生成都有独特的作用。

关键词：布鲁门伯格；《神话研究》；实在专制主义；神话的政治

高擎火把的普罗米修斯形象在历代不断被演绎，成了西方启蒙者的代表，他既是自由的象征又是拯救者的形象。浮士德从一个地方传说，成为现代西方探索者的典型形象。现代启蒙大行其道，似乎蒙昧已经祛除，神话却如幽灵般屡屡再生。历经数千年的神话，能够跨越古今之际，参与西方文明的自我更新。汉斯·布鲁门伯格 Hans Blumenberg 的《神话研究》，试图探究神话的永恒魅力，清理错综复杂的神话理论，从实在专制主义出发，关注神话的历史演绎和思想意蕴，试图重新理解神话与西方文明自我展开之间的紧密联系，给我们展示神话研究的新路径。布鲁门伯格的《神话研究》既面对终结，又面对起点。

一

汉斯·布鲁门伯格 1920 年生于德国北部的吕贝克，因为半犹太的身份，他大学毕业后无法在德国正规大学继续深造。后来，他在法兰克福等地学习哲学。二战之后，他重获机会继续学习古典学、哲学以及日耳曼学。他夜以继日地学习，以弥补他已经逝去的时光。他出版于 1979 年的《神话研究》（上、下，胡继华译，上海人民出版社，2012、2014 年版），延续了卡西尔和盖伦对这一主题的研究，形成自己的研究特色。在《神话研究》一开始，布鲁门柏格引入了“实在专制主义”（Absolutismus der wirklichkeit，英译为 Absolutism of Realty）的概念来谈论神话产生的基础。[①] 他如此定义这个“实在专制主义”：这个术语指的是人类几乎控制不了的生存处境，而且尤其自以为他们完全无法控制生存处境。他们早晚都可能会假定存在一些至上权力（übermächtigkeit，英译为 superior power）意识，并通过这种假设来解释（在每一种情况下）存在他者身上的至上权力的偶然机遇（上册，第 4 页）。这是人类本身的境况，也是我们为什么需要神话的根源所在。

由此，他在全书一开始就阐明了继续进行神话研究的必要性。人类本身的这种境况，这种对未知世界以及陌生事物的恐惧，决定了神话不会因为科学的进步和大众启蒙而消失。他批评了启蒙哲学以科学来看待神话的方法，也即从终点来看起点（terminus ad quem），无法完成从起点来看终点（terminus a quo）的逆转。启蒙哲学这种方法容易将神话视为前科学的产物，将神话与愚昧、落后等同，与科学对立。由此，他也严厉批评了“从神话到逻各斯”这种含混的提法，“从神话到逻各斯”这个说法自从内斯特勒（Wilhelm Nestle）于 1944 出版著作《从神话到逻各斯：从荷马到智者以及苏格拉底希腊思想的发展》之后，便成为德国流行语（上册，第 53 页），也成为我们现在理解神话的口头语。这个说法暗示了神话与逻各斯（logos）的对立，就好像说神话是“人类童年时代的故事”。逻各斯是个希腊词，后来成为非常重要的哲学用词，有言辞、理性等方面的意思，在中文和现代西方语言中都难以找到对应词。将神话与逻各斯对立，事实上意味着神话与科学的对立，从而将神话与蒙昧、无知、非理性联系起来。“从神话到逻各斯”这种提法，本身带有启蒙的优越性。布鲁门伯格提到，神话与逻各斯的界限本身就是虚构的，这条界限也无法削除人们在免于实在专制主义的创作过程中去探索神话逻各斯的要求。神话本身就是一种高含量的“逻各斯作品”（上册，第 13 页）。布鲁门伯格甚至认为它们血脉同根，神话和

① 本文同时部分参考了英译本，重要用词附了英译。Hans Blumenberg，*Work on Myth*，trans by R. M. Wallace，Cambridge：MIT Press，1985.

哲学一样都是由惊异之物构成的。他也提醒哲人必须明智地看到，神话与理性的对立是一个过时的贫乏的创造。消解这种套在神话身上的概念，也就是将神话从这种科学和启蒙话语中解脱出来，可以回到神话本身来理解。

二

神话从启蒙话语中挣脱后，布鲁门伯格开始探究神话之所以长盛不衰的魅力所在。他借用狄尔泰的用词，把神话所依凭的本质称为“意蕴”（Bedeutsamkeit，英译为 significance，上册，第 74 页）。意蕴不同于精确科学的研究，它更关乎主体的有限性。“无所不知”永远是我们对不可能之事的隐秘冲动，但我们又不得不放弃无所不知，意蕴就生成了。意蕴可以解释，但不可能严格界定。布鲁门伯格引用了海德格尔的观点，认为意蕴牵连和干预着整个人生在世。他列举了意蕴运作的几种方式：同时性、隐性同一性、封闭循环模型、同一者的轮回、抵制与崇高存在的相互作用、事物或者行为的孤立性（simultaneity，latent identity，the closed-circle pattern，the recurrence of the same，the reciprocity between resistance and heightened existence，and the isolation of a thing or action，上册，第 78 页）。由此，他也就解释了神话如何凭据意蕴长存。

布鲁门伯格注意到，神话的重要意义还在于它对于秩序化的努力，而命名本身就是其重要功能。人类面对虚无自然，急需一种解释，一种命名，用以驱散黑暗。命名本身就体现了一种秩序，这是神话最初的功能之一。命名通过隐喻把神秘的世界转化成可以认识和理解之物，以讲故事的方式揭示其意蕴，从而驱散恐惧。神话可以使陌生变熟悉，恐怖变亲切，神话可以暂时弥补认识上的空虚。即使现在科学昌明，人类仍然面对许多未知，这些未知仍然会在神话的占据之中。

从科学退却的地方，我们可以看到神话的必要价值。科学的部分失败在于丧失了整体性，而神话却可以提供这种整体性，这是神话一直存在的缘由，而人类生活需要这种整体性。所以，神话跟人类的生活息息相关。启蒙并没有也不可能驱散神话，神话的阴影仍然隐藏在现代各个学科当中。人类只要还有对未知世界和陌生事物的恐惧，神话就还有存在的空间，神话在历史中的叙述就会不断产生意蕴。“通过述说人类进步趋向之中空间的开拓、形式的变化以及开端的黑暗紊乱同当前的尚未确定的之间的盈虚消息，神话有其独特的程式来展示一种被引导的过程。”（上册，第127页）这也是神话仍然值得我们认真对待的原因。

布鲁门伯格在《神话研究》中旁征博引，涉及古希腊神话、文学、哲学、基督思想以及近现代哲学等等，可以看出布鲁门伯格在神学、哲学和古典学上的造诣。他在书中还详细考察了一些神话系统历代的变迁，并重点分析了某些神话的生成和历史变化（如奥德修斯的返乡，普罗米修斯神话以及浮士德传说）。他在尊重从事神话研究的前辈（尤其是精神分析学派的弗洛伊德）的努力的基础上，也为神话和神话研究正名，同时努力拉开与教义以及各种伪装神话的距离。正是在宽广的视野和基础之上，他才能在现代各种纷纭的神话解释和理论中脱颖而出，形成自己的研究特色。他的研究不是要解构神话，而是避免像某些研究者一样将神话还原成简单的道理。

三

在厘清神话理论并且对神话的意义进行理论探讨之后，布鲁门伯格则转向了具体的案例，从第三卷开始，布鲁门伯格把他的研究重点转向我们所熟知的普罗米修斯神话。布鲁门伯格凭借其良好的古典学修为，向古希腊肇始的普罗米修斯神话进发。布鲁门伯格在全书中主要涉及两个神话，一是在第三卷中提到的浪漫主义时期呈现出来的不同版本的浮士德神话，二是最核心的占据了第三卷到第五卷整整三卷内容的普罗米修斯神话。这两个神话形象都已经深入西方文明的血脉中，成了西方文明中非常重要的典型。

我们大家所了解的普罗米修斯神话主要有三点，一是与造人相关，二是盗火，三是他的被缚与解缚，其他还有附带的潘多拉神话，等等。普罗米修斯神话在历代被不断地演绎和解释，而这个神话的变迁和解释史既可以显示出神话的意义和魅力，又可以被看成西方思想的展开。肇始于古典时代的普罗米修斯神话，在最初阶段就已经产生了很多的变化，经过赫西俄德、埃斯库罗斯、柏拉图以及后来的卢奇安的演绎，普罗米修斯的形象以及他的行为已经生发出非常不同的意义。其中核心的关注点就是普罗米修斯与诸神和人类的关系。他作为人类的创造者、恩惠者，同时又作为诸神的叛逆者、反抗者处于人类与诸神之间。他对人类是解救还是束缚？这些问题占据了古典时代的核心。

对普罗米修斯神话的关注在启蒙时期发生重大变化。这其实也体现出了对人神关系以及人本身价值的思考，但其主体仍然是对于众神与人关系的思考。普罗米修斯的盗火与解缚，本身就与启蒙的隐喻相关。神话本来是人化世界的行为方式，而神话研究将这种行为方式当作历史而延续下来。在启蒙时期布鲁门伯格重点关注了维柯、维兰德、赫尔德和百科全书派的研究，从作为启蒙的形象出现，到他们把普罗米修斯神话审美化，其实也就为十八九世纪的研究铺下了道路。普罗米修斯在此身份不再是人类的创造者和救世者，而成了文化的奠基者，是人类的最后一位美化者。

在现代的神话研究中，最为重要的阶段就是十八九世纪。十八九世纪也是神话研究兴盛的时期，其主导是浪漫主义的神话研究。布鲁门伯格把他的研究重点放在著名的思想家莱辛和歌德身上，尤其是歌德对普罗米修斯这一神话形象的理解上。在这点，又把这部作品中的两个重要的神话人物（浮士德和普罗米修斯）关联起来。歌德在很长时间内都为普罗米修斯神话所困惑，并且与莱辛的研究大异其趣。其中特别的一点是歌德还把普罗米修斯与拿破仑作比较。普罗米修斯神话的宿命在歌德的理解中也就与西方文明的宿命结合在一起。在启蒙时期，普罗米修斯是启蒙的代表，但是在 19 世纪，普罗米修斯的形象又与启蒙的对立面发生关联，它们都可以用普罗米修斯神话的语言来表达，这也是普罗米修斯神话的奇特之处。在 19 世纪浪漫主义者的眼中，普罗米修斯成了启蒙失败之后的寄托，体现了希腊的悲剧精神和特殊的意蕴，具有历史哲学的形象。

我们从普罗米修斯神话的变迁上，可以明显看到西方思想的变迁，而这也呈现出神话的魅力所在。神话的变迁其实也是文明的自我变迁，而其源头又充满了神秘的诱惑。按布鲁门伯格的话来说，19 世纪以人的名义拿普罗米修斯下赌注，认为他是个胜利的征服者，认为他为人类指点迷津，创造各种手法反抗诸神对人类命运的摆布，认为他是历史自我发现的始祖。（下册，第 289 页）这也是在 19 世纪普罗米修斯神话能够得到如此欢迎的原因。但同时，19 世纪又代表着神话研究方式的变迁，原初的寓意和象征的解释程序，以前把神话追溯到史前事件的本源论说明，已经不再被普遍接受，因而普罗米修斯神话素材所规定的位置已经空缺，在功能上更不确定，并且可能以种种不同的方式被再度占有。（下册，第 292 页）

四

将布鲁门伯格的《神话研究》读下来，布鲁门伯格明显不是站在启蒙的立场，跟“神话代表的蒙昧世界”作斗争。当然，他也不是完全反对启蒙。他认识到神话本身对于人类社会的意义：它本身对权力的秩序化，对意义的生成都有独特的作用。这些并不为科学的昌明所改变，也不为对神话的解构而消除。神话不同于宗教教义，仍然保持着其开放性。神话是否会走向终结？这也是他在全书中一直追问的问题，他在第二卷第四章就以“把神话带向终结”为标题，在第五卷第三章，也就是全书的最后一章，也以“一则神话甚至所有神话的终结”进行命名。在布鲁门伯格的讨论中，终结至少有两重意义。

一是神话是否已经被启蒙所照亮和清除？在这个意义上来说，神话远没有到终结的时候。在“把神话带向终结”中，布鲁门伯格用了很大篇幅讨论《浮士德》的不同版本。浮士德在浪漫主义时期成为一种奇特现象，几乎所有人都在谈论“浮士德”。布鲁门伯格尤其关注歌德和莱辛的版本以及瓦雷里的研究，从而了解这个神话题材的创作变化以及接受流变背后的问题，从而拷问神话终结与否的问题。那一章最后结束于“灵魂不朽”的问题上，我们都知道，这是古希腊以来的一个美妙的神话。如果提到神话的终结，这还远远不是时候。在不同版本的普罗米修斯神话中，我们也可以看到神话通过历史展开的意蕴，在西方文明的展开中不断得到更新。神话在流布中被接受，接受又创造了故事。

二是所谓的“终极神话”（final myth）的问题。这个问题又涉及对神话创作与神话研究的区分。布鲁门伯格更多站在“神话研究”而非“神话创作”的立场。对于终极神话，他认为，当我们展开一个终极神话之时，也就把这个神话带到了尽头。终极神话要求一个整体（totality）、一种完成（perfection）状态。终极神话并非让人放弃神话作品，而是让人第一次体验其魅力就停不下来，直到完全仿效这个范本，适应它的标准，甚至超越它。在不可能创造诸神甚至不能再创造寓言的现代处境中，也就意味着以抽象甚至更抽象的名目（titles）来取代古老的命名（names）。布鲁门伯格把终极神话落脚在“灵魂转世”这个神话中。他引用叔本华的说法，认为灵魂转世神话在杜撰的故事中最接近哲学真理，这是终极神话的标准。在第五卷的“一则神话甚至所有神话的终结”中，布鲁门伯格借助分析纪德的“普罗米修斯”版本，再次指向了神话的终结。如今留给我们的只有神话研究，神话研究又在终结神话。此外，说到神话终结，布鲁门伯格还有一个现实的关切，在第二卷第三章的“神话与教义”一节中，他谈及托马斯·曼的思考时，就面对了德国20世纪30年代的“新神话”。布鲁门伯格的研究同样也可能面对这种“新神话”。这种“新神话”造成的巨大灾难我们已经无须赘言。布鲁门伯格的神话研究在某种意义上来说，也是回应了“新神话”，也切断了这种“新神话”的可能。

布鲁门伯格的《神话研究》，既是对神话进行探讨，同时也是对支撑现代思想的启蒙思想和浪漫主义思想的一次深刻反省，并且上溯到西方思想的源初。布鲁门伯格从探究神话的角度来理解西方文明，认识这个曾经被启蒙所简化而又被浪漫主义诗化的人类生活。他的研究也提示我们，对西方的研究，如果仅停留在现代一些思潮、理论和口号中，自满于现代理性之光，最终不过是一叶障目。面对古典留下的巨大遗产，厘清现代纷繁的思潮，才是我们认识西方的必要征程。

（吴明波，湖南大学中国语言文学学院；潘帅，湖南大学中国语言文学学院比较文学专业研究生）

《柏拉图的灵魂学》中译者序*

黄薇薇

摘　要：《柏拉图的灵魂学》主要以《蒂迈欧》为研究主线，把柏拉图对话中所有涉及灵魂的部分拉通来解释，试图清理出一条清晰的“灵魂观”线索。主要参照《斐多》对灵魂的本质及其性质的分析，即以《斐多》的灵魂观为理论基础，作者建立灵魂的总体概念和特征，再专门探讨“世界灵魂”的生成过程和性质。相较《蒂迈欧》中的灵魂观，《斐德若》提出了一种新的灵魂观，涉及灵魂本身，不是宇宙灵魂，也不是个人灵魂，而是作为整体的灵魂。这种灵魂是运动的本源，做永恒的自我运动，像神一样关照没有被赋予灵魂的事物。

关键词：罗宾逊；《柏拉图的灵魂学》；世界灵魂；理智灵魂

罗宾逊（Thomas Robinson）的《柏拉图的灵魂学》（*Plato's Psychology*）（北京：华夏出版社，2019年版）主要以《蒂迈欧》为研究主线，把柏拉图对话中所有涉及灵魂的部分拉通来解释，试图清理出一条清晰的“灵魂观”线索。按照《蒂迈欧》的叙述，灵魂分为“世界灵魂”与“个人灵魂”两部分。有关“世界灵魂”部分，作者主要参照《斐多》对灵魂的本质及其性质的分析，即以《斐多》的灵魂观为理论基础，建立灵魂的总体概念和特征，再专门探讨“世界灵魂”的生成过程和性质。有关“个人灵魂”部分，作者则主要参照《王制》，以“灵魂三分”的概念来对堪《蒂迈欧》中对个人灵魂的论述。所以，在篇章安排上，作者首先讨论《斐多》（第二章），然后讨论《王制》（第三章），接下来用两章讨论《蒂迈欧》（第四、五章），余下各章讨论《斐德若》、《治邦者》、《斐勒布》、《法义》和《法义附言》中有关灵魂的论述（第六至十章），但无不是在前四章的基

* 本文为“2018横向－语言资源高精尖创新中心－‘一带一路’沿线文化互动与语言交往创新模式研究”项目（项目号：060347）的阶段性成果之一。

础上进行对堪和增减。当然，对于这样的安排，作者在序言中做了如此假设：柏拉图的“灵魂观”（尤其“世界灵魂观”或“宇宙灵魂学”）一定有一个发展过程，理应按照对话的写作顺序来建立其灵魂学说之体系，尽管学界对于对话的排序尚有诸多争议，作者还是按照自己的理解和分析做出了以上排序。

不过，到了第二版，作者对于初版的排序问题有了新的看法，认为《治邦者》并不晚于《斐德若》，而是与《蒂迈欧》更为接近，即应该把《治邦者》和《斐德若》的位置交换一下。理由是，在初版的时候，作者认为“灵魂做自我运动”，但到了第二版的时候，他认为“灵魂做自我运动”这一说法其实是柏拉图的推断，并不是理直气壮的论证，况且《蒂迈欧》和《治邦者》都不涉及“灵魂做自我运动”这一说法，这一说法只在《斐德若》和《法义》中才比较重要。作者虽然对排序问题有新的看法，但认为这并不影响初版对于灵魂学的讨论，所以第二版原封不动地出版。

就“灵魂学”问题，作者锁定在灵魂的本质和性质两个方面，也就是主要探讨灵魂是什么，以及有怎样的特征。总体上说，灵魂与身体一样，是一个实体，但这个实体究竟是独立于身体还是包含了身体，作者认为柏拉图并未给出明确说法，尤其在早期的对话中说得比较含混。但作者分析了《克力同》《卡尔米德》《阿尔喀比亚德》《普罗塔戈拉》《高尔吉亚》的相关段落后，偏向于认为，灵魂这个实体其实就是“整个人”，即“自我”，也就是“灵魂 = 人”。身体与灵魂不是简单的二元论关系，灵魂并非外在于身体且具有身体之形的复制品，一个完整的人不是身体加灵魂的总和，一个人就是灵魂本身，人就是灵魂。身体和灵魂虽然都是实体，但身体不能离开灵魂独立存在，身体依赖于灵魂，身体与灵魂有着特殊的所属关系。

然而，就《斐多》而言，作者认为柏拉图其实并未提出比早期对话更清楚的灵魂概念。与作者归纳的柏拉图早期灵魂观不太一致的地方是，《斐多》中的灵魂观认为灵魂是独立于身体的实体，具有认知性或者认知能力。灵魂与身体最大的差异在于，灵魂可以触及实在（真理），但身体和身体之需却总是妨碍灵魂拥有真理，因此灵魂总是想摆脱身体的束缚而试图“自己独立”。在这种情况下，灵魂看起来就像是“另一个人”，也即身体的“复制品”。作者认为，如此“个人化”的描述只是为了便于说明灵魂的特征，即灵魂有前世、有此生而且在身体去世之后还会有来世，灵魂不朽。灵魂不朽的基础是灵魂有认知能力，因为有了认知能力，灵魂就能够回忆出自己的前世。正是因为这一点，《斐多》就比早期对话呈现的灵魂观多提出了一点，即认为灵魂还是一种生命原则，灵魂先于身体存在，并在身体死后可以继续存活。但是，如果把灵魂视为生命原则，灵魂就是变化的，这与灵魂能够认识并接近静止且永恒的实在矛盾，所以作者认为柏拉图在《斐多》中的灵魂观依然是模糊的。

在《王制》中，作者认为柏拉图呈现的灵魂观与《斐多》中的有类似之处，即灵魂也是生命原则和认知原则，但因为引入了“功能”（或“德性”）的概念，灵魂便具有了伦理和道德意义，灵魂有着独一无二的德性——正义。唯有生活得好的人才有正义，并享有幸福。然而，正义究竟是什么，对应灵魂怎样的活动，这些问题引出《王制》对灵魂内部的进一步细分，并由此提出“灵魂三分”的概念。与城邦阶层对应，灵魂被分成理性、血气和欲望三个部分；而正义，对于城邦和个人来说都一样，即各组成部分“各司其职”。正义的人，就是让灵魂的三个部分和睦相处，让理性部分统治血气和欲望两个部分。此外，《王制》也涉及灵魂与自我的关系。与《斐多》一样，《王制》中的灵魂也即自我，但作者认为这里的自我有时只是指灵魂本身，有时又是指灵魂与身体的结合体，有点像超越于身体和灵魂这个结合体的另一种实体，故二者的确切关系在《王制》中并无定论。有关灵魂不朽方面，作者主要把这部分论证建立在《斐多》的基础之上，突出灵魂不朽不是三个部分中理性部分的不朽，而是整个灵魂的不朽，即灵魂在身体死亡之后得以存活是作为整体的灵魂而非灵魂的一个部分继续活着。有关灵魂的欲望和快乐，《斐多》把这些都归给身体，但《王制》则允许灵魂各部分有自己的欲望和快乐，健康快乐的灵魂就是三个部分欲望之间的平衡。

《蒂迈欧》处理的主要是世界灵魂，即宇宙灵魂学的问题。宇宙是生成的，在时间上有一个开端，但宇宙生成之前就有了灵魂，就是说世界的灵魂先于世界的身体存在。灵魂的这种先在性在《斐多》中就已出现，但是，柏拉图在讲述世界灵魂的创作时，却把它放在了世界身体的创作之后。对于这个难题，作者认为这是柏拉图为了便于图示化地讲解世界及其灵魂的产生而为。从种类上说，世界灵魂与早期对话中的灵魂概念没有什么区别，都是一种生命原则，都有理智和不朽的部分，并因此也具有认知性，从而也是一种认知原则。然而，世界灵魂似乎不涉及非理智的部分，也就无法与个人灵魂的血气部分和欲望部分对应。作者详细地分析了世界灵魂的构造过程，其构造的成分和比例是区分世界灵魂做同和异运动的依据，而世界灵魂的运动则统领或带动了整个宇宙的运动。不过，世界灵魂的运动对宇宙的运动只是产生了极大的影响，并非激发宇宙运动的第一动力，宇宙似乎像个生物那样，做自我运动。至于人的灵魂，其理智部分是造物主所造，用的原料是塑造世界灵魂之后剩下的材料，混合的比例也与世界灵魂的一致，只是在纯度上有差异。人的灵魂塑造好之后被分配到各自所属的行星生活，然后开始转世，每一世只要好好生活，肉体死亡后，灵魂就会重返之前被分配的行星生活，倘若不好好生活，就会在下一世转变成女人，倘若在当女人的时候还继续堕落，那就再转世为与之性情相应的野兽。

世界及其灵魂的形成和运动都与造物主相关，那么造物主是什么，有没有灵魂也需要讨论。作者认为，造物主塑造了世界及其灵魂，造物主先于世界及其灵魂存在，因而造物主也是一个实在，是一种灵魂，但这种灵魂与世界灵魂是两回事。造物主是一种有理智且永恒的灵魂，世界灵魂也有理智，其运动也是永恒的，但二者存有差异，造物主的理智和灵魂不是被造的，因而是非依赖性的，而世界的灵魂和理智却是造物主创造的，因而依赖于造物主，世界灵魂的永恒运动也只是时间上的持续，不是自发的，也不能自我维持。

此外，《蒂迈欧》也提到了灵魂的三分，灵魂的每个部分都相应地置入了身体的特殊部位，理性部分在头部，血气部分在颈部和横膈膜之间，欲望部分在腹部。但与《王制》的差别在于，《蒂迈欧》只把理性部分视为不朽，而把血气和欲望部分归为可朽，因此实际上仍然是二分说。

作者认为，相较《蒂迈欧》中的灵魂观，《斐德若》提出了一种新的灵魂观，涉及灵魂本身，不是宇宙灵魂，也不是个人灵魂，而是作为整体的灵魂。这种灵魂是运动的本源，做永恒的自我运动，像神一样关照没有被赋予灵魂的事物。这在《蒂迈欧》中仅指造物主，而《斐德若》却认为这适用于所有灵魂，但作者认为这种灵魂仅指理性灵魂。

《治邦者》则更为清楚地表达了宇宙的本质：宇宙是一个生物，有灵魂，也不朽，但此不朽与世界灵魂一样，依赖于造物主。然而，《治邦者》的灵魂观也有新的发展，即造物主也有运动，且做自我运动；而且，宇宙的灵魂虽也依赖于造物主，但不只是处于永久运动中，实际上其自身也做自我运动。作者据此认为，《治邦者》把之前对话中说得不太清楚的地方都明朗化了，理念、造物主、世界灵魂和世界身体之间有一个清晰的等级关系。理念是唯一真实的实在，是造物主凝视的对象，给世界灵魂起着范式作用；随之是造物主，是最纯粹的有理智的灵魂，造物主塑造了世界灵魂，是世界灵魂得以形成的有效原因；次之为世界灵魂，世界灵魂依赖于造物主，故其永恒性也仍是依赖性的；最后是世界身体，世界身体与世界灵魂分不开，世界身体的各因素会阻止和妨碍世界灵魂的运动。在《蒂迈欧》中，造物主与理念似乎是平行的对照关系，不存在等级秩序，但在《治邦者》中，二者的关系就比较明显，理念超越于造物主。

《斐勒布》承接的是灵魂的快乐和欲望问题。快乐和欲望在《斐多》中全部归给了身体，在《王制》中则允许灵魂为其保留一席之地。《斐勒布》则重申了灵魂也有快乐，知识就是灵魂最纯粹的快乐。至于世界灵魂和个人灵魂问题，《斐勒布》认为世界灵魂是人的灵魂和理智的模板，此外并没有提出新的灵魂观。

《法义》中的灵魂观处理的不是特殊灵魂，而是一般性的灵魂问题。作者认为，《法义》中的灵魂也是运动的本源，做永恒的自我运动，但这种灵魂指的是一种宇宙质料或生命力，在伦理和理智上是中性，是所有伦理或理智活动的必要条件。这种灵魂质料类似于《蒂迈欧》中的世界灵魂，比世界身体更古老，但也是生成的。也就是说，这种灵魂也依赖于某种其他的存在，这种存在就是神圣棋手，就像《蒂迈欧》中的造物主。此外，灵魂的运动也有变化，是“希望、思考、预见、建议、判断、真或假、快乐、痛苦、希望、恐惧、仇恨、热爱”等运动，灵魂通过这些运动来引导宇宙的运动。《法义附言》并未有新的灵魂观提出，不过是把神或造物主视为世界灵魂的胞体。

《柏拉图的灵魂学》按照柏拉图对话的写作顺序，把对话中有关“灵魂”的部分集中到一起进行讨论，分析了灵魂的概念、灵魂的本质、灵魂的运动、灵魂的性质、灵魂与身体的关系、灵魂与自我的关系以及世界灵魂与造物主的关系。大体可归纳出如下观点：灵魂是一种不同于身体的实体，是一种认知原则、道德原则和生命原则，灵魂有时高于身体，统领身体，等同于整个的人（或自我），有时又是与身体相当的独立实体，整个人（或自我）则是灵魂与身体的结合体。灵魂可分为世界灵魂与个人灵魂，世界灵魂是造物主所造，处于永久的运动状态，但这种运动不是自发的，而是依赖于造物主，造物主也是一种灵魂，是不同于世界灵魂的有理智的灵魂，造物主也有运动，做自我运动。造物主类似于神，神不是理念，神只是接近理念，因此造物主也区别于理念，造物主凝视理念创造了世界灵魂，因而造物主是世界灵魂的有效原因，而理念是世界灵魂的范式原因。个人灵魂具有灵魂的总体特征，内部则可以分为理智和冲动两部分，也可分为理智、血气和欲望三个部分。作为整体的个人灵魂不朽，可以转世。转世有男女性别之分，也可以转世为不同秉性的动物，转世为何物既与此世的德性有关，也与灵魂的意愿相关。

（作者单位：北京第二外国语学院文化与传播学院，希腊研究中心）

比较视域下中德跨文化交流研究之硕果*

——评高利克《从歌德、尼采到里尔克》

袁 喆 刘 燕

摘 要： 斯洛伐克汉学家高利克的新著《从歌德、尼采到里尔克：中德跨文化交流研究》，从比较文学的“文学间性”视角，对德国文学在20世纪现代中国的翻译、接受与影响进行了深入的研究，本书包括“论歌德与中国”“论尼采与中国”“论里尔克与中国及其他”三部分，内容涉及翻译过程中的中德文化误读、结构主义符号学视野下的“永恒女性”形象、中西文学中的忧郁主题等等。此书视野开阔，资料丰富，研究方法灵活多样，较好地呈现了布拉格汉学派的理论范式与研究特色，是高利克先生40多年来有关中德、中捷跨文化交流研究的系列成果之结晶。

关键词： 布拉格汉学派；高利克；中德跨文化交流；文学间性；文化误读

布拉格汉学派（Prague Sinology School）对于中国现代文学的研究与传播在海外汉学研究中引人瞩目，有其鲜明的理论范式和研究特色。作为布拉格汉学派重要代表学者之一，斯洛伐克汉学家高利克（Marián Gálik，1933—）的新著《从歌德、尼采到里尔克：中德跨文化交流研究》（以下简称《中德跨文化交流研究》）于2017年5月出版，系福建教育出版社推出的“中德文化丛书”系列之一。这部论著收入了高利克40余年来从事中德比较文学与跨文化交流研究的论文17篇，本书运用了翻译学、影响研究、文学误读、文学间性、符号学、心理学等研究方法，对20世纪以来中德文学之间的交流过程、翻译过程中的文化误读、中西文学中的忧郁主题、“永

* 本文为北京外国语大学中国文化走出去协同创新中心重点立项“布拉格汉学学派对中国现代文学的研究及其启示”（项目号：CCSIC2017－ZD01）、北京大学翁洪武科研原创基金（WHW201803）。

恒女性”形象等进行研究，涉及鲁迅、张君劢、胡适、张闻天、郭沫若、茅盾、冯至、顾城等中国现代知识分子与作家对德国哲学和文学的译介、阐释与创造性误读等问题。此书视野开阔，资料丰富，研究方法灵活多样，较好地呈现了布拉格汉学派的理论范式与研究特色。

一 “文学间性”与中德文学交流研究

从本书的英文题目“*From Goethe, Nietzsche to Rilke: Studies In Sino-German Interliterary Process*”来看，高利克主要是从“文学间进程”（interliterary process）的视角研究中德文化与文学之间的交流史。“文学间性”（interliterariness）是“世界文学”概念下的一个理论术语，与“互文性”（intertextuality）有异曲同工之处。高利克在《世界文学与文学间性——从歌德到杜里申》《论1992—2015年间“世界文学”概念的界定》等论文中对此进行了比较详细的阐述，1992年捷克比较文学理论家杜里申（Dionýz Ďurišin，1929—1997）在其《文学间进程理论》（1973）和《什么是世界文学》（1992）等书中最早提出了“文学间性”“文学间共同体”的概念。杜里申指出：“‘世界文学’是全世界文学的总和，不在于总的数量，而在于它们在文学间进程中系统-结构事实中的相互关系和相似之处。由于其更深、更广的相互语境，这种文学间性正在可能的最高水平上将上述所有其他种类（在文学间进程的领域，在文学间关系和相似之处的领域，在文学间共同体的领域）结合起来。……这种文学间性依赖对于文学间事实和进程的了解程度，因此比起文学间进程附属领域中的那些文学间性来，它在时空之流中更易变。”[①]“作为文学和历史的全部或整体的世界文学之最终形成过程，是由遗传-接触关系、类型学上的相似性、文学间共同体或联合体等几个方面共同作用的结果。世界文学的存在依赖于我们所拥有的文学知识以及‘文学间进程’。”[②] 也就是说，在文学间进程、文学间关系与相似之处、文学共同体这三个领域都存在“文学间性”的问题。在《中德跨文化交流研究》中，高利克主要是从“文学间进程”和“文学间关系”领域考察德国文学对中国

① 高利克：《世界文学与文学间性——从歌德到杜里申》，步朝霞译，《厦门大学学报》2008年第2期，第9页。

② 高利克：《论1992—2015年间“世界文学”概念的界定》，牛光忠、刘燕译，《江汉论坛》2016年第2期，第79页。

文学的重要影响，在比较视域中研究中德文学在20世纪的频繁交流及其重要人物与事件，这体现了布拉格汉学派的理论范式与研究特色。关于布拉格汉学派的形成，徐伟珠指出："普实克身边聚集了十几位弟子学者，他们利用丰富的图书资源，切磋学问，激情满怀地从事中国古代经典和现代文学作品的翻译，推出研究著作，学术范畴涉及中国历史、中国口述文学、现代文学、传统戏剧、语言学、汉语语音等诸多领域。"[①] 高利克本人也认为："布拉格汉学派与此前苏联和捷克斯洛伐克的众学派有所不同。俄国的形式主义和捷克的结构主义都有自身的信条、文学研究方法和既定的学术研究目标。普实克除了在有如自己专攻的中世纪大众文学研究、叙事艺术方面外，其他方面都任学生自由发展。"[②] 虽然高利克强调"学生自由发展"，但实际上，普实克（Jaroslav Průšek，1906—1980）的学生们在理论范式与研究方法上受到其导师的影响，此外，其理论来源于20世纪初俄国形式主义（Russian Formalism）和20世纪20—40年代布拉格结构主义（Prague Structuralism）以及马克思主义的影响，也得益于东欧独特的地缘政治、多元的文化身份与布拉格批评家们各自的个性与胆识。

高利克的汉学研究不仅继承了其导师普实克奠定的汉学传统而且将其发扬光大，运用比较文学、翻译学、符号学、文学间性、影响学、类型学、心理学等多种研究方法，把20世纪中国文学置于世界文学的文学间互动过程中，考察其现代形成和独特性。高利克善于把系统-结构-类型的研究与法国比较文学派重视实证的渊源-接触-影响研究结合起来，通过文学结构变化中的个案研究，深入阐明中国现当代作家、作品、思潮和批评的历史进程与发展脉络，并进一步揭示中国现代文学中的世界性（现代性）因素。这些特征在《中德跨文化交流研究》中得到比较充分的体现。比如，在《歌德〈浮士德〉在郭沫若写作与翻译中的接受与复兴（1919—1922）》一文中，高利克考察了郭沫若对于《浮士德》的译介情况及对其创作风格形成的影响因素，"这种影响与诗人郭沫若（1892—1978）的生平与作品有着千丝万缕的联系"[③]。在高利克看来，个人的生平经历与处境是影响作家

① 徐伟珠：《汉学家普实克造就的布拉格'鲁迅图书馆'》，《北京第二外国语学院学报》2016年第4期，第35页。

② 高利克：《捷克和斯洛伐克汉学研究》，李玲等译，北京：学苑出版社，2009年版，第198页。

③ 高利克：《歌德〈浮士德〉在郭沫若写作与翻译中的接受与复兴（1919—1922）》，载《从歌德、尼采到里尔克：中德跨文化交流研究》，刘燕主编，福州：福建教育出版社，2017年版，第35页。

译介外国文学、写作风格变化的重要因素之一。而郭沫若弃医从文并遭到妻子强烈反对的经历甚至影响到他对《浮士德》的译介风格。在翻译《月夜》的过程中，“郭沫若改变原文顺序，整合句子，甚至增加原文本没有的内容，这些并非出于风格的考量。在歌德的原文语境中，这一场景跟作者年轻时‘月色撩人的心情’有关，‘其中杂糅了奥西恩（Ossian）的英雄浪漫主义与维特的多愁善感’”[①]。值得注意的是，高利克悉心考察作者写作时的个人处境，在中德文学之间的“文学间性”进程中寻找接触之初的“契合点”。在此文中，高利克还特意以田汉的生平与郭沫若做了对比，以彰显不同作家在接受与理解同一位西方作家时的微妙差异。“此中原因很容易解释。田汉跟郭沫若生活阅历不同，而且对男女关系、爱情、（或许）婚姻各自持有不同的看法。”[②]

高利克将作家的生活经验视为“文学间性”的一个基本观察视角，体现了布拉格汉学派重视文学系统内部各要素之间的关系的研究特色。此外，高利克认为郭沫若的翻译充满了个人主义的色彩，“蕴含着他个人的诗学及其主观的理解”[③]。这种见解在某种程度上受到了普实克的影响。普实克在《中国现代文学中的主观主义和个人主义》中认为：“可以肯定的是，主观主义、个人主义和悲观主义以及对生活悲剧的感受结合在一起，再加上反抗的要求，甚至自我毁灭的倾向，就是从1919年五四运动直至抗日战争爆发的这一时期中国文学最突出的特点。”[④] 布拉格汉学派对于中国现代文学的主观性与个人主义的强调，不同于前苏联强调集体主义与普罗文学传统的文学理论观，后来美国汉学家李欧梵、王德威对于中国现代文学抒情传统的强调在一定程度上也受到了布拉格汉学派的灵感启发。[⑤]

---

① 高利克：《歌德〈浮士德〉在郭沫若写作与翻译中的接受与复兴（1919—1922）》，载《从歌德、尼采到里尔克：中德跨文化交流研究》，第37页。

② 高利克：《歌德〈浮士德〉在郭沫若写作与翻译中的接受与复兴（1919—1922）》，载《从歌德、尼采到里尔克：中德跨文化交流研究》，第47页。

③ 高利克：《歌德〈浮士德〉在郭沫若写作与翻译中的接受与复兴（1919—1922）》，载《从歌德、尼采到里尔克：中德跨文化交流研究》，第63页。

④ 普实克：《普实克中国现代文学论文集》，李燕乔等译，长沙：湖南文艺出版社，1987年版，第4页。

⑤ 20世纪60年代，捷克汉学界与美国汉学界之间有所交往。普实克与费正清（John King Fairbank）是好友，他应聘在哈佛大学担任访问教授，开讲中国文学课程，李欧梵是选修学生之一，受到影响。此外，普实克与夏志清有关中国现代文学议题的激烈论争，在某种程度上也促进了双方及其弟子们对中国现代文学起源、发生、特质的深入探讨。

《中德跨文化交流研究》聚焦于德国重要的哲学思想、文艺思潮、文学作品在20世纪中国的翻译、接受与误读研究。例如,《尼采在中国(1918—1925)》的中译文长达3万余字,其英文版于1971年载于汉堡的一本鲜为人知的期刊《东亚自然和人类文化学协会简报》,主要是通过“发生-接触关系”探讨尼采在中国的“接受史”和“误读史”,分析了1918—1925年王国维、谢无量、鲁迅、茅盾、李石岑、白山、朱侣云、郭沫若等美学家、哲学家和批评家对尼采作品的翻译、接受、传播和误读情况,着重剖析了尼采从最初备受欢迎到后来遭遇冷淡的原因,展示了当时中国社会的知识氛围。高利克指出中国知识分子一致采纳符合实践需求的实用主义态度对待一切外来思潮,以“西”为用,以此促进中国传统社会走向现代化过程中的变革与转型。这种现象符合文化传播的基本条件,即本国文化不能足够满足社会变革的需求时,需要借用外来文化推动本国社会的变革与发展。不过,这种“借用”也往往抱着“功利而实用”的目的,在对外来文化的断章取义、扭曲、误读中完成。“在中国,马克思与尼采可以恰如其分地视为德国现代思想的两位主要代表。历史已表明,中国人对马克思推崇备至,而对尼采漠不关心。他们都是从实用主义角度来理解这两个人。”[①] 在其有关尼采的4篇研究论文中,高利克将中国“五四”时期以来的翻译家、作家、研究者与实践者的观点与尼采的观点进行了细致入微的比较,通过分析当时的社会状况、接受语境和这些研究者的生平经历、阅读版本、外语翻译水平等,呈现了尼采思想对中国现代化进程所产生的积极或消极的影响,这构成了一部尼采在20世纪中国的翻译史、传播史与误读史。

高利克是西方汉学界第一位有关“尼采在中国”研究的开拓者。在《我的〈尼采在中国〉四十年(1971—2011)》中,他回忆说:“虽然在1949年以前,中国已有尼采翻译及评介文章,但我是第一个写这个课题的西方人。”[②] 对此,瑞士汉学家冯铁(Raoul D. Findeisen)在其《文化的负担:中国接受尼采的四个个案研究》中提及:“到目前为止,还不曾有对尼采在中国这一课题的实质性研究,但1971年斯洛伐克的汉学家高利克发表了一篇开创性的论文,研究那些受尼采影响的人物,他披荆斩棘、开辟了

① 高利克:《尼采在中国(1918—1925)》,载《从歌德、尼采到里尔克:中德跨文化交流研究》,第202页。

② 高利克:《我的〈尼采在中国〉四十年(1971—2011)》,载《从歌德、尼采到里尔克:中德跨文化交流研究》,第256页。

一条新的研究路子。”① 高利克的尼采研究与众不同之处在于他对中国现代知识分子与德国思想家尼采之间的复杂渊源，追根溯源，重视德、英与汉等多语种的第一手原始文献，详细对比分析原本与中译本、德（英）的尼采与中国的尼采之间的同异，指出了翻译与接受、传播与阐释过程中中国学者对尼采的创造性误读效果及其根源。

二　结构主义符号学下的中德跨文化交流研究

不同于俄国形式主义忽略社会环境对作品的影响，布拉格结构主义充分考虑到了社会环境的全部因素，把作品内部的结构与作品外部的社会环境视为同等重要。

符号学的方法有助于研究作品的内部符号与外部符号之间的密切关系。穆卡洛夫斯基认为：“每一个艺术记号作品由三个部分组成：（1）作为记号之物质载体的作品；（2）作为存储于集体意识中的记号意义的美学对象；（3）与被意指物的关系。正是第三个成分使艺术记号不同于一般记号。”② 高利克运用结构主义的符号学理论探讨德国文学在翻译为中文过程中的符号差异。在《歌德〈浮士德〉中的哥特式房间和日本箱崎的一间陋室》一文中，他通过对“夜”“明月”“大宇宙的记号”“地灵的记号”等几个场景的解读，分析了歌德《浮士德》在翻译为中文过程中的文化符号的差异，还将郭沫若置身其间的生活环境视为影响其翻译风格的主要因素之一。“歌德在写《夜》这一幕时并不喜欢哥特式建筑，因为他‘钳制、压抑且远离自然’。歌德对哥特式的房间有着自己的想法，而郭沫若眼前的房间却是他自己的天地，有一张供他学习与翻译的书桌，围在身边的是妻子佐藤富子(Sato Tomito)、大儿子和生与尚在腹中的二儿子博生。”③ 高利克试图还原郭沫若在从事翻译过程中的具体场境，探寻译者对一些符号意象翻译的处理方式。“歌德原文使用第一人称代词‘我’两次，其宾格与所有格形式共用了 2 次；而郭沫若译文虽然也用了第一人称代词‘我’2 次，但其他格形

① 高利克：《我的〈尼采在中国〉四十年（1971—2011）》，载《从歌德、尼采到里尔克：中德跨文化交流研究》，第 256 页。

② 李幼蒸：《理论符号学导论》，北京：社会科学文献出版社，1999 年版，第 588 页。

③ 高利克：《歌德〈浮士德〉中的哥特式房间和日本箱崎的一间陋室》，载《从歌德、尼采到里尔克：中德跨文化交流研究》，第 67 页。

式共用了 6 次。歌德只提到了 1 次‘心’(Herz),而郭沫若则提到了 2 次(他译为‘心旌’),连续地出现是为了突显其意义。”[①] 高利克通过分析郭沫若译文中的人称之“格”的微妙变化,以此反观译者的个人心境、文化背景对于其译文的具体影响,力图说明中德跨文化翻译过程中所产生的某些语义的变化与意义的“错位”。

对异域文学中的文化符号的翻译本质上就是一种文化交流的过程,“通过跨文化文本或跨文化话语,认知主体对其跨文化认知进行跨文化转移,进行跨文化符号的建构或重构呈现”[②]。译本是一种跨文化文本,文化符号能指的跨文化转移实质上与翻译者自身有着密切的关系。译者首先是异域文化符号的接触者,也是文化符号转移过程中重要的加工者,他通过翻译的过程将异域文化符号引入本土文化中。高利克分析了这种跨文化符号的流动过程,呈现了中德跨文化交流中的复杂性与多变性。他提到:“郭沫若把‘moonshine’翻译成更契合中国诗学韵味的‘明月’。‘月光’只是‘明月’这个比喻的一部分,而‘月亮’的比喻在中国传统诗歌中司空见惯。郭沫若在翻译过程中,很可能不但把这段场景中国化,而且也将其转化为自己的现实。”[③] 也就是说郭沫若是将《浮士德》中的文化符号进行了重构,在本土文化中寻找与之相应的文化符号,“明月”在此时具有了跨文化符号的特质。“异域文化认知符号的跨文化转移既是认知主体对异域文化认知的一种跨文化呈现过程,也是一种跨文化符号的修辞建构或重构过程。”[④] 高利克分析了德国文化转移到中国文化语境中的这类修辞重构,审视主体认知者(翻译者、接受者)对于异域文化的认知特色。实质上,这类符号更多的具有“超文化符号”的特质。就“明月”这个普遍的意象而言,中外诗歌当中被视为寄托情感的对象。高利克认为郭沫若在翻译时增添了一些原文中不存在的内容。译者在异域文化符号能指上进行了自己的加工和重构,这一过程也是超文化符号的重构过程。这种现象是“基于对异域文化符号的所指认知,认知主体在本土语言文化系统内设置或寻找相应的符号

---

① 高利克:《歌德〈浮士德〉中的哥特式房间和日本箱崎的一间陋室》,载《从歌德、尼采到里尔克:中德跨文化 交流研究》,第 45 页。

② 钟晓文:《广义修辞学视域下的跨文化符号研究 》,《阜阳师范学院学报》(社会科学版)2013 年第 4 期,第 9 页。

③ 高利克:《从歌德、尼采到里尔克:中德跨文化交流研究》,第 38 页。

④ 钟晓文:《广义修辞学视域下的跨文化符号研究 》,《阜阳师范学院学报》(社会科学版)2013 年第 4 期,第 10 页。

能指，进行符号能指变异，以便把异域文化符号向自己文化系统内转移，实现异域文化符号能指的跨文化转移。”① 高利克指出郭沫若将“The fortunes, good or evil”（运气，好运或噩运）中的“evil”（恶）接译成佛教术语“苦果”，这是“他的生活状况及个人经历帮助他找到这个词来翻译这段文字”②。它改变了“恶”在西方基督教语境中的部分能指意义，并赋予了中国传统佛教的文化背景。显然在翻译的过程中，不同译文的符号意义悄然发生了充满歧义的微妙变化。

在其他几篇论文中，高利克同样指出歌德《浮士德》在翻译过程中的文本误读问题，如《歌德〈神秘的合唱〉在中国的译介与评论》一文讨论了《神秘的合唱》的五个中译本，即张闻天、郭沫若、周学普、董问樵、绿原的多个译本，他们对“永恒之女性”这一文化符号的不同理解，导致了跨文化交流中的误读与误释。再如在《青年张闻天和他的“歌德的浮士德”》中，“替人民工作”成为一种理想，张闻天通过翻译《浮士德》实现了社会政治意义上的文化符号的转变，其转变内化在所有译者的有意或无意的翻译过程中，显然，这是中西跨文化交流中值得关注的一点。

三　他者视角下的歌德与中西跨文化研究

第一部分“论歌德与中国”收入论文 8 篇，成为《中德跨文化交流研究》的重点。开篇《1932 年：歌德在中国的接受与纪念活动》从史实的角度描述 1932 年在北京、广州等地举办的纪念歌德逝世 100 周年的活动，列举诸多民国学者有关歌德的研究成果，证明歌德在当时的中国已经颇受人关注。歌德在中国之所以能够掀起一阵热潮，最主要的原因在于中国新文学运动发展的需要。20 世纪 30 年代的中国，正经历一场“全盘西化”的洗礼，学习西方先进的思想和文学观念成为这场运动的重要组成部分，而歌德思想恰逢其时，迎合了中国本土的文学变革所需。高利克指出：“重要的是，歌德提出的概念乃源自他对东方——中国文学的阅读理解。”③ 由此而

---

① 钟晓文：《广义修辞学视域下的跨文化符号研究 》，《阜阳师范学院学报》（社会科学版）2013 年第 4 期，第 10 页。

② 高利克：《歌德〈浮士德〉中的哥特式房间和日本箱崎的一间陋室》，载《从歌德、尼采到里尔克：中德跨文化交流研究》，第 76 页。

③ 高利克：《1932 年：歌德在中国的接受与纪念活动》，载《从歌德、尼采到里尔克：中德跨文化交流研究》，第 16 页。

言，中国人对歌德的亲近、歌德有关“世界文学”的理想为中国人理解歌德提供良好的契机。

值得注意的是，“永恒之女性”成为贯穿高利克的“歌德与中国”研究的重要线索之一。高利克认为：“如果我们考虑到中国文化尤其是儒家文化的背景，就会了解到其语境存在着对女性的歧视或排斥……实际上中国女性应得到更好的命运。对大多数近现代中国人而言，歌德有关‘永恒之女性’的观念简直是奇怪谈论，不可理喻。”① 在他看来，“永恒之女性”在中国文化背景下是不能够被准确翻译与理解的西方文化现象。“中国传统文化中罕有与‘永恒之女性’相关，反之亦然。而类似现象在近东和欧洲却比较常见。爱情女神早在基督教创立之初的东欧文化中就出现了，但在中国和远东地区却完全缺失。”② 高利克将这种翻译过程中所产生的文化差异归结为目标文化中“同质意象”的缺失。

在讨论到中国传统文化中的女性形象时，高利克在《歌德〈神秘的合唱〉在中国的译介与评论》中引《诗经》中的《瞻仰》，指出这些诗句衍生了中国历史上人们对待女性的总体态度及由此而展开的诸多问题。不过，《诗经》中有表达女性家国情怀的《鄘风·载驰》，描写许穆夫人的家国意识；也有反抗邪恶势力、对欺辱压迫进行控诉的《召南·行露》。这些诗句都表现了周代女性反抗压迫、敢于抗争的独立自主的精神。在中国传统文化中，“女神”意象是带有开天辟地、创世精神、哺育万物的功能性特征的形象，有几位“女神”也具有“永恒之女性”意味。举例说来，“女娲”作为上古人民生殖崇拜的象征，从产生之初就带有“母神”的特征，是上古时期原始宗教所崇拜的偶像。“女娲炼石补天，抟黄土为人”成为中国传统文化中的重要母题。同样具有“母神”功能的“西王母”的传说也流传甚广。此外，妈祖、织女、嫦娥等女神形象在中国传统文化中成为“女性”神仙话语体系中的重要角色。诚然，这些角色与高利克所讲“永恒之女性”不能完全等同，但如果完全否认中国文化中“永恒之女性”的形象未免过于绝对。由此而言，高利克的个人见解必然经过了他本人所处的基督教文化背景的有色眼镜“过滤”，难免存在西方“他者”对于中国文化的某种

① 高利克：《歌德〈神秘的合唱〉在中国的译介与评论》，载《从歌德、尼采到里尔克：中德跨文化交流研究》，第19页。

② 高利克：《歌德〈神秘的合唱〉在中国的译介与评论》，载《从歌德、尼采到里尔克：中德跨文化交流研究》，第32－33页。

“误读”与“误解”。

在高利克有关中德跨文化交流的研究成果中，引人瞩目的一点是他提供了许多珍贵的中外文献资料及其与中国当代作家、学者交往与切磋的现场记录。例如，高利克与顾城曾经有缘相识于柏林：“1992 年 4 月 16 日，复活节前的那个周五，我有幸在顾彬教授柏林的家中见到顾城，讨论了宗教和圣经的话题。在这次庄重的会面中，当我谈到耶稣为了基督教世界而牺牲自己的重要性时，顾城深为之动，称赞耶稣的‘血的牺牲’。”① 十天后的 4 月 26 日，高利克与顾城在柏林面对面对谈，顾城妻子谢烨整理发表了《〈浮士德〉、〈红楼梦〉与“女儿性”——高利克与顾城对谈》，它记录了顾城自杀之前不久的文学观和精神状态，尤其是对歌德式的“永恒之女性”和《红楼梦》中的“女儿性”的不同认识。高利克与顾城一起讨论了《浮士德》《红楼梦》等，探讨“女儿性”的纯净及其与基督教、佛教之间的关系。高利克观察到顾城在自杀前一年表现出半疯癫的精神分裂症状，并将西方学者与中国作家之间跨文化交流场景记录下来，为学界提供了有关顾城研究的重要史料。

四　心理学视角下《红楼梦》的疾病隐喻研究

高利克的《论〈红楼梦〉与尼采文本中的忧郁主题》一文，属于比较文学的类型学研究，从心理学视角讨论了林黛玉的忧郁症与《红楼梦》的忧郁主题，他将林黛玉与世界文学或文化中的其他人物形象（如尼采、莎乐美）做了比较。目前，国内学者对林黛玉的特征分析大都是从其性格的角度出发，而高利克将林黛玉与精神病、忧郁主题联系起来，对林黛玉的性格特征的解读可谓别出心裁。

苏珊·桑塔格在《疾病的隐喻》中谈道：“在关于忧郁的古代思想的漫长历史中，有关结核病的神话构成了其中最重要的一章——根据四体液说，结核病是艺术家的病。”“忧郁人物——或结核病患者——是卓然而立的人

① Marián Gálik, “Gu Cheng's Novel Ying'er and the Bible,” 最初发表在《亚非研究》1996 年第 5 卷第 1 期，第 83 - 97 页，中译文《顾城的〈英儿〉和〈圣经〉》，尹捷译，《南方文坛》2014 年第 2 期，第 33 - 39 页。关于高利克与中国文人的密切交往，可参见高利克《翻译与影响：〈圣经〉与中国现代文学》，刘燕编译，北京：社会科学文献出版社，2018 年版。

物：他敏感、有创造力、形单影只。”① 与此类似，高利克通过疾病的隐喻来分析林黛玉的悲剧性格，揭示了曹雪芹创作的独特性，“曹雪芹的贡献在于，他是中国文学上第一个没有参照欧洲类似的忧郁描写传统，创造了多层次、栩栩动人的忧郁形象的作家。中国古代没有出现希波克拉底的有关四元素的学说，它被用来描述四种相应的不同类型的人：有的人忧郁，有的人脾气暴躁，有的人爽朗活泼，有的人冷漠”②。高利克指出林黛玉的气质正是一种忧郁症的表现，她的一切行为特征都与忧郁症有着密不可分的联系。在对贾宝玉、薛宝钗、林黛玉这三个人物进行分析时，他用忧郁程度来衡量三个人的艺术天分。有趣的是，宝玉和黛玉、尼采和露成为高利克进行平行对比的对象，尼采与露之间的关系类似宝玉与黛玉的关系。从尼采的家庭到露的“梦”都能够找到与《红楼梦》中相似的片段。中西文化现象中的忧郁特质构成了连接尼采和曹雪芹的一个桥梁。“曹雪芹与尼采在不同层面上有着一致性：我们可以把他们二者都视为早期精神分析学的代言人，尽管西格蒙德·弗洛伊德及其同僚们对曹雪芹一无所知。最近各项研究纷纷指向曹雪芹与尼采在类型学上的相似处。”③

对中国读者来说，这一结论的确令人耳目一新，激发我们从世界文学的“文学间共同体”的视角出发，对比分析中西文学的相通与天才人物性格的相似之处。

在对林黛玉的忧郁形象的分析上，高利克采取了西方心理学和精神分析理论，证明了中西文化之间的同质性与世界文学主题的类型特质。相比之下，国内学者多从传统文化的角度剖析林黛玉的性格悲剧。例如，吴春玉认为：“林黛玉形象是构成红楼梦性格的重要因素，在林黛玉的身上固然存在着传统文化影响的印记，固然有着‘正邪两赋’的特征，也就是在林黛玉身上集合着儒家和非儒家的思想。”④ 他强调林黛玉是中国传统文化中非常典型的“深闺才女”，她孤傲、嫉妒、细腻的心思符合中国传统文人对“女性美”的期待，其性格受到了封建礼教的束缚牵制。与此不同，高利克是在西方“他者”的跨文化视角中，把中国文学中的忧郁主题、忧郁形象与西方作家、人物形

① 桑塔格：《疾病的隐喻》，程巍译，上海：上海译文出版社，2014年版，第31页。

② 高利克：《论〈红楼梦〉与尼采文本中的忧郁主题》，载《从歌德、尼采到里尔克：中德跨文化交流研究》，第269页。

③ 高利克：《论〈红楼梦〉与尼采文本中的忧郁主题》，载《从歌德、尼采到里尔克：中德跨文化交流研究》，第281页。

④ 吴春玉：《浅谈传统文化与林黛玉的关系》，《文学界》（理论版）2010年第4期，第223页。

象或主题进行比较，揭示出人类的共同心理。汉学家对同一文学主题的比较研究得出了本土学者未觉察到的阐释（所谓“不知庐山真面目，只缘身在此山中”的处境），这不仅拓展了中国文学研究的世界性维度，而且为各国读者理解中国文化和文学提供了易于接纳与理解的文本解读范式。

综上所述，《中德跨文化交流研究》一书是高利克先生40多年来有关中德跨文化交流研究领域的系列成果之结晶，体现了以下特点。

首先，本书展示了布拉格汉学派的结构主义理论范式与研究方法。高利克从中德不同文化系统（结构）的相遇、对抗与适应（妥协）出发，从系统-结构的视角去考察中德文化交流进程中的重要事件与人物，主要围绕歌德、尼采和里尔克三位对中国现代文学产生重要影响的作家、哲学家，从作家、翻译家、接受者所处的历史传统、时代语境、个人经历等角度来关注文化交流的各个方面，包括文本的翻译、出版与接受、误读与偏见、创造性的改写与挪置等。例如，在第二部分“论尼采与中国”中，高利克多次运用括号将文章所论述的时间段标注出来，仔细考证、引用了许多原始资料，包括中国译者所选择的译本来源、语言及其重要参考书目，从译本来源、文献细节入手，对比分析中译本与原文的差异，揭示中国接受者的误读，并分析导致这种误读的深层次的文化原因。结构主义理论家詹姆森认为，俄国形式主义“企图一般地分析文学家，即传记式的研究，也就是从非文学角度探索动机根源”①。

由于俄国形式主义和布拉格结构主义的理论存在一定的时代局限，高利克研究中得出的某些结论也难免有主观的偏颇之处。因为通过对作家生平事迹的研究来探寻其文学翻译与文学创作的效果，又通过对文学作品、翻译作品的内部结构的解读来证实作家的生平经历，这种建立在文献基础上的实证循环论证虽然有助于说明一些文学现象，但它缺少对文本本身的研究，或者受制于作者收集的资料的局限与过多的主观判断，得出的某些结论亦值得商讨。

其次，从文学间性的比较视角考察中西文学之间的对抗与互动、冲突与调适。高利克以世界文学和比较文学为背景，力图从中德文学间进程的角度来书写中德文学的交流过程。德国文学、哲学在中国的传播与当时中国的社会环境息息相关。正是中国这一受众主体的社会变革，产生了吸纳外来文化的需求。而斯宾诺莎、歌德、尼采、里尔克等人的思想适应了中

---

① 李幼蒸：《理论符号学导论》，第582页。

国现代文化“摧毁一切偶像”的需求。通过对外来文化的吸收与借用，中国知识分子力图达到推动20世纪中国现代文化转型与自我建构的实用目的。此外，作为中国比较文学发展的见证者与参与者，高利克亲自见证并悉心记录了20世纪中国作家和批评家逐渐融入世界文学进程中的重要历程，身体力行地促进了中国与西方发生世界性的结合。

再次，注重在翻译过程中的文化误读现象。高利克通过对文化符号的细读考察了翻译在跨文化交际过程中的重要作用。翻译作为一种跨文化文本，营造了一种跨文化环境，而处于这种环境中的文本则具有了超文化符号的特性，此时文化符号的跨文化旅行在翻译文本中产生了能指的部分改变与误读。在对歌德、尼采的文本翻译的各种考证中，高利克举出了大量的翻译方面的例证，说明翻译中的这种误读与误释现象及其对译者与作家创造性的灵感激发，并在比较文学与跨文化的视野中揭示了中国现当代文学的世界性特征。

《中德跨文化交流研究》收入的17篇论文，写作时间跨度近40年，从高利克走向汉学之路的20世纪70年代到21世纪初，每篇文章运用的方法各异，有早期关注中德跨文化交流的原始资料来源与译介的影响研究，也有后来更多关注文学主题、原型、意象、女性形象等方面的比较研究，以及中德文学关系的“文学间性”研究，不一而足。全书不仅对歌德、尼采、里尔克的译本进行了对比解读，也提供了一些不为中国学者所知的重要文化事件，为我们理解德国文化对中国现代文化的形塑所起的作用提供了诸多珍贵的史料与令人深思的洞见，字里行间，体现了一位毕生投身于中国文化与文学研究的老一辈斯洛伐克汉学家的款款“中国情”。正如《汉学研究》主编阎纯德的中肯评价：“作为‘布拉格汉学派’的代表人物之一和比较文学领域的国际著名学者，高利克的贡献是双向的：无论是中国文化对西方的影响，或是西方文化对中国文化的影响，不仅体现在他的研究中，也体现了在东西方的学术精神中。”①

（作者单位：袁喆，四川大学文学与新闻学院，在读博士生；刘燕，北京第二外国语学院文化与传播学院，中华文化研究院）

① 高利克：《捷克和斯洛伐克的汉学研究》，第246页。

Abstract

· Academic Focus · Guide to Shakespeare ·

Shakespeare's Politics

By John E. Alvis / 1

Abstract: Does politics have an essence? Does Shakespeare see what is essential about politics? Are there, in other words, universal aspects of political practice and does Shakespeare tell us something about them? What are Shakespeare's positions on the political issues of his time? Can we recover such a vision by studying his plays? Answers to questions like these are of more than merely historical interest, for properly rephrased, such questions may bear on contemporary issues. Through in-depth analysis of Shakespeare's dramatizing politics, and the relationship between politics and history in his plays, this paper reveals how to read Shakespeare, how to explore in his plays the problem of legitimacy, and further locates the same issues that Shakespeare and Machiavelli confront on the historical map.

Keywords: Shakespeare, Essence of Politics; Machiavelli; Problem of Legitimacy

The Implications of Shakespeare's Poetry and Beyond

By John E. Alvis / 41

Abstract: The political is one of the important topics because the dramatic scenes shown at stage were expansion of public affairs in his time, in which the will to choose is the comprehensive and intensive decision for the participants in the process of making a polis. To perceive the political character of Shakespeare's plays, one may be compelled to recover a vantage upon political things that sees the essential political act less in terms of power and more in terms of education, manners, morals, religion and ethics. Such a recovery might begin by reviving the ancient and Socratic understanding of regimes as images of certain dominant types of the soul. According to this conception, particular cities encourage the development of distinct human characters and reflect in their institutions, laws, educative customs, and arts their sponsorship of a particular view of human nature and of the best life. Shakespeare's wisdom includes but goes beyond the wisdom available to any citizen as citizen. We may doubt that Shakespeare's wisdom exists for the sake of a political end or indeed for the sake of any end beyond itself. Reflection upon the character of the soul's seeking simply to know may lead us conclude that a life devoted to that end is truly a life beyond politics. To know what extends beyond politics, it helps to know the full scope of the political realm. Shakespeare's poetry assists us in understanding what surpasses politics by allowing us to grasp how far politics extends in the determination of human lives.

Keywords: Shakespeare; Politics; Action of Drama; Beyond and Above Politics

King Lear: The Tragic Disjunction of Wisdom and Power

By Paul A. Cantor / 62

Abstract: *King Lear* is one of the greatestplays by Shakespeare and also one of the most tragic plays. *King Lear* is tragic precisely because of the complexity of the process in the Lear's development, especially in the second half of *King Lear*, when he learns the truths to which his position as king initially blinded him. Lear's gains in wisdom come at the expense of his initial grandeur and hence his ability to rule. His newfound wisdom and self-awareness are purchased at the price of his original grandeur. Wisdom and power present a tragic disjunction in him, which is not only the root of Lear's becoming a tragic figure, but also the reason why *King Lear* is regarded as the most profound tragedy.

Keywords: *King Lear*; Wisdom; Power; Tragic

Henry V and the Legitimacy of A Political Regime

By Tim Spiekerman / 79

Abstract: Does *Henry V* address the question of Henry's legitimacy as ruler? Has Henry really changed since his break with Falstaff? In this paper, the author believes that, behind Henry V's new moral exterior lay a battle-hardened, sly Machiavellian prince. As a Christian hero-king fighting for justice, the king was just a disguise for Henry, who was building a patriotic base for his illegal rule. Both the war and Henry's calculated transformation are designed to legitimize his rule. In short, a crafty politician makes an unjust war seem just in the hopes of making an illegitimate king seem legitimate.

Keywords: *Henry V*; Machiavelli; Legitimacy; Transformation

Richard II, Bracton and the End of Political Theology

By Anselm Haverkamp / 107

Abstract: The most effective example and instrument of "political theology" is the medieval allegory of the king's two bodies that was reconstructed by the historian Ernst Kantorowicz in 1957 from literary as well as legal sources. As a key term of political philosophy, political theology was introduced by Carl Schmitt in 1922 in his contribution to a Festschrift for Max Weber, whose concept of "Charisma" is clearly of theological origins. Centering around questions of state sovereignty, the ensuing debate on the theological foundations of law and politics since the 1920s included philosophers from Walter Benjamin and Hannah Arendt to Jacques Derrida and Giorgio Agamben. Unfortunately, the methodological problems of the theological conception of the political—including the specific value of literary and legal sources from the Roman empire through the Christian middle ages to the early modernity of Shakespeare and Hobbes—has found little scrutiny, although Hans Blumenberg's refutation of Schmitt in 1966 and the late work of Michel Foucault gave ample opportunity for both methodological concern and literary elaboration.

Keywords: Political Theology; Law; King's Bodies; Shakespeare; Bracton

· Classics in New Horizon · Interpretation of Shakespeare's Plays ·

"When Madmen Lead the Blind" (4. 1. 49): The Madness of Edgar in *King Lear*

By Lou Lin / 120

Abstract: In Shakespeare's plays, the most pertinent attention to political education is *King Lear*, and the most important education in *King Lear* is not the philosophical education of King Lear himself, but the education of the self-banished Edgar. Edgar who in a chaotic political order, preserves himself and guides or soothes the devastated father and King Lear in the chaotic order by pretending to be crazy. This is a profound self-banishment and self-education, in this process, Edgar knows himself, knows the world, and thus becomes a new generation of leaders who lead people out of trouble, a political person rooted in natural justice.

Keywords: *King Lear*; Self-banished; Political Education

Heart and Unfold: On Two Keywords in the Opening of *Hamlet*

By Yao Yunfan / 134

Abstract: The two words "Heart" and "Unfold", which appears in the beginning of *Hamlet*, laid important hints both on the theme and plots of the tragedy. Based on the given researches, the paper intends to comment on the significance of the two words through the intersective perspectives of the history of political ideas and visual arts. By introducing the concept le pli of Gilles Deleuze and Henrich Wolfflin's statements on baroque style, the coherence of the word "unfold" to the concept "le pli" would be clarified. At the same time, a tie between the concept "Heart of King" and mirror image implied in the word "Heart" was also discussed with a reference to Ernst Kantorowicz's *The King's two bodies: A Study in Medieval Political Theology*

Keywords: Unfold; Heart; Barock; Mirror-Image; *The King's Two Bodies*

Eros in Shakespeare's Play: An Analysis on Iago in *Othello* *By Hu Jia* / 149

Abstract: Shakespeare's *Othello* received great interest in a long time. Due to the different value orientations and interpreting approaches, the interpretations of *Othello* show its plentiful variety. The purpose of this paper is to demonstrate the unique and rich meaning of Iago, by analyzing his archetype, name and ambiguous identity. Iago has the most outstanding talent in the play. But his personality is despicable, especially compare to tragic hero, Othello, who seem as a figure derive from ancient Greek tragedy. In Giraldi Cinthio's *The Moor of Venice*, Iago regards Othello as his rival in love because he also wants to possess Desdemona. This is very different from Shakespeare's version in which Iago becomes a striking Machiavellian who has less desire of lust, but full of ambitions gain power and wealth. The adaptation of Shakespeare indicates his awareness of the transformation of community values in early modern.

Keywords: *Othello*; Shakespeare; Iago; Machiavellism

· Transcultural and Interdisciplinary Studies · Astronomic and Humanistic Views ·

The Way of Astronomical Measures: Towards the Cosomological Basis of Political Culture of Ancient China *By Wu Xiaofeng* / 159

Abstract: The purpose of this paper is to reveal the relationship between the the way of astronomical observations and the ethos of Chinese culture on the cosmological view of YIN YANG dialectics through investigating the technique of measuring the shadow by erection of poles, the aim of which is at determining the solar orbit and relation between sun and earth. It is the ever-changing relation between sun and earth that leads to revolutioin of four seasons and eight sub-seaons and influences upon biological behaviours of creatures including human beings. Consequently this kind of special view of universe is the origin of theory about YIN YANG dialectics of TAI JI. By this way of astronomical measure and on the basis of understanding time and space a fundamental principle of political life, the basic symbol of which is the splendid flowering of China. The temporary and spatial scope that covered by the light of Chinese civilization is in nature the state of Chinese nation. So the basis of political culture of China is on the logos from heavens which determines the logos for human beings or humanistic orientation.

Keywords: Astronomy of Ancient China; Measurement of Shadow by Erection of Pole;

YIN YANG Diealectics of TAI JI; Political Culture

Philosophical Interpretation of the Integration of Culture and Tourism

By Liu Dongmei / 166

Abstract: This paper interprets the integration of culture and tourism in the philosophical sense, thinking about the general significance of the integration from the perspectives of dialectics, metaphysics and methodology. And from the point of view of etymology, process study and axiology, this paper also discusses the concrete relationship between them and analyzes the practical significance of the integration of culture and tourism. At the same time, this paper also takes this as an opportunity to think about how man's way of living in a particular time and space constitutes a realistic existence, so as to reflect on the profound connotation of culture.

Keywords: Culture; Tourism; Integration; Philosophy

· Philosophical Retrospect · Nietzsche in Context ·

Herder, Primitivism, and the Age of Poetry *By Eugen Reed* / 173

Abstract: The two chief forms of primitivism, chronological and cultural, are alike given early expression in the works of the great eighteenth-century aesthetician-historian, Johann Gottfried Herder. Involved in Herder's insistence upon the natural development of the integral personality is a distinctly primitivistic use of "nature" as a norm. Herder's *the Speculations on Philosophy of History* had brought him some distance from the aestheticism of the earlier works. The "youth" of mankind is no longer the only period with values; a more relativistic spirit is beginning to manifest itself even in Herder's more mature work. We can in general, however, describe the primitivistic outlook of Herder before 1784 as predominantly a unilateral-infinitist theory of world-cycles. These last are unquestionably present in *Another Philosophy of History and Selected Political Writings*, as is also the characteristic feature of all of Herder's work-the constant use of nature as norm.

Keywords: Herder; Primitivism; Age of Poetry; Historicism

Eternal Return and the Problem of the Constitution of Identity

By Alexander Cooke / 192

Abstract: Nietzsche's idea of eternal return, as the highest formula of affirmation and the heaviest burden, is the focus of Nietzsche's research. Two forms of Nietzsche's eternal return: a cosmological or physical doctrine; an ethical or selective doctrine. While in general agreement with the physical proof for the eternal return, they differ significantly with regard to their understanding of its selective or ethical aspect. Heidegger, in his lectures on "The Eternal Recurrence of the Same", attempts to detail the doctrine in relation to the will to power as the most essential thought: the thought of being as a whole, while arguing for the selective aspect as phenomenological attunement. Deleuze, however, introduces a more nuanced understanding of the will to power, and attempts to develop a selective ontology in Nietzsche and Philosophy and Difference and Repetition.

Keywords: Eternal Return; Heidegger; Deleuze; The Constitution of Identity

A Critique of the Will to Power *By Henry Staten* / 211

Abstract: As a more essential force, will to power is closely related to physics, biology and natural philosophy. On this basis, Nietzsche tried to scientifically conceived the operations of will to power within the realm of life. The author argues in this essay that the notion of will to power at the level of human action needs to be, and can be, stripped of biologism and aligned with the contemporary sense that human biological endowment is transformed into agency essentially and only through the mediation of social forms. Once the theory of will to power is revised in this way, it can make a valuable contribution to the further development of the sociological theory of human agency.

Keywords: Will to power; Biology; Drives; Techne

· Book Reviews ·

End and Rebirth: A Review on Hans Blumenberg's Arbeit am Mythos

By Wu Mingbo and Pan Shuai / 231

Abstract: In his *Arbeit am Mythos* Hans Blumenberg puts the dichonomy between myth and logos into doubt, insisting on that this formulation could be one of the umtimely fabrications. To deconstruct the conceptual shell on myth is to liberate myth from those discourse of sciences and enlightenment in order to return to understanding of myth as such. Seeing from his interpretation of Prometheus myth in the history of reception and reconstruction of intellectual history we are for sure that instead of both struggling against mythical absurrantism on the position of enlightenment and being holistic counter-enlightenment, Blumenberg recognized the singular function of myth for human communities, the significance of which is institutionalizing and dividing the power in order to overcome absolutism of reality.

Keywords: Hans Blumenberg; *Arbeit am Mythos*; Absolutism of Reality; Political Myth.

Preface tothe Chinese Version of Thomas Robinson's *Plato's Psychology*

By Huang Weiwei / 238

Abstract: The key argument in Thomas Robinson's *Plato's Psychology* is to find the main line of Plato's doctrine about soul on the basis of reading *Timaeus* dialogue and to totalize the original and characteristic psyche-ology implied in Plato's thoughts reference to *Phaedo* dialogue, especially focusing on analysis of the process of becoming the world soul and its attributes. Compared with the view of soul in *Timaeus*, Plato proposes a kind of new view of soul, which is concerned not with individual or universal soul, but with soul in itself, or the soul as a whole. The soul as such is the ultimate origin of movement, that is, it is self-moving just like the God is taking care of creatures without being given souls.

Keywords: Thomas Robinson; *Plato's Psychology*; World Soul; Noetic Soul.

Achievements of Sino-German Cross-Cultural CommunicationStudies from the Perspective of Comparison—A Review on Galik *From Goethe, Nietzsche to Rilke: Studies In Sino-German Interliterary Process*

By Yuan Zhe and Liu Yan / 244

Abstract: Slovak Sinologist Galik new book *From Goethe, Nietzsche to Rilke: Studies In Sino-German Interliterary Process* (2017) makes an in-depth study of German literature's translation, acceptance, and influence in modern China from the perspective of "Interliterariness" of comparative literature. The book includes three parts: "On Goethe and China", "On Nietzsche and China", and "On Rilke and China and others". It covers Sino-German cultural misreading in the translation process, the image of "Eternal Feminine" from the perspective of structural semiotics, and melancholy themes in Chinese and Western literature. This book has a broad vision of research, abundant materials and flexible research methods. It explicitly presents the theoretical paradigm and research features of the Sinology of Prague. It is the crystallization of a series of achievements made by Sinologist Marian Galik in the past 40 years on Sino-German and Sino-Czech cross-cultural Communication.

Keywords: Prague Sinology School; Marian Galik; Cross-cultural Communication between China and Germany; Interliterariness; Cultural Misreading

《跨文化研究》稿约

《跨文化研究》(*Transcultural Studies*) 系北京第二外国语学院文学院(跨文化研究院) 主办的综合性学术集刊。其主旨是瞩望人文，学宗博雅，故拆解古今中西樊篱，汇通人文，"六艺"兼容；立足语言文学，却无学科本位，尝试将文学、历史、宗教、哲学、语言融于一体。顾名思义，本刊广邀善士，拜约各方，祈求文化间性研究、文化交往性研究、文化超越性研究的前沿学术成果，期待并培壅既有古典根荄又富当代意识的学术情怀。

《跨文化研究》力求每辑聚焦一个领域，烘托一个主题，突出中国问题意识、中国解决方法和中国学理构建。在"学无中西"的全球化视野下，本刊以"中国学子"作"世界学问"为仰望的境界。在"学科通串"的现代人文转向趋势中，本刊以"综观全局"且"细察幽微"为治学的状态。本刊常设"经典论绎"、"经典导读"、"异邦视野"、"文论前沿"和"新著揽英"等栏目，且不对作者的文字篇幅、研究领域、治学方法做刻意的限制。本刊每年出版 2 辑，春季四月和秋季十一月为发稿时间。

如蒙慷慨赐稿，敬请了解并遵循如下约定：

1. 所投稿件须是没有公开发表过的新作；

2. 在大作的最后一页上注明您的供职单位、研究方向，且留下电邮地址；

3. 文稿用 Word 文档常规格式，标题用宋体 3 号字加粗、居中，作者署名用 4 号楷体、居中，正文一级标题用 4 号宋体、加粗，独立引文用楷体、上下空 1 行，正文用 5 号宋体，全文 1.5 倍行距。

4. 论文请提供中英文摘要 200 个字符，关键词 3 - 5 个，论文题目英译、英文摘要和关键词置于文末。

5. 注释用页下注，每页重新编号，编号用数字带圈；其要件和顺序例示如下（未尽之处，敬请参阅新一期样刊）：

①陈恒：《希腊化研究》，北京：商务印书馆，2006 年版，第 26 页。

②包向飞：《宽广的反讽》，载《文化与诗学》，北京：北京大学出版社，2013 年版，第 160 – 172 页。

③Erich Auerbach, *Dante*: *Poet of the Secular World*, trans. with an introduction by Michael Dirda, New York: New York Books, 2001, p. 42 (or pp. 42 – 46).

④William Franke, "Metaphor and the Making of Sense", in *Philosophy & Rhetoric*, Vol. 33, No. 2 (2000), pp. 137 – 153.

6. 参考文献要件和顺序例示如下：

包向飞：《宽广的反讽》，载《文化与诗学》，北京：北京大学出版社，2013。

陈恒：《希腊化研究》，北京：商务印书馆，2006。

让 – 皮埃尔·韦尔南：《古希腊神话与悲剧》，张苗等译，上海：华东师范大学出版社，2016。

Blumenberg, Hans, *Höhlenausgänge*, Frankfurt am Main: Suhrkamp, 1989.

Pavesich, Vida, "Hans Blumenberg's Philosophical Anthropology: After Heidegger and Cassirer", in *Journal of the History of Philosophy*, Vol. 46, No. 3 (2008), pp. 421 – 448.

7. 如蒙赐稿，请将大作发至 kuawenhuayjy@ bisu. edu. cn

8. 如果有必要寄送纸质版，请寄：100024 北京朝阳区定福庄南里 1 号北京第二外国语学院文学院（跨文化研究院）；联系人：杨老师，胡老师。

9. 本刊采用匿名评审制。大作一经发表，即奉微薄稿酬。由于编辑部人手有限，来稿一般不退还，也不奉告评审意见。

《跨文化研究》编辑部

图书在版编目（CIP）数据

跨文化研究．总第6辑，2019年．第1辑／王柯平，胡继华主编．-- 北京：社会科学文献出版社，2019.5

ISBN 978-7-5201-4943-3

Ⅰ．①跨… Ⅱ．①王… ②胡… Ⅲ．①文化交流-文集 Ⅳ．①G115-53

中国版本图书馆CIP数据核字（2019）第097451号

跨文化研究　总第6辑（2019年第1辑）

主　　编／王柯平　胡继华

出 版 人／谢寿光
责任编辑／张　萍
文稿编辑／王　娇

出　　版／社会科学文献出版社·当代世界出版分社（010）59367004
地址：北京市北三环中路甲29号院华龙大厦　邮编：100029
网址：www.ssap.com.cn
发　　行／市场营销中心（010）59367081　59367083
印　　装／三河市龙林印务有限公司

规　　格／开　本：787mm×1092mm　1/16
印　张：17　字　数：287千字
版　　次／2019年5月第1版　2019年5月第1次印刷
书　　号／ISBN 978-7-5201-4943-3
定　　价／98.00元

本书如有印装质量问题，请与读者服务中心（010-59367028）联系